Insurance
经济管理类课程教材
保险系列

保险精算

（第二版）

主编　李秀芳　傅安平　王静

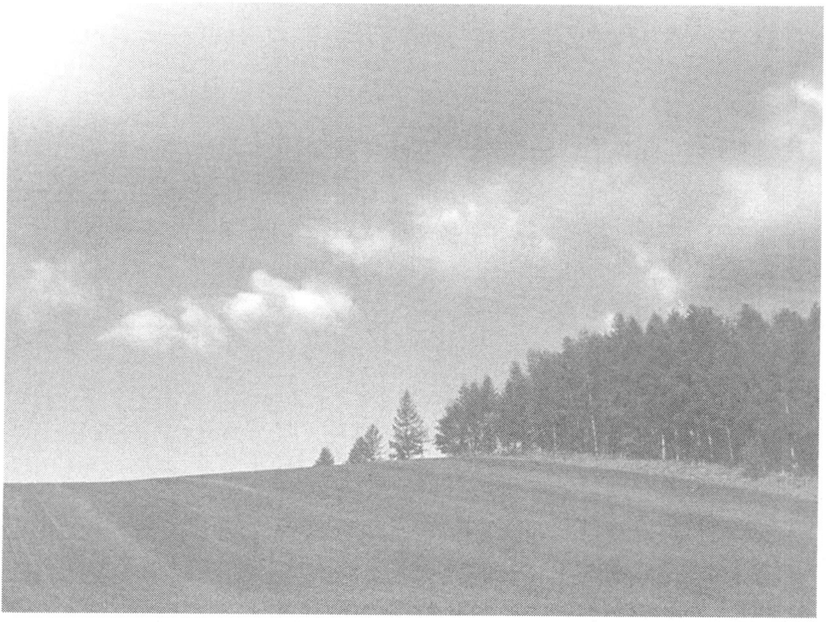

中国人民大学出版社
· 北京 ·

总 序

中国保险监督管理委员会主席

吴定富

改革开放以来，中国保险业走上了高速发展的快车道，无论是保险市场规模还是保险市场主体，都获得了前所未有的发展，保险监管体系与法律体系已初步建立并趋于完善。随着社会主义市场经济的深入、对外开放的进一步扩大以及经济全球化进程的加快，中国保险业发展前景更为广阔，面临的挑战更为严峻。如何在总结和借鉴国内外保险业发展经验和教训的基础上，对中国保险业的发展、保险业风险防范机制的建立和完善、保险业的对外开放、保险监管的加强和改进、行业组织自律作用的充分发挥和保险人才的加快培养等方面的问题进行深入研究和探讨，为中国保险业的发展提供正确的理论指导，成为保险监管部门、保险理论界与实务界的重要课题。

为适应这种形势，由国发资本市场研究所牵头，“政产学”界专家教授共同参与，编写了“经济管理类课程教材·保险系列”教材。

一般而言，只有成熟的经济形态，才有成熟的经济理论。在社会主义市场经济体制初步建立，保险业飞速发展，还需要逐步总结完善的时候，编写一套保险系列丛书，是一项探索性的工作。这种探索是对保险业感性认识去粗取精、去伪存真、由此及彼、由表及里的加工整理过程，这个过程可以加深人们对保险业改革与实践的认识，加强人们对保险业运行规律的把握，但不可能穷尽人们对保险工作的认识。该系列教材紧密结合当前国内外经济金融理论研究的最新成果与中国保险业改革与发展的实际情况，全面阐述了保险的基本原理、基本方法和基本技能。因此，我愿意把它介绍给所有热爱和关心保险业的同志，希望大家在学习、工作和交流中进一步研究探讨，使该系列教材能够不断丰富完善。我也相信该系列教材的推出，能够为保险学科的建设与教学改革、为中国保险业人才的培养起到应有的作用，为中国保险业的发展做出重要贡献。

第二版前言

经济越发展，社会越进步，保险越重要。《国务院关于保险业改革发展的若干意见》的颁布，为我国保险业的未来发展指明了方向，我国保险业正在步入又好又快发展的新阶段。做强做大保险业对人才教育和培养提出了新的要求，为此，教育部和保监会联合下发《关于加强学校保险教育有关工作的指导意见》，明确提出将保险教育纳入国民教育体系，在各级学校加强保险专业教育。

作为保险专业教材，本书是由中国人民大学财政金融学院保险系张洪涛教授担任总主编的“21世纪保险系列教材”中的《寿险精算》（李秀芳、傅安平、李静主编）和《非寿险精算》（王静龙、汤鸣、韩天雄主编）改编而成，自出版以来，在社会上受到广泛好评，并成为教育部和中国保监会共同推荐的教材。为了与保险业快速发展的新形势相适应，根据近年来保险理论与实践发展的新动向，编者立足于新形势、新法规、新问题、新数据，对本书进行全面修订和完善。为此成立了本书修订委员会。张洪涛教授为修订委员会主任，成员包括郑功成、乔林、王绪瑾、庄作瑾、孔泾源、李秀芳、傅安平、李静、王静龙、汤鸣、韩天雄、陈栋、许飞琼、王颖、魏丽、戴稳胜、胡波、许荣、张俊岩、张美玲、王佳，陆渊、周玉坤、郭韶青、郑宇、王勋、谢香梅、计晓、涂子凡、张炼、夏磊等参加了具体的修订工作。

本书以我国目前应用较为成熟的人寿保险精算为主体，同时对应用较广泛的部分非寿险（主要指财产保险）精算技术进行了阐述。读者通过学习不仅可以较全面地掌握精算的理论基础和数理基础，还可以了解精算在实务应用中的基本思想和方法。本次教材修订吸收了国内外的最新研究成果，同时结合我国寿险及非寿险精算的实践运用了大量的实证分析和实例分析，是一本集精算理论、基本技能和实务应用为一体的精算教材。修订过程中除对寿险及非寿险相应章节进行合并、整理外，还根据《中国人寿保险业经验生命表（2000—2003）》对寿险部分的数据及习题进行了更新。同时在习题中增加了选择题的形式，调整了习题数量，并对其进行适当的更新。当然，由于时间仓促，而我国保险业的发展日新月异，修订过程中难免挂一漏万，希望同行专家和读者对本书提出宝贵意见和建议，以使我们今后能够不断对之加以完善。

编者

2008 年 1 月

目　录

第1章

利息的基本概念

1.1 实际利率与实际贴现率

所谓利息，是指在一定时期内借款人向贷款人支付的使用资金的报酬。

如果我们把每项业务开始时投资的金额称为本金，而把业务开始一定时间后回收到的总金额称为该时刻的积累值（或终值），则积累值与本金的差额就是这一时期的利息金额。

假定在投资期间不再加入或抽回本金，则决定积累值的两个最主要的因素就是本金金额和从投资日算起的时间长度。时间长度可以用不同的单位来度量，如日、周、月、季、半年、一年等。用来度量时间的单位称为“度量期”或“期”，其中最常用的期是年。

考虑投资一单位的本金。我们定义该投资在时刻 t 的积累值为积累函数$a(t)$，显然，$a(0)=1$，积累函数 $a(t)$ 也可称为 t 期积累因子，因为它是单位本金在 t 期期末的积累值。一般情况下，本金金额不是 1 个单位，而是 k 个单位，这时我们定义一个总量函数 $A(t)$，它是本金为 k 的投资在时刻 $t\geqslant 0$ 时的积累值。

显然，$A(t)$ 与 $a(t)$ 仅相差一个倍数 k，即

$$A(t)=k\cdot a(t) \tag{1.1.1}$$

我们称积累函数 $a(t)$ 的倒数 $a^{-1}(t)$ 为 t 期折现因子或折现函数。特别地，把一期折现因子 $a^{-1}(1)$ 简称为折现因子，并记为 v。容易发现，t 期折现因子 $a^{-1}(t)$是为了使在 t 期期末的积累值为 1，而在开始时投入的本金金额。事实上，将 $k=a^{-1}(t)$ 代入式（1.1.1），就有

$$A(t)=k\cdot a(t)=a^{-1}(t)\cdot a(t)=1$$

我们把为了在 t 期期末得到某个积累值，而在开始时投入的本金金额称为该积累值的现值。显然，$a^{-1}(t)$ 是在 t 期期末支付 1 的现值，在 t 期期末支付 k 的现值为 $k\cdot a^{-1}(t)$。

在某种意义上，积累与折现是相反的过程，$a(t)$ 为 1 单位本金在 t 期期末的积累值，而 $a^{-1}(t)$ 是在 t 期期末支付 1 单位终值的现值。

另外，把从投资日起第 n 个时期得到的利息金额记为 I_n，则

$$I_n=A(n)-A(n-1),\quad n\geqslant 1 \tag{1.1.2}$$

式中，I_n 为一个时间区间上所得利息的量；$A(n)$ 为在一特定时刻的积累量。

1.1.1　实际利率

某一度量期的实际利率，是指该度量期内得到的利息金额与此度量期开始时投入的本金金额之比。实际利率通常用字母 i 表示。

对于有多个度量期的情形可以分别定义各个度量期的实际利率。这时，用 i_n 表示从投资日算起第 n 个度量期的实际利率，则

$$i_n=\frac{A(n)-A(n-1)}{A(n-1)}=\frac{I_n}{A(n-1)},\quad n\geqslant 1,\ n\text{ 为整数} \tag{1.1.3}$$

【例 1.1.1】　某人到银行存入 1 000 元，第 1 年年末的存款余额为 1 020 元，第 2 年年末的存款余额为 1 050 元，问第 1 年、第 2 年的实际利率分别是多少？

解　显然

$$A(0)=1\,000$$
$$A(1)=1\,020$$
$$A(2)=1\,050$$

因此　$I_1=A(1)-A(0)=20$

$$I_2=A(2)-A(1)=30$$
$$i_1=\frac{I_1}{A(0)}=\frac{20}{1\,000}=2\%$$
$$i_2=\frac{I_2}{A(1)}=\frac{30}{1\,020}=2.941\%$$

故第 1 年的实际利率为 2%，第 2 年的实际利率为 2.941%。

1.1.2　单利和复利

前面讨论的实际利率是针对某一个度量期而言的，若投资期为多个或非整数个度量期，那么如何进行利息的度量呢？最重要的度量方式有单利和复利两种。

考虑投资一单位本金。如果其在 t 时的积累值为

$$a(t)=1+i\cdot t \tag{1.1.4}$$

则该笔投资以每期单利 i 计息，并将这样产生的利息称为单利。

如果其在 t 时的积累值为

$$a(t)=(1+i)^t \tag{1.1.5}$$

则该笔投资以每期复利 i 计息，并将这样产生的利息称为复利。

由上述定义可知：

(1) 若以每期单利 i 计息，那么，在投资期间，每一度量期产生的利息均为常数 i。不过，这并不意味着实际利率为 i。事实上，按定义，对于整数 $n\geqslant 1$，第 n 期的实际利率为

$$\begin{aligned} i_n &=\frac{a(n)-a(n-1)}{a(n-1)} \\ &=\frac{(1+in)-[1+i(n-1)]}{1+i(n-1)} \\ &=\frac{i}{1+i(n-1)} \end{aligned}$$

显然，i_n 关于 n 单调递减。也就是说，常数的单利意味着递减的实际利率。

（2）若以每期复利 i 计息，则在投资期间的不同时期将产生不同的利息。事实上

$$\begin{aligned} I_n &= a(n)-a(n-1) \\ &= (1+i)^n-(1+i)^{n-1} \\ &= i\cdot(1+i)^{n-1} \\ &= i\cdot a(n-1) \end{aligned}$$

上面讨论的是单位本金，所以采用的是 $a(n)$ 而不是 $A(n)$，显然，I_n 关于 n 单调递增。而对于每期的实际利率，有

$$i_n=\frac{a(n)-a(n-1)}{a(n-1)}=\frac{I_n}{a(n-1)}=i$$

比较单利和复利可以发现，单利具有这样的性质：利息并不作为投资资金而再赚取利息；对复利来讲，在任何时候，本金和到该时为止得到的利息，总是用来投资以赚取更多的利息。

【例 1.1.2】 某银行以单利计息，年息为 2%，某人存入 5 000 元，问 5 年后的积累值是多少？

解 $A(5)=5\,000\cdot a(5)=5\,000\times(1+5\times2\%)=5\,000\times1.1=5\,500$（元）

即 5 年后的积累值为 5 500 元。

【例 1.1.3】 如果例 1.1.2 中银行以复利计息，其他条件不变，问 5 年后的积累值是多少？

解 $A(5)=5\,000\cdot a(5)=5\,000\times(1+2\%)^5=5\,520.4$（元）

即 5 年后的积累值为 5 520.4 元。

1.1.3 实际贴现率

一个度量期的实际贴现率为该度量期内取得的利息金额与期末投资可回收金额之比，通常用字母 d 来表示。

可以看出，实际贴现率 d 与实际利率 i 的定义十分类似。事实上，它们都是一个比例，而且都是利息除以投资金额，只不过实际利率 i 对应的投资金额是在期初实际付出的资金金额，即本金；而实际贴现率 d 对应的投资金额是期末投资者可收回的资金金额。

类似于实际利率，也可以定义任意度量期的实际贴现率，令 d_n 为从投资日算起第 n 个时期的实际贴现率，根据定义，有

$$d_n=\frac{A(n)-A(n-1)}{A(n)}=\frac{I_n}{A(n)}, \quad n\geqslant 1, n \text{ 为整数} \tag{1.1.6}$$

式中，I_n 为贴现金额或利息金额。一般来说，像 I_n 一样，d_n 也可能随不同的时期而变化。然而，若在复利假设下，如果实际利率是常数，那么实际贴现率也是常数。

事实上，若每期实际利率为 i，那么对任意正整数，有

$$a(n)=(1+i)^n$$

$$d_n=\frac{a(n)-a(n-1)}{a(n)}=\frac{(1+i)^n-(1+i)^{n-1}}{(1+i)^n}=\frac{i}{1+i}$$

d_n 与 n 无关，为常数，通常把这种情况下的贴现叫做复贴现，这是类似于复利的一个术语。

【例 1.1.4】 重新考虑例 1.1.1 中的存款，若条件不变，求第 1 年、第 2 年的实际贴现率。

解 $d_1=\frac{A(1)-A(0)}{A(1)}=\frac{20}{1\,020}=1.961\%$

$$d_2=\frac{A(2)-A(1)}{A(2)}=\frac{30}{1\,050}=2.857\%$$

实际利率和实际贴现率都是用来度量利息的，若某人以实际贴现率 d 借款 1，则实际上的本金为 $1-d$，而利息（贴现）金额为 d，若这笔业务的实际利率为 i，则

$$i=\frac{d}{1-d} \tag{1.1.7}$$

这表明，与实际贴现率 d 等价的实际利率为 $\frac{d}{1-d}$。将式（1.1.7）进行变化，有

$$i-id=d \tag{1.1.8}$$

$$d(1+i)=i \tag{1.1.9}$$

$$d=\frac{i}{1+i} \tag{1.1.10}$$

即与实际利率 i 等价的实际贴现率为 $\frac{i}{1+i}$。

贴现率 d 和折现因子 v 之间也存在着重要的关系。由式（1.1.10）可知

$$d=iv \tag{1.1.11}$$

对于式（1.1.11）我们可以这样理解：以贴现率 d 投资 1 赚得的在期初支付的利息是 d，如果该笔业务以利率度量，且等价的实际利率为 i，也就是说，这笔业务如果投资 1，将在期末赚得利息 i。而 i 在期初的现值为 iv，这个值显然应该等于 d。

由式（1.1.11），还有

$$d=\frac{i}{1+i}=\frac{1+i}{1+i}-\frac{1}{1+i}=1-v \tag{1.1.12}$$

或

$$v=1-d \tag{1.1.13}$$

显然，式（1.1.13）两端均可看成是期末支付 1 的现值。

另外，由于

$$d=iv=i(1-d)=i-id \tag{1.1.14}$$

即

$$i-d=id \tag{1.1.15}$$

式（1.1.14）也可理解为，某人可以借款 1 而在期末还 $1+i$；也可借 $1-d$ 而在期末还 1。两种选择本金的差为 d，因此，利息差应为 id，而实际上两种选择的利息差为 $i-d$，于是有式（1.1.15）。

1.2　名义利率和名义贴现率

前面讨论了实际利率和实际贴现率，“实际”一词的主要含义在于，利息为每个度量期支付一次，或在期初，或在期末，视具体情况而定。然而，实际上往往有很多在一个度量期中利息支付不止一次或在多个度量期利息才支付一次的情形。这时，我们称相应的一个度量期的利率和贴现率为“名义”的。

用符号 $i^{(m)}$ 记每一度量期支付 m 次利息的名义利率。m 一般为大于 1 的整数，有时 m 也可以小于 1 或不为整数，只是这种情况很少见。所谓名义利率 $i^{(m)}$，是指每 $\frac{1}{m}$ 个度量期支付利息一次，而在每 $\frac{1}{m}$ 个度量期的实际利率为 $\frac{i^{(m)}}{m}$。也就是说，每一度量期 $i^{(m)}$ 的名义利率等价于每 $\frac{1}{m}$ 度量期 $\frac{i^{(m)}}{m}$ 的实际利率。例如，若一年为一个度量期，$i^{(4)}=8\%$的名义利率指的是每季度的实际利率为 2%，即每年计息 4 次的年名义利率为 8%。

由等价的定义还可以得到 $i^{(m)}$ 与等价的实际利率 i 之间的关系，即

$$1+i=\left(1+\frac{i^{(m)}}{m}\right)^m \tag{1.2.1}$$

$$i=\left(1+\frac{i^{(m)}}{m}\right)^m-1 \tag{1.2.2}$$

$$i^{(m)}=m\left[(1+i)^{\frac{1}{m}}-1\right] \tag{1.2.3}$$

图 1.2.1 形象地揭示了在一个度量期中以名义利率积累的过程，其中向右的对角线箭头可理解为加号，而向下的箭头则可看成等号。

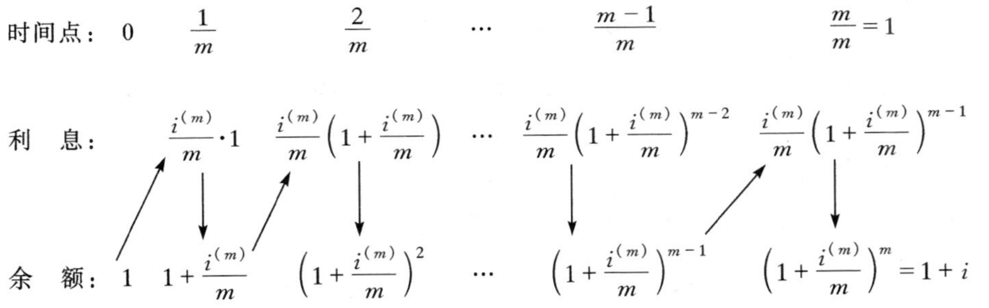

图 1.2.1　名义利率图

类似地，用符号 $d^{(m)}$ 记每一度量期付 m 次利息的名义贴现率。所谓名义贴现率 $d^{(m)}$，是指每$\frac{1}{m}$个度量期支付利息一次，而在每$\frac{1}{m}$个度量期的实际贴现率为$\frac{d^{(m)}}{m}$。

名义贴现率 $d^{(m)}$ 是一种在每$\frac{1}{m}$个度量期初支付的利息的度量。正如 d 是在一个度量期初支付的利息的度量一样。类似于 $i^{(m)}$ 与 i 之间关系的推导，由等价的含义也可推导出 $d^{(m)}$ 和 d 之间的关系。

事实上，若 $d^{(m)}$ 与 d 等价，则有

$$1-d=\left(1-\frac{d^{(m)}}{m}\right)^m \tag{1.2.4}$$

$$d=1-\left(1-\frac{d^{(m)}}{m}\right)^m \tag{1.2.5}$$

$$d^{(m)}=m[1-(1-d)^{\frac{1}{m}}]=m(1-v^{\frac{1}{m}}) \tag{1.2.6}$$

图 1.2.2 描述了在一个度量期中以名义贴现率进行贴现的过程，其中向左的对角线箭头可理解为减号，向下的箭头表示等号。

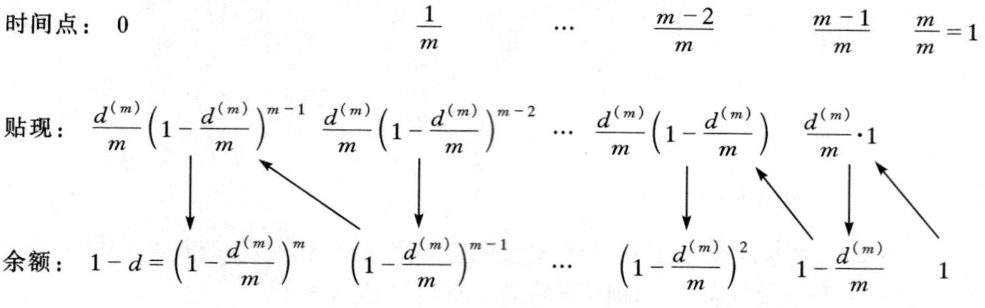

图 1.2.2 名义贴现率图

名义利率与名义贴现率之间也存在密切的关系，即

$$\left(1+\frac{i^{(m)}}{m}\right)^{m}=1+i=\left(1-\frac{d^{(p)}}{p}\right)^{-p} \tag{1.2.7}$$

对于任意的 m，p，若 $m=p$，则式（1.2.7）变为

$$1+\frac{i^{(m)}}{m}=\left(1-\frac{d^{(m)}}{m}\right)^{-1} \tag{1.2.8}$$

若 $m=1$，则 $i^{(m)}=i$，即实际利率；若 $p=1$，则 $d^{(p)}=d$，即实际贴现率。所以，无论是“实际”的还是“名义”的“率”，都可由式（1.2.7）找到等价的“率”。

与式（1.2.8）有关的 $i^{(m)}$ 与 $d^{(m)}$ 的关系式是

$$\frac{i^{(m)}}{m}-\frac{d^{(m)}}{m}=\frac{i^{(m)}}{m}\cdot\frac{d^{(m)}}{m} \tag{1.2.9}$$

在推导上述公式时，我们都是在一个度量期上用等价的含义来建立等式。需要指出的是，对于复利和复贴现，以等价关系建立等式时并不要求在一个度量期上，而是可以任意选择时间区间。不过，对于其他类型的利率，如单利和单贴现，不同时间区间上的等价率是不同的。

值得注意的是关于利率的描述，因为实务中有关利率的术语不统一，而且有些术语存在多重含义。我们这里称 $i^{(m)}$ 为每年计息 m 次的年名义利率（各计息期长度相同）；$d^{(m)}$ 为每年计息 m 次的年名义贴现率，如 $i^{(2)}=6\%$ 表示每年计息 2

次的年名义利率为 6%，即每半年的实际利率为 3%。而 $i^{(\frac{1}{2})}=6\%$表示每两年计息一次的年名义利率为 6%，即每两年为一计息期的实际利率为 12%。

【例 1.2.1】 (1) 求与实际利率 8%等价的每年计息 2 次的年名义利率以及每年计息 4 次的年名义贴现率。

(2) 已知每年计息 12 次的年名义贴现率为 8%，求等价的实际利率。

解 (1) $\left(1+\frac{i^{(2)}}{2}\right)^{2}=1+i=1+8\%$

$$i^{(2)}=[(1+8\%)^{\frac{1}{2}}-1]\times 2=7.85\%$$

$$\left(1-\frac{d^{(4)}}{4}\right)^{-4}=1+i=1+8\%$$

$$d^{(4)}=4\times[1-(1+8\%)^{-\frac{1}{4}}]=7.623\%$$

(2) $1+i=\left(1-\frac{d^{(12)}}{12}\right)^{-12}$

$$1+i=\left(1-\frac{8\%}{12}\right)^{-12}$$

$$1+i=1.083\ 6$$

$$i=8.36\%$$

【例 1.2.2】 求 1 万元按每年计息 4 次的年名义利率 6%投资 3 年的积累值。

解
$$\begin{aligned}A(3)&=10\ 000a(3)=10\ 000\times(1+i)^{3}\\&=10\ 000\times\left(1+\frac{i^{(4)}}{4}\right)^{3\times 4}\\&=10\ 000\times\left(1+\frac{6\%}{4}\right)^{12}\\&=10\ 000\times(1.015)^{12}\\&=11\ 956.2\text{（元）}\end{aligned}$$

【例 1.2.3】 以每年计息 2 次的年名义贴现率 10%，在 6 年后支付 5 万元，求其现值。

解 记现值为 PV，则

$$A(6)=PV\cdot a(6)$$

于是 $PV = A(6) \cdot a^{-1}(6) = 50\,000 \times (1-d)^6$

$$= 50\,000 \times \left(1 - \frac{d^{(2)}}{2}\right)^{2\times 6}$$

$$= 50\,000 \times (1 - 5\%)^{12}$$

$$= 50\,000 \times (0.95)^{12}$$

$$= 27\,018 \text{（元）}$$

1.3 利息强度

前面定义的各种利息度量方式都是用来度量在规定的时间区间内的利息的。实际利率和实际贴现率度量的是一个度量期内的利息，而名义利率和名义贴现率则是用来度量在$\frac{1}{m}$个度量期内的利息。

在很多情形下，我们还希望能度量在每一时间点上的利息，也就是在无穷小时间区间上的利息。这种对利息在各个时间点上的度量叫做利息强度。

考虑投资一笔资金，设在时刻 t 的资金金额由总量函数 $A(t)$ 给出，这笔资金完全由于利息而变化，即本金既不增加也不撤回。

定义

$$\delta_t = \frac{A'(t)}{A(t)} = \frac{a'(t)}{a(t)} \tag{1.3.1}$$

式中，δ_t 为该投资额在 t 时的利息强度，即 δ_t 为利息在时刻 t 的一种度量。由 δ_t 的定义可知，δ_t 为 t 时每一单位资金的变化率。

将式（1.3.1）变形，有

$$\delta_t = \frac{d}{dt}\ln A(t) = \frac{d}{dt}\ln a(t) \tag{1.3.2}$$

用 r 代替 t，然后将式（1.3.2）两端在 $0\sim t$ 上积分，得

$$\int_0^t \delta_r \, dr = \int_0^t \frac{d}{dr}\ln A(r) dr = \ln A(r)\Big|_0^t = \ln\frac{A(t)}{A(0)} \tag{1.3.3}$$

从而

$$e^{\int_0^t \delta_r dr} = \frac{A(t)}{A(0)} = \frac{a(t)}{a(0)} = a(t) \tag{1.3.4}$$

另外，由式（1.3.1）可得

$$A(t)\delta_t=A'(t) \tag{1.3.5}$$

将式（1.3.5）两端在 0～n 上积分，得

$$\int_0^n A(t)\delta_t \mathrm{d}t=\int_0^n A'(t)\mathrm{d}t=A(t)\Big|_0^n=A(n)-A(0) \tag{1.3.6}$$

式（1.3.6）也可作如下解释：$A(n)-A(0)$ 度量期内获得的利息。微分表达式 $A(t)\delta_t \mathrm{d}t$ 则可看成利息强度为 δ_t 的情况下资金 $A(t)$ 在 t 时刻获得的利息，将此表达式在 0～n 上积分，就给出了 n 个度量期内获得的利息总额。

【例 1.3.1】 如果 $\delta_t=0.01t$ $(0\leqslant t\leqslant 2)$，确定投资 1 000 元在第 1 年年末的积累值和第 2 年内的利息金额。

解
$$\begin{aligned}A(1)&=1\,000a(1)=1\,000\mathrm{e}^{\int_0^1\delta_t \mathrm{d}t}\\&=1\,000\mathrm{e}^{\int_0^1 0.01t\mathrm{d}t}\\&=1\,000\mathrm{e}^{\frac{0.01}{2}}\\&=1\,005\text{（元）}\end{aligned}$$

$$\begin{aligned}I_2&=A(2)-A(1)=1\,000\mathrm{e}^{\int_0^2 0.01t\mathrm{d}t}-A(1)\\&=1\,000(\mathrm{e}^{2\times 0.01}-\mathrm{e}^{\frac{0.01}{2}})\\&=15.2\text{（元）}\end{aligned}$$

理论上，利息强度可以随时变化，即 δ_t 可随 t 任意变化。但是，实际上它经常保持为常数或者在各个度量期上保持为常数。

假设 δ_n 为从投资日算起的第 n 个时期上的常数利息强度，即

$$\delta_t=\delta_n,\qquad n-1\leqslant t<n$$

那么
$$\begin{aligned}a(t)&=\mathrm{e}^{\int_0^t\delta_r \mathrm{d}r}=\mathrm{e}^{\int_0^1\delta_1 \mathrm{d}r}\mathrm{e}^{\int_1^2\delta_2 \mathrm{d}r}\cdots\mathrm{e}^{\int_{t-1}^t\delta_t \mathrm{d}r}\\&=\mathrm{e}^{\delta_1}\mathrm{e}^{\delta_2}\cdots\mathrm{e}^{\delta_t}\end{aligned} \tag{1.3.7a}$$

于是

$$i_n=\frac{a(n)-a(n-1)}{a(n-1)}=\frac{a(n)}{a(n-1)}-1=\mathrm{e}^{\delta_n}-1 \tag{1.3.7b}$$

为第 n 个时期上的实际利率。因此，在利率随度量期变化的情形下，积累函数可

表示为

$$a(t)=(1+i_1)(1+i_2)\cdots(1+i_t) \tag{1.3.7c}$$

这也是复利理论涉及可变利率的一个常用公式，它是式（1.1.5）的一般形式，事实上，如果 $i_1=i_2=\cdots=i_t=i$，就有 $a(t)=(1+i)^t$。

【例 1.3.2】 如果实际利率在前 3 年为 10%，随后 2 年为 8%，最后 1 年为 6%，求投资 1 000 元在这 6 年中所得总利息。

解 $I=A(6)-A(0)=1\,000\times[a(6)-1]$
$=1\,000\times[(1+0.1)^3\times(1+0.08)^2\times1.06-1]$
$=645.63$（元）

即投资 1 000 元在这 6 年中的利息总额为 645.63 元。

如果利息强度在某时间区间上为常数，那么该时间区间上的实际利率也为常数。事实上，若在 $n-1$ 到 n 之间 $\delta_t=\delta$ 为常数，则有

$$i_n=\frac{a(n)-a(n-1)}{a(n-1)}=\frac{e^{n\delta}-e^{(n-1)\delta}}{e^{(n-1)\delta}}=e^{\delta}-1=i \tag{1.3.8}$$

为常数。这里，第二个等号是由于

$$a(n)=e^{\int_0^n\delta_t\,dt}=e^{n\delta}$$

反过来，若实际利率在某时间区间上为常数，是否该时间区间上的利息强度也一定为常数呢？回答是否定的。为了说明这种可能性，考虑 n 个度量期。假设在这 n 个度量期上实际利率为常数 i，那么

$$\begin{aligned}a(n)&=(1+i)^n=e^{\int_0^n\delta_r\,dr}=e^{[\int_0^1\delta_r\,dr+\int_1^2\delta_r\,dr+\cdots+\int_{n-1}^n\delta_r\,dr]}\\&=e^{\int_0^1\delta_r\,dr}\cdot e^{\int_1^2\delta_r\,dr}\cdot\cdots\cdot e^{\int_{n-1}^n\delta_r\,dr}\end{aligned} \tag{1.3.9}$$

显然，可以允许 δ_t 在每个度量期间进行变动，从而使得在每个度量期上的积分相等，这样就可以保证式（1.3.9）成立，而它在各个度量期间则是变化的。

在利息强度（从而实际利率）为常数的情况下，我们已经有一个关于 i 和 δ 的关系式，即

$$e^{\delta}-1=i \tag{1.3.10}$$

由此可得

$$e^{\delta}=1+i \tag{1.3.11}$$

从而

$$\delta=\ln(1+i) \tag{1.3.12}$$

式（1.3.12）也可直接由利息强度的定义式得到，即

$$\delta=\delta_t=\frac{\frac{d}{dt}a(t)}{a(t)}=\frac{\frac{d}{dt}(1+i)^t}{(1+i)^t}=\ln(1+i)$$

这样，δ 便和 i 联系起来了，从而 δ 也可与前面定义的利息的其他度量联系起来，式（1.3.13）是一个将本节各种利息度量联系在一起的一个很常用的关系式：

$$\begin{aligned}\left(1+\frac{i^{(m)}}{m}\right)^m&=1+i=v^{-1}=(1-d)^{-1}\\&=\left(1-\frac{d^{(p)}}{p}\right)^{-p}=e^{\delta}\end{aligned} \tag{1.3.13}$$

【例 1.3.3】 已知年度实际利率为 8%，求等价的利息强度。

解 $\delta=\ln(1+i)=\ln 1.08=7.7\%$

【例 1.3.4】 一笔业务按利息强度 6%计息，求投资 500 元经 8 年的积累值。

解 $AV=500e^{8\delta}=500e^{0.48}=808.04$（元）

关键词

利息　本金　积累值（终值）　现值　积累函数　折现函数　单利　复利　实际利率　实际贴现率　名义利率　名义贴现率　利息强度

练习题

1. 已知 $a(t)=at^2+b$，如果在 0 时刻投资 100 元，能在时刻 5 积累到 180 元，试确定在时刻 5 投资 300 元，在时刻 8 的积累值。

2. (1) 假设 $A(t)=100+10t$，试确定 i_1，i_3，i_5。

   (2) 假设 $A(n)=100\times(1.1)^n$，试确定 i_1，i_3，i_5。

3. 已知投资 500 元，3 年后得到 120 元的利息，试分别确定以相同的单利利率、复利利率投资 800 元在 5 年后的积累值。

4. 已知某笔投资在 3 年后的积累值为 1 000 元，第 1 年的利率为 $i_1=10\%$，

第 2 年的利率为 $i_2=8\%$，第 3 年的利率为 $i_3=6\%$，求该笔投资的原始金额。

5. 确定 10 000 元在第 3 年年末的积累值：

（1）名义利率为每季度计息一次的年名义利率 6%。

（2）名义贴现率为每 4 年计息一次的年名义贴现率 6%。

6. 设 $m>1$，按从大到小的次序排列 i，$i^{(m)}$，d，$d^{(m)}$ 与 δ。

7. 如果 $\delta_t=0.01t$，求10 000元在第 12 年末的积累值。

8. 已知第 1 年的实际利率为 10%，第 2 年的实际贴现率为 8%，第 3 年的每季度计息的年名义利率为 6%，第 4 年的每半年计息的年名义贴现率为 5%，求一常数实际利率，使它等价于这 4 年的投资利率。

9. 基金 A 以每月计息一次的年名义利率 12%积累，基金 B 以利息强度 $\delta_t=\frac{t}{6}$积累，在时刻 t（$t=0$），两笔基金存入的款项相同，试确定两基金金额相等的下一时刻。

10. 基金 X 中的投资以利息强度 $\delta_t=0.01t+0.1$（$0\leqslant t\leqslant 20$）积累，基金 Y 中的投资以年实际利率 i 积累；现分别投资 1 元，则基金 X 和基金 Y 在第 20 年年末的积累值相等，求第 3 年年末基金 Y 的积累值。

11. 某人 1999 年初借款 3 万元，按每年计息 3 次的年名义利率 6%投资，到 2004 年末的积累值为（　　）万元。

A. 7.19　　B. 4.04　　C. 3.31　　D. 5.21

12. 甲向银行借款 1 万元，每年计息两次的名义利率为 6%，甲第 2 年末还款 4 000 元，则此次还款后所余本金部分为（　　）元。

A. 7 225　　B. 7 213　　C. 7 136　　D. 6 987

第2章

年　金

所谓年金是指按照相等时间间隔支付的一系列款项。住房按揭还款、购物分期付款及保险业中的养老金给付、分期交付保费等，都属于年金的形式。年金的最初形式是以 1 年为时间间隔支付的一系列款项，随着年金在实际生活中的运用以及理论研究的不断深入和扩展，时间间隔突破了以 1 年为期的限制，变得可长可短，理论上甚至可以是连续付款，没有时间间隔。

2.1　期末付年金

在每个付款期间末付款的年金为期末付年金。假设一笔年金，付款期限为 n 期，每期期末付款额为 1，每期利率为 i，各期付款如图 2.1.1 所示。

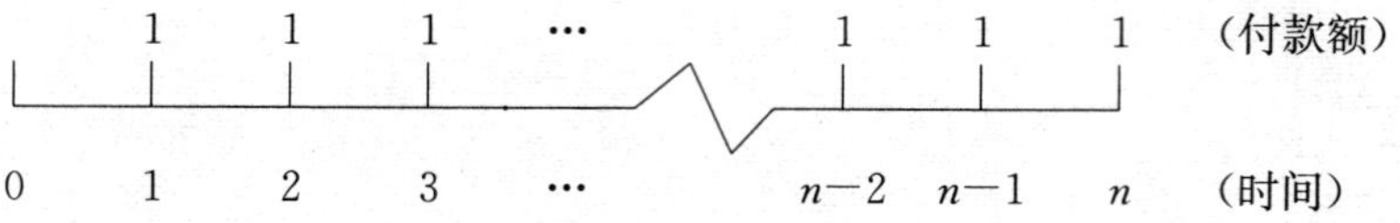

图 2.1.1

付款期从 0 开始直到 n。时间 1 上方的付款额 1 为第一期付款额，可以看出，这一付款发生在首付款期（0～1）的期末。时间 2 上方的付款额 1 发生在第二付款期（1～2）的期末，依此类推，n 个付款期内，都在期末付款 1。所有付款在 0 时刻的现值之和用符号 $a_{\overline{n}|}$ 表示，所有付款在 n 时刻的积累值之和用符号 $s_{\overline{n}|}$ 表示。

将每期期末的付款都按利率 i 折现到时间 0，再求和，计算出 $a_{\overline{n}|}$ 的值，即首期付款值 1 在 0 时刻的现值为 v，第二期付款值 1 在 0 时刻的现值为 v^2，…，第 n 期付款值 1 在 0 时刻的现值为 v^n，则有

$$a_{\overline{n}|}=v+v^2+\cdots+v^{n-1}+v^n \tag{2.1.1}$$

求和，可得

$$\begin{aligned} a_{\overline{n}|}&=v\cdot\frac{1-v^n}{1-v}\\ &=v\cdot\frac{1-v^n}{iv}\\ &=\frac{1-v^n}{i} \end{aligned} \tag{2.1.2}$$

将每期期末的付款都按利率 i 积累到时间 n，求和，就可计算出 $s_{\overline{n}|}$ 的值，即第 n 期期末付款值 1 在时刻 n 的积累值为 1，第 $n-1$ 期期末付款值 1 在时刻 n 的积累值为 $(1+i)$，…，第 1 期期末付款值 1 在时刻 n 的积累值为 $(1+i)^{n-1}$，$s_{\overline{n}|}$ 为各积累值之和，有

$$\begin{aligned} s_{\overline{n}|}&=(1+i)^{n-1}+(1+i)^{n-2}+\cdots+(1+i)+1 \\ &=1+(1+i)+\cdots+(1+i)^{n-2}+(1+i)^{n-1} \end{aligned} \tag{2.1.3}$$

化简上式，可得：

$$\begin{aligned} s_{\overline{n}|}&=\frac{1-(1+i)^n}{1-(1+i)}\\ &=\frac{(1+i)^n-1}{i} \end{aligned} \tag{2.1.4}$$

式（2.1.2）可以写作

$$1=ia_{\overline{n|}}+v^n \qquad (2.1.5)$$

式（2.1.5）有明显的经济意义：公式左侧表示在时刻 0 进行投资，投资本金为 1，公式右侧表示投资的回收方式。在时刻 0 投资额为 1，则每期期末都可获得利息 i，n 期利息的现值之和为 $ia_{\overline{n|}}$，到 n 期期末，即时刻 n 时，将投资本金 1 收回，折现到时刻 0 现值为 v^n。当利率为 i 时，投资额与投资回报本利和的现值是相等的。因而，式（2.1.5）左右两端相等，如图 2.1.2 所示。

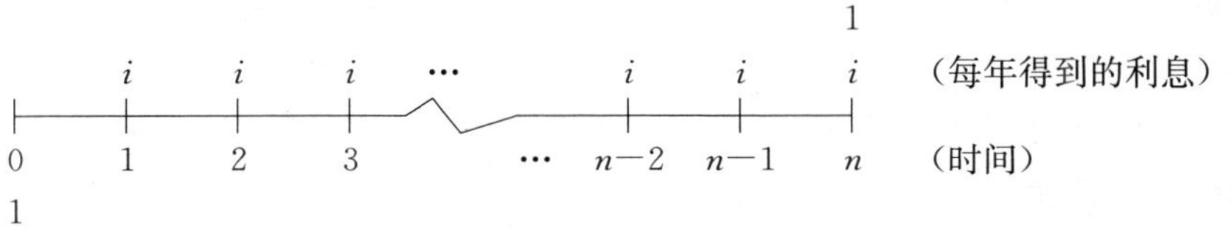

图 2.1.2

图 2.1.2 中，时刻 0 下方的 1 为投资本金；时间轴上方的数字表示投资回收额，各期期末可得利息 i，在 n 期期末还可收回本金 1。

各期利息及本金在时刻 0 的现值分别为 iv，iv^2，iv^3，…，iv^{n-2}，iv^{n-1}，iv^n，v^n，所以

$$1=iv+iv^2+iv^3+\cdots+iv^n+v^n=i\cdot a_{\overline{n|}}+v^n$$

式（2.1.4）可以写作

$$(1+i)^n=1+is_{\overline{n|}} \qquad (2.1.6)$$

式（2.1.6）也有明显的经济意义：将 1 单位本金投资 n 期，每期按复利 i 计算，在 n 期期末，投资积累值即本利和为 $(1+i)^n$，这是等式左边项的含义。等式右边项的含义是投资本金为 1，每期期末产生利息 i，而每期所产生的利息又以利率 i 再投资，这样到 n 期期末各积累值之和为 $is_{\overline{n|}}$，这部分是所生利息的积累值，再加上投资本金，即为全部本利和。等式左右两边是一种投资结果的两种计算方法，实质上是相等的。如图 2.1.3 所示。

$a_{\overline{n|}}$ 与 $s_{\overline{n|}}$ 之间有明显的关系，式（2.1.1）两端同时乘以 $(1+i)^n$，可得

$$(1+i)^n a_{\overline{n|}}=(1+i)^{n-1}+(1+i)^{n-2}+\cdots+(1+i)+1$$

等式右边即为式（2.1.3）$s_{\overline{n|}}$ 的表达式，因而有

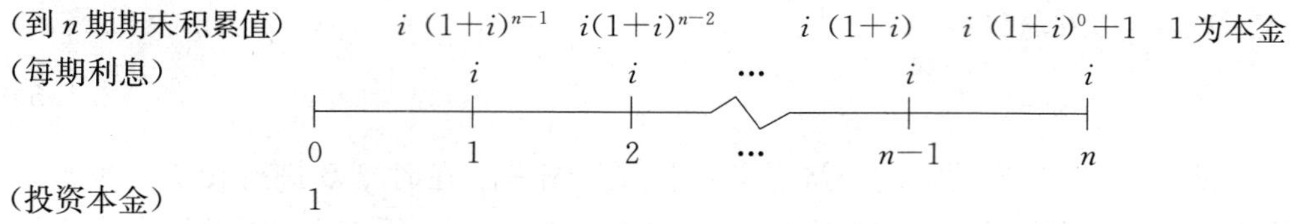

图 2.1.3

$$s_{\overline{n}|} = a_{\overline{n}|}(1+i)^n \tag{2.1.7}$$

式（2.1.7）也可由式（2.1.2）及式（2.1.4）导出。该式可解释为，各期期末投资本金为 1 的年金积累值有两种算法。一种是各期期末投资本金为 1，直接积累到 n 期期末，求和即为 $s_{\overline{n}|}$，如公式左端所示。一种是先求出各期期末投资本金为 1 的年金现值，即 $a_{\overline{n}|}$，作为时刻 0 的一次性投资，以复利 i 计算，求出 n 期期末的积累值即 $a_{\overline{n}|}(1+i)^n$，如公式右端所示。两种计算结果相等。

$a_{\overline{n}|}$ 与 $s_{\overline{n}|}$ 的另一种关系为

$$\frac{1}{a_{\overline{n}|}} = \frac{1}{s_{\overline{n}|}} + i \tag{2.1.8}$$

式（2.1.8）的数学推导如下：

$$\begin{aligned}\frac{1}{s_{\overline{n}|}} + i &= \frac{i}{(1+i)^n - 1} + i \\ &= \frac{i + i(1+i)^n - i}{(1+i)^n - 1} \\ &= \frac{i(1+i)^n}{(1+i)^n - 1} \\ &= \frac{i}{1-v^n} \\ &= \frac{1}{a_{\overline{n}|}}\end{aligned}$$

此公式的经济意义为，设每期期末投资本金为 P，投资 n 期的本利和现值为 1，则 $P=\frac{1}{a_{\overline{n}|}}$。而其积累值相当于在时刻 0 投资本金为 1，则 n 期期末本利和为 $(1+i)^n$，由式（2.1.6）可知本利积累值的又一种表达式，即 $1+is_{\overline{n}|}$，这与每期期末投资 P 的 n 期积累值是等价的，即

$$1 + is_{\overline{n}|} = P \cdot s_{\overline{n}|}$$

由此可得

$$P=\frac{1}{s_{\overline{n}|}}+i$$

因此

$$\frac{1}{a_{\overline{n}|}}=P=\frac{1}{s_{\overline{n}|}}+i$$

通常 $a_{\overline{n}|}$，$s_{\overline{n}|}$ 符号中不必标出计算所依据的利率，在一个问题中涉及多个利率时，为避免引起混淆，可写作 $a_{\overline{n}|i}$，$s_{\overline{n}|i}$ 的形式，如 $a_{\overline{n}|0.06}$，$a_{\overline{n}|0.08}$，$s_{\overline{n}|0.07}$ 等。

【例 2.1.1】 计算年利率为 6%的条件下，每年年末投资 1 000 元，投资 10 年的现值及积累值。

解 年金现值为：$1\ 000a_{\overline{10}|0.06}=1\ 000\times 7.360\ 09=7\ 360.09$（元）

年金积累值为：$1\ 000s_{\overline{10}|0.06}=1\ 000\times 13.180\ 80=13\ 180.80$（元）

【例 2.1.2】 某银行客户想通过零存整取方式在 1 年后得到 10 000 元，在月复利为 0.5%的情况下，问每月末需存入多少钱才能达到其目的。

解 设每月需存入 D 元，有

$$D\cdot s_{\overline{12}|0.005}=10\ 000$$

$$D=\frac{10\ 000}{s_{\overline{12}|0.005}}=\frac{10\ 000}{12.335\ 6}=810.66\text{（元）}$$

客户每月末需存入 810.66 元，1 年后可取得 10 000 元。

【例 2.1.3】 甲在银行存入 20 000 元，计划分 4 年支取完，每半年支取一次，每半年计息一次的年名义利率为 7%。试计算每次的支取额度。

解 由于年名义利率为 7%，则半年期实际利率为 3.5%。

设 R 为每次支取额度，有

$$R\cdot a_{\overline{8}|0.035}=20\ 000$$

$$R=\frac{20\ 000}{a_{\overline{8}|0.035}}=\frac{20\ 000}{6.874\ 0}=2\ 909.51\text{（元）}$$

甲每次支取额度为 2 909.51 元。

【例 2.1.4】 已知年实际利率为 8%，乙向银行贷款 10 000 元，期限为 5 年，计算下面三种还款方式中利息所占的额度。

（1）贷款的本金及利息积累值在第 5 年年末一次还清。

（2）每年末支付贷款利息，第 5 年年末归还本金。

（3）贷款每年末均衡偿还（即采用年金方式）。

解 方式（1）中，还款本利和为

$$10\,000\times(1.08)^5=14\,693.28\text{（元）}$$

其中利息额为：

$$14\,693.28-10\,000=4\,693.28\text{（元）}$$

方式（2）中，每年支付利息为

$$10\,000\times0.08=800\text{（元）}$$

5 年共支付利息

$$800\times5=4\,000\text{（元）}$$

方式（3）中，每期偿还额为

$$\begin{aligned}R&=\frac{10\,000}{a_{\overline{5}|0.08}}\\&=\frac{10\,000}{3.992\,7}\\&=2\,504.57\text{（元）}\end{aligned}$$

5 年共还款

$$2\,504.57\times5=12\,522.85\text{（元）}$$

其中，利息额为

$$12\,522.85-10\,000=2\,522.85\text{（元）}$$

2.2 期初付年金

上一节介绍了期末付年金，与之相对应，在每个付款期间开始时付款的年金为期初付年金。假设一个 n 期年金，每期期初付款额为 1，每期利率为 i，各期付款如图 2.2.1 所示。

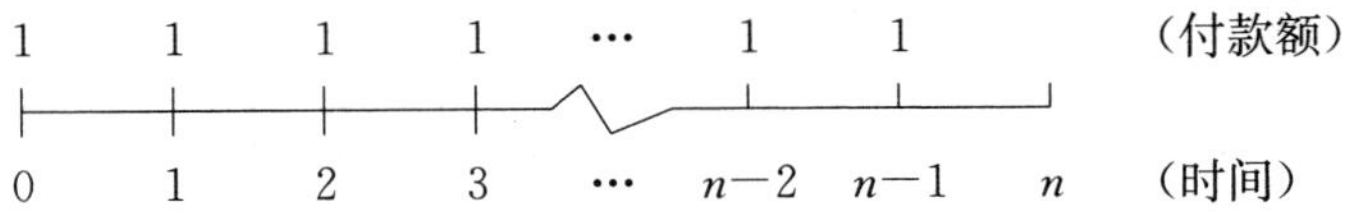

图 2.2.1

付款期从 0 时起，每期期初付款，直到第 n 期，各期付款在时刻 0 的现值依次为 1，v，v^2，…，v^{n-2}，v^{n-1}，各现值和即为期初付年金现值，记为 $\ddot{a}_{\overline{n|}}$，对应于式（2.1.1），有

$$\ddot{a}_{\overline{n|}}=1+v+v^2+\cdots+v^{n-2}+v^{n-1} \tag{2.2.1}$$

求和，得

$$\ddot{a}_{\overline{n|}}=\frac{1-v^n}{1-v}=\frac{1-v^n}{iv}=\frac{1-v^n}{d} \tag{2.2.2}$$

相应地，各期付款在第 n 期期末的积累值记为 $\ddot{s}_{\overline{n|}}$，且有

$$\begin{aligned}\ddot{s}_{\overline{n|}}&=(1+i)^n+(1+i)^{n-1}+\cdots+(1+i)^2+(1+i) &(2.2.3)\\&=(1+i)+(1+i)^2+\cdots+(1+i)^{n-1}+(1+i)^n\\&=(1+i)\frac{(1+i)^n-1}{(1+i)-1}\\&=\frac{(1+i)^n-1}{iv}\\&=\frac{(1+i)^n-1}{d} &(2.2.4)\end{aligned}$$

式（2.1.2）与式（2.2.2）相比，分子相同，差别在于式（2.1.2）分母为 i，而式（2.2.2）分母为 d。期末付年金公式中 i 是利息在每期期末支付的度量标准，见式（2.1.5）的解释。期初付年金公式中 d 是利息在每期期初支付的度量标准。如下式：

$$d\ddot{a}_{\overline{n|}}=1-v^n$$

即
$$1=d\ddot{a}_{\overline{n|}}+v^n \tag{2.2.5}$$

式（2.2.5）表明期初投资额为 1，且每期期初获得利息为 d，共 n 期，所有利息在 0 时刻的现值之和为 $d\ddot{a}_{\overline{n|}}$，$v^n$ 为 n 时刻初收回本金 1 在 0 时刻的现值。如图 2.2.2 所示。

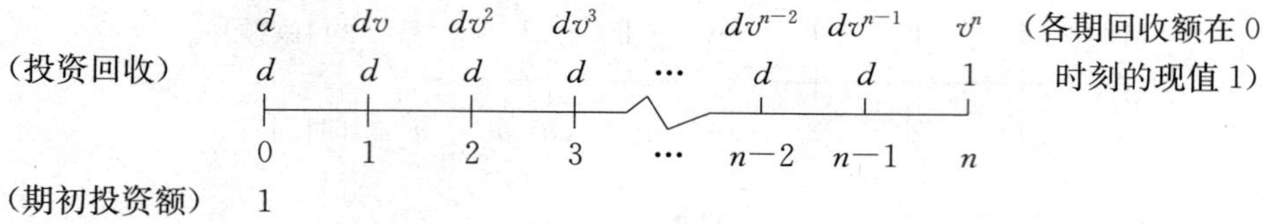

图 2.2.2

类似地，有

$$(1+i)^n=d\ddot{s}_{\overline{n}|}+1 \tag{2.2.6}$$

$$\ddot{s}_{\overline{n}|}=\ddot{a}_{\overline{n}|}(1+i)^n \tag{2.2.7}$$

$$\frac{1}{\ddot{a}_{\overline{n}|}}=\frac{1}{\ddot{s}_{\overline{n}|}}+d \tag{2.2.8}$$

很明显，$a_{\overline{n}|}$ 与 $\ddot{a}_{\overline{n}|}$ 及 $s_{\overline{n}|}$ 与 $\ddot{s}_{\overline{n}|}$ 之间存在着一定的联系，由式（2.2.1）推导可得

$$\begin{aligned}\ddot{a}_{\overline{n}|}&=1+v+v^2+\cdots+v^{n-2}+v^{n-1}\\&=\frac{v+v^2+v^3+\cdots+v^{n-1}+v^n}{v}\\&=\frac{a_{\overline{n}|}}{v}\\&=a_{\overline{n}|}(1+i)\end{aligned} \tag{2.2.9}$$

同理，由式（2.2.3）可得

$$\ddot{s}_{\overline{n}|}=s_{\overline{n}|}(1+i) \tag{2.2.10}$$

由式（2.2.1）及式（2.1.5），可得

$$\begin{aligned}\ddot{a}_{\overline{n}|}&=\frac{v+v^2+v^3+\cdots+v^{n-1}+v^n}{v}\\&=\frac{a_{\overline{n-1}|}+v^n}{v}\\&=(1+i)\,a_{\overline{n-1}|}+v^{n-1}\\&=a_{\overline{n-1}|}+ia_{\overline{n-1}|}+v^{n-1}\\&=a_{\overline{n-1}|}+1\end{aligned} \tag{2.2.11}$$

同理，由式（2.2.3）及式（2.1.6），可得

$$\ddot{s}_{\overline{n}|}=s_{\overline{n+1}|}-1 \qquad (2.2.12)$$

式（2.2.9）及式（2.2.12）的关系如图 2.2.3 所示。

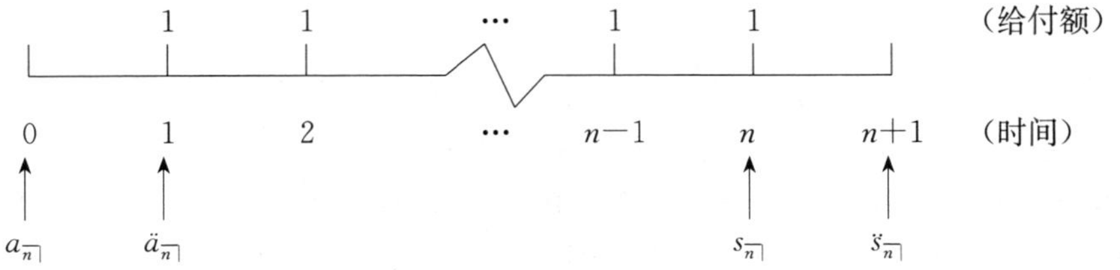

图 2.2.3

图 2.2.3 中将时刻 1，2，…，$n-1$，n 的付款值看做以时刻 0 为起点，就是期末付 n 期年金，各期付款在时刻 0 的现值就是 $a_{\overline{n}|}$；若以时刻 1 为起点，就是期初付 n 期年金，各付款现值之和为 $\ddot{a}_{\overline{n}|}$，$\ddot{a}_{\overline{n}|}$ 向前折现一期或 $a_{\overline{n}|}$ 向后积累一期，二者即相等，如式（2.2.9）所示，同理可解释式（2.2.10）。若以时刻 0 为起点，每期期末付 1，共 $n-1$ 期，即时刻 n 不付款，则各期付款的现值为 $a_{\overline{n-1}|}$，而此时假设在时刻 0 多 1 单位付款，则全部付款的现值为 $\ddot{a}_{\overline{n}|}$。$a_{\overline{n-1}|}$ 及 $\ddot{a}_{\overline{n}|}$ 都是以时刻 0 为起点的年金现值，区别是与 $\ddot{a}_{\overline{n}|}$ 相比 $a_{\overline{n-1}|}$ 缺少时刻 0 时的单位付款额 1，而这一付款的现值为 1，因而有式（2.2.11）。

【例 2.2.1】 在例 2.1.2 中，若存款改为每月月初进行，其他条件不变，计算每月需存入的款项。

解 由题设知，每月存入的款项构成期初付年金，设每月月初存款额为 D，有

$$D\ddot{s}_{\overline{12}|0.005}=10\,000$$

$$D=\frac{10\,000}{\ddot{s}_{\overline{12}|0.005}}=\frac{10\,000}{12.397\,2}=806.63\text{（元）}$$

客户每月月初需存入 806.63 元，才可在 1 年后获得 10 000 元。

例 2.2.1 中，$\ddot{s}_{\overline{12}|0.005}$ 是直接计算的，也可通过 $\ddot{s}_{\overline{12}|0.005}=1.005\times s_{\overline{12}|0.005}$ 计算，结果相同。

2.3　任意时刻的年金值

前两节对时刻 0 的年金现值及时刻 n 的年金积累值进行了计算（包括期末付年金及期初付年金）。不论在理论上还是在实务中，都会遇到要求计算任意时刻年金值 $V(t)$ 的问题（$t=0$ 时为年金现值，$t=n$ 时为年金终值），如延期年金的现值。所谓延期年金，就是以当前时刻为 0 时点，在 0 时刻以后若干时期后开始按期支付的年金。相当于支付期向后推移若干期间，而计算现值的时刻不变。一般而言，有三种时刻的年金值需要计算：（1）首期付款前某时刻的年金现值；（2）最后一期付款后某时刻的年金积累值；（3）付款期间某时刻的年金当前值。这里假定各计算年金现值的时刻都是整数时刻，即距各付款时刻的距离为付款期间的整数倍。这些时刻的年金现值或积累值都可以通过计算每次付款在该时刻的现值或积累值的方法进行，但较为复杂，应该通过已有的公式，寻找较为简便的方法。

下面通过一个例子（见图 2.3.1）说明这三种时刻的年金值（现值或积累值）。

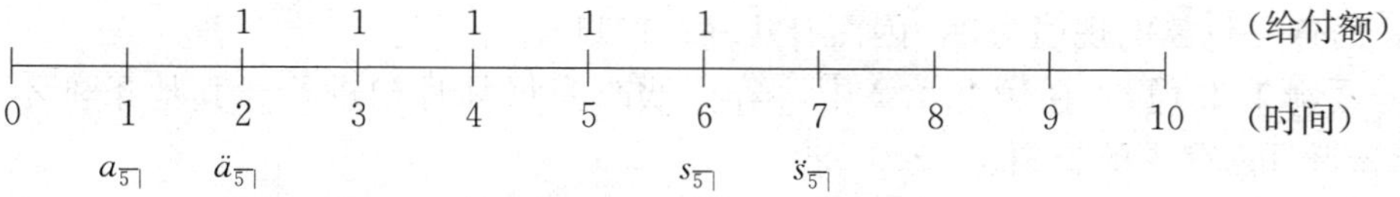

图 2.3.1

图 2.3.1 中，付款次数为 5，首次付款发生在时刻 2，末次付款发生在时刻 6，则时刻 0 时的年金现值就是延期年金现值，相当于第（1）种；时刻 10 时的年金积累值相当于第（2）种；时刻 4 时的年金当前值相当于第（3）种。另外，这 5 次付款在时刻 1 时的年金现值是一个 5 期的期末付款额为 1 的年金现值即 $a_{\overline{5}|}$；在时刻 2 的年金现值是 $\ddot{a}_{\overline{5}|}$，在时刻 6 的年金积累值为 $s_{\overline{5}|}$，在时刻 7 的年金积累值为 $\ddot{s}_{\overline{5}|}$。

2.3.1　在首期付款前某时刻的年金现值

如时刻 0 时的年金现值，以 $V(0)$ 表示。在图 2.3.1 中，可以通过时刻 1 或 2 的年金现值折现来计算，即

$$V(0)=va_{\overline{5}|}\quad 或\quad V(0)=v^2\ddot{a}_{\overline{5}|}$$

也可通过年金现值之间加减的方法（即不通过年金的折现）来计算。假设时刻 1 有 1 单位付款，则 0 时刻包含这一付款的年金现值为 $a_{\overline{6}|}$ ，而这一付款在 0 时刻的年金现值为 $a_{\overline{1}|}$ ，这样，已知的 5 次付款在时刻 0 的年金现值为 $a_{\overline{6}|}-a_{\overline{1}|}$ ；另外，设在时刻 0 还有 1 单位的付款，则 0 时刻包含这两个假设付款的年金现值为 $\ddot{a}_{\overline{7}|}$ ，而这两个付款的年金现值为 $\ddot{a}_{\overline{2}|}$ ，因此 $V(0)=\ddot{a}_{\overline{7}|}-\ddot{a}_{\overline{2}|}$ 。

根据年金折现法及年金加减的方法计算出的同一时刻的年金现值应该是相等的，即有

$$va_{\overline{5}|}=a_{\overline{6}|}-a_{\overline{1}|}$$

及
$$v^2\ddot{a}_{\overline{5}|}=\ddot{a}_{\overline{7}|}-\ddot{a}_{\overline{2}|}$$

将上式一般化，有

$$v^m a_{\overline{n}|}=a_{\overline{m+n}|}-a_{\overline{m}|} \tag{2.3.1}$$

及
$$v^m \ddot{a}_{\overline{n}|}=\ddot{a}_{\overline{m+n}|}-\ddot{a}_{\overline{m}|} \tag{2.3.2}$$

2.3.2 在最后一期付款后某时刻的年金积累值

如在时刻 10 的年金积累值以 $V(10)$ 表示。在这种情形下，$V(10)$ 相当于将时刻 6 的期末付 5 期年金积累值视为一次性投资，再经过 4 期积累，所得的本利和为

$$V(10)=s_{\overline{5}|}(1+i)^4$$

$V(10)$ 也可视为时刻 7 的期初付 5 期年金的积累值，再经过 3 期复利积累所得的本利和。即

$$V(10)=\ddot{s}_{\overline{5}|}(1+i)^3$$

根据式（2.2.10）$\ddot{s}_{\overline{n}|}=s_{\overline{n}|}(1+i)$，说明上式与通过期末付款法计算结果相同。

另外，时刻 10 的年金积累值也可由两个年金的加减计算，不通过年金再积累。假设在时刻 7～时刻 10 各有 1 单位付款，则这几个付款在时刻 10 的年金积累值为 $s_{\overline{4}|}$ ，包括这几个付款及已知的 5 个付款在时刻 10 的年金积累值为 $s_{\overline{9}|}$ ，因此

$$V(10)=s_{\overline{9}|}-s_{\overline{4}|}$$

该值也可通过假设在时刻 7～时刻 9 各有 1 单位付款，则可按期初付年金积累值

算法得出

$$V(10)=\ddot{s}_{\overline{8}|}-\ddot{s}_{\overline{3}|}$$

上面两个结果与通过年金积累值再积累的结果是等价的，因此有

$$s_{\overline{5}|}(1+i)^4=s_{\overline{9}|}-s_{\overline{4}|}$$

及 $$\ddot{s}_{\overline{5}|}(1+i)^3=\ddot{s}_{\overline{8}|}-\ddot{s}_{\overline{3}|}$$

将上面两式一般化，有

$$s_{\overline{n}|}(1+i)^m=s_{\overline{m+n}|}-s_{\overline{m}|} \tag{2.3.3}$$

及 $$\ddot{s}_{\overline{n}|}(1+i)^m=\ddot{s}_{\overline{m+n}|}-\ddot{s}_{\overline{m}|} \tag{2.3.4}$$

2.3.3 付款期间某时刻的年金当前值

如在时刻 4 的年金当前值以 $V(4)$ 表示。在这种情形下，可以通过计算所有付款在时刻 1 或时刻 2 时年金当前值经过 3 期或 2 期的积累所得的本利和获得。即有

$$V(4)=a_{\overline{5}|}(1+i)^3$$

或 $$V(4)=\ddot{a}_{\overline{5}|}(1+i)^2$$

$V(4)$ 也可通过计算所有付款在时刻 6 或时刻 7 时的年金积累值经过 2 期或 3 期折现的现值获得

$$V(4)=v^2s_{\overline{5}|}$$

或 $$V(4)=v^3\ddot{s}_{\overline{5}|}$$

同样，时刻 4 的年金当前值也可通过单纯的年金现值或积累值之间的加减算得，而不通过现值的积累或积累值的折现。该时刻的年金当前值可以视为 3 期期末付年金积累值与 2 期期末付年金现值之和，即

$$V(4)=s_{\overline{3}|}+a_{\overline{2}|}$$

或 2 期期初付年金积累值与 3 期期初付年金现值之和，即

$$V(4)=\ddot{s}_{\overline{2}|}+\ddot{a}_{\overline{3}|}$$

我们可以看出，关于时刻 4 的年金当前值的各种算法是等价的。将上述范例一般化，假定付款期限为 n，其中第 $m(m<n)$ 次付款时所有付款的当前值为

$$a_{\overline{n}|}(1+i)^m = v^{n-m}s_{\overline{n}|} = s_{\overline{m}|} + a_{\overline{n-m}|} \tag{2.3.5}$$

及

$$\ddot{a}_{\overline{n}|}(1+i)^m = v^{n-m}\ddot{s}_{\overline{n}|} = \ddot{s}_{\overline{m}|} + \ddot{a}_{\overline{n-m}|} \tag{2.3.6}$$

2.4　永续年金

前面讲述的年金都是假定期限为 n，n 为有限数，付款次数为有限次（$n\geqslant 1$，为整数）。付款次数没有限制，永远持续的年金称为永续年金。永续年金在经济领域中也有应用，如公司股票中不能赎回的优先股，其固定红利的给付就是永续年金的形式。又如某基金会以其基金的利息从事某种事业，则每期利息的支取会永远持续下去，也是一种永续年金的形式。

期末付永续年金的现值记为 $a_{\overline{\infty}|}$，则有

$$\begin{aligned} a_{\overline{\infty}|} &= v + v^2 + v^3 + \cdots \\ &= \frac{v}{1-v} \\ &= \frac{v}{iv} = \frac{1}{i}, \qquad i>0 \end{aligned} \tag{2.4.1}$$

$a_{\overline{\infty}|}$ 也可通过求 $a_{\overline{n}|}$ 在 $n\rightarrow\infty$时的极限值获得，即

$$a_{\overline{\infty}|} = \lim_{n\rightarrow\infty} a_{\overline{n}|} = \lim_{n\rightarrow\infty}\frac{1-v^n}{i} = \frac{1}{i}, \qquad i<1$$

式（2.4.1）可以解释为在利率为 i 时，首期期初投资$\frac{1}{i}$，且不收回本金，则每期期末可获得数额为 $1\left(i\times\frac{1}{i}\right)$的利息，且一直持续下去。

相应的期初付永续年金记为 $\ddot{a}_{\overline{\infty}|}$，则有

$$\begin{aligned} \ddot{a}_{\overline{\infty}|} &= 1 + v + v^2 + \cdots \\ &= \frac{1}{d} \end{aligned} \tag{2.4.2}$$

不存在永续年金的最终积累值，因为给付没有终点，且无穷的均衡给付导致积累值无穷大。

对式（2.3.1）略作变换，有 $a_{\overline{n}|} = a_{\overline{n+m}|} - v^n a_{\overline{m}|}$，而当 $m\rightarrow\infty$时，$a_{\overline{n}|}$ 可以看做是两个永续年金的组合，如

$$a_{\overline{n}|}=\frac{1-v^n}{i}=\frac{1}{i}-v^n\cdot\frac{1}{i}$$
$$=a_{\overline{\infty}|}-v^n a_{\overline{\infty}|} \tag{2.4.3}$$

即 $a_{\overline{n}|}$ 为 0 时刻起每期期末付款额为 1 的永续年金与延付 n 期的期末付永续年金之差。

将式（2.4.3）略作变换，有

$$a_{\overline{\infty}|}=a_{\overline{n}|}+v^n a_{\overline{\infty}|} \tag{2.4.4}$$

此式可通过下面的经济行为解释：某人投资$\frac{1}{i}$购买永续年金，投资利率为 i，则每年年末可获得数额为 1 的利息，在 n 年年末已获得的利息在时刻 0 的现值为 $a_{\overline{n}|}$。该投资人想收回投资，则收回的投资额为 n 时起的永续年金现值 $a_{\overline{\infty}|}$，即投资本金，然后折现到 0 时刻为 $v^n a_{\overline{\infty}|}$。

【例 2.4.1】 某人去世后，保险公司将支付 100 000 元的保险金，其三个受益人经协商，决定按永续年金方式领取该笔款项，受益人 A 领取前 8 年的年金，受益人 B 领取以后 10 年的年金，然后由受益人 C 领取以后的所有年金。所有的年金领取都在年初发生。保险公司的预定利率为 6.5%。计算 A，B，C 各自所领取的保险金份额。

解 每年可领取的年金数额为

$$R=\frac{100\ 000}{\ddot{a}_{\overline{\infty}|}}=6\ 103.29\text{（元）}$$

A 的份额为

$$6\ 103.29\times\ddot{a}_{\overline{8}|}=39\ 576.88\text{（元）}$$

B 的份额为

$$6\ 103.29\times(\ddot{a}_{\overline{18}|}-\ddot{a}_{\overline{8}|})=28\ 234.15\text{（元）}$$

C 的份额为

$$6\ 103.29\times(\ddot{a}_{\overline{\infty}|}-\ddot{a}_{\overline{18}|})=32\ 188.97\text{（元）}$$

各人所得的保险金份额之和为 100 000 元，若 A，B，C 计划领取期末付年金，则每年支付额恰为 6 500 元（100 000 × 6.5%）。三人领取份额之和仍为 100 000元。

2.5 连续年金

付款频率无限大（即连续付款）的年金称为连续年金，这是付款频率大于计息频率的特例。虽然这种年金在实务中是不存在的，但它在年金的理论分析以及其他方面如精算数学中的应用极为广泛。

连续付款 n 个计息期，每个计息期的付款额之和为 1 的年金现值记为 $\bar{a}_{\overline{n}|}$，则

$$\bar{a}_{\overline{n}|}=\int_0^n v^t \mathrm{d}t \tag{2.5.1}$$

式中，v^t 为时刻 t 到时刻 0 的折现因子；$\mathrm{d}t$ 为 t 时刻的付款额；$v^t\mathrm{d}t$ 为时刻 t 的付款额在时刻 0 的现值。这些连续付款的现值之和为其年金现值，化简式 (2.5.1)，有

$$\begin{aligned}\bar{a}_{\overline{n}|}&=\int_0^n v^t \mathrm{d}t\\&=\frac{v^t}{\ln v}\bigg|_0^n\\&=\frac{1-v^n}{\delta}\end{aligned} \tag{2.5.2}$$

连续年金的积累值记为 $\bar{s}_{\overline{n}|}$，有

$$\bar{s}_{\overline{n}|}=\int_0^n (1+i)^{n-t} \mathrm{d}t \tag{2.5.3}$$

通过积分变换 $s=n-t$，得

$$\bar{s}_{\overline{n}|}=\int_0^n (1+i)^{s} \mathrm{d}s \tag{2.5.4}$$

$$\begin{aligned}&=\frac{(1+i)^s}{\ln(1+i)}\bigg|_0^n\\&=\frac{(1+i)^n-1}{\delta}\end{aligned} \tag{2.5.5}$$

在式 (2.5.4) 中，以积分上限 n 为变量，对其进行微分，并且在结果中以 t 替换 n，则有

$$\frac{\mathrm{d}\bar{s}_{\overline{t}|}}{\mathrm{d}t}=(1+i)^t=1+\delta\bar{s}_{\overline{t}|} \tag{2.5.6}$$

式（2.5.6）中等式左边表示 $\bar{s}_{\overline{t}|}$ 的变化率，等式右边则解释了这种变化的构成。即以连续的方式在每个计息期存款 1 单位，t 时刻的年金积累值为 $\bar{s}_{\overline{t}|}$，$\bar{s}_{\overline{t}|}$ 的变化率为 $\frac{\mathrm{d}\bar{s}_{\overline{t}|}}{\mathrm{d}t}$。这一变化率由两部分组成，一部分是每个计息期连续存入的 1 单位存款；另一部分是 t 时刻积累值 $\bar{s}_{\overline{t}|}$ 所获得的利息 $\delta\bar{s}_{\overline{t}|}$。

【例 2.5.1】 以 δ 的形式表示 $\bar{a}_{\overline{n}|}$，$\bar{s}_{\overline{n}|}$。

解 根据已知

$$v^n=\mathrm{e}^{-n\delta}$$

$$(1+i)^n=\mathrm{e}^{n\delta}$$

代入式（2.5.2）及式（2.5.5），有

$$\bar{a}_{\overline{n}|}=\frac{1-\mathrm{e}^{-n\delta}}{\delta} \tag{2.5.7}$$

$$\bar{s}_{\overline{n}|}=\frac{\mathrm{e}^{n\delta}-1}{\delta} \tag{2.5.8}$$

【例 2.5.2】 有两个连续还款模型 A，B。A 每期还款额为 2，还款期限为 20 年，B 每期还款额为 3，还款期限为 10 年。求使 A，B 模型等效的 δ。

解 根据式（2.5.7），有

$$2\cdot\frac{1-\mathrm{e}^{-20\delta}}{\delta}=3\cdot\frac{1-\mathrm{e}^{-10\delta}}{\delta},\quad \delta\neq0$$

$$1-3\mathrm{e}^{-10\delta}+2\mathrm{e}^{-20\delta}=0$$

$$(\mathrm{e}^{-10\delta}-1)(2\mathrm{e}^{-10\delta}-1)=0$$

而由 $\mathrm{e}^{-10\delta}-1=0$ 可得 $\delta=0$，显然不是本题的解。

由 $\mathrm{e}^{-10\delta}=\frac{1}{2}$ 可得 $\delta=6.93\%$。

因此 $\delta=6.93\%$时，A，B 模型等效。

关键词

年金　期末付年金　期初付年金　任意时刻的年金值　永续年金　期初付永续年金　期末付永续年金　连续年金

练习题

1. 证明 $v^n - v^m = i(a_{\overline{m}|} - a_{\overline{n}|})$。

2. 某人购买一处住宅，价值 16 万元，首期付款额为 A，其余部分自下月起每月月初付 1 000 元，共付 10 年。年计息 12 次的年名义利率为 8.7%。计算购房首期付款额 A。

3. 已知 $a_{\overline{7}|} = 5.153$，$a_{\overline{11}|} = 7.036$，$a_{\overline{18}|} = 9.180$，计算 i。

4. 某人从 50 岁时起，每年年初在银行存入 5 000 元，共存 10 年，自 60 岁起，每年年初从银行提出一笔资金作为生活费用，拟提取 10 年。年利率为 10%，计算其每年生活费用。

5. 年金 A 的给付情况是：1 年～10 年，每年年末给付 1 000 元；11 年～20 年，每年年末给付 2 000 元；21 年～30 年，每年年末给付 1 000 元。年金 B 的给付情况是：1 年～10 年，每年给付额为 K 元；11 年～20 年，给付额为 0；21 年～30 年，每年年末给付 K 元，若 A 与 B 的现值相等，已知 $v^{10} = \frac{1}{2}$，计算 K。

6. 化简 $a_{\overline{10}|}(1 + v^{10} + v^{20})$，并解释该式意义。

7. 某人计划在第 5 年年末从银行取出 17 000 元，这 5 年中他每半年末在银行存入一笔款项，前 5 次存款每次为 1 000 元，后 5 次存款每次为 2 000 元，计算每年计息 2 次的年名义利率。

8. 某期初付年金每次付款额为 1 元，共付 20 次，第 k 年的实际利率为 $\frac{1}{8+k}$，计算 $V(2)$。

9. 某人寿保险的死亡给付受益人为三个子女，给付形式为永续年金，前两个孩子第 1～n 年每年末平分所领取的年金，n 年后所有的年金只支付给第三个孩子，若三个孩子所领取的年金现值相等，那么 $v=$（　　）。

A. $\left(\frac{1}{3}\right)^{\frac{1}{n}}$　　B. $3^{\frac{1}{n}}$　　C. $\left(\frac{1}{3}\right)^{n}$　　D. 3^n

10. 延期 5 年连续变化的年金共付款 6 年，在时刻 t 的年付款率为 $(t+1)^2$，t 时刻的利息强度为 $1/(1+t)$，该年金的现值为（　　）。

A. 52　　B. 54　　C. 56　　D. 58

第3章

生命表基础

人寿保险是以人的生命为保险标的的保险，即以被保险人在一定时期内死亡或生存为给付条件，因此被保险人寿命的长短对于保险人来说是非常重要的。对于生命表的研究是寿险精算的基础研究。

3.1 生命函数

3.1.1 分布函数

用 X 表示出生婴儿未来寿命的随机变量，则 X 的分布函数 $F(x)$ 可以表述为

$$F(x)=Pr(X\leqslant x),\quad x\geqslant 0 \tag{3.1.1}$$

这是 0 岁的人在 x 岁之前死亡的概率。显然，$F(0)=0$。

X 的概率密度函数记为 $f(x)$，则

$$f(x)=F'(x),\quad x\geqslant 0$$

$Pr(X>50)$ 表示 x 岁的人在 50 岁以后死亡的概率，即在 50 岁仍然生存的概率，于是有

$$Pr(X>50)=1-Pr(X\leqslant 50)=1-F(50)$$

$Pr(x<X\leqslant x+1 \mid X>x)$ 表示活到 x 岁的人在 x 岁与 $x+1$ 岁之间死亡的概率，即

$$\begin{aligned}Pr(x<X\leqslant x+1|X>x)&=\frac{Pr(x<X\leqslant x+1\cap X>x)}{Pr(X>x)}\\&=\frac{Pr(X\leqslant x+1)-Pr(X\leqslant x)}{1-Pr(X\leqslant x)}\\&=\frac{F(x+1)-F(x)}{1-F(x)}\end{aligned}$$

由 X 的含义可知，$E(X)$ 表示 X 的期望值，即新生婴儿的平均寿命，则

$$E(X)=\int_0^{\infty}xf(x)\mathrm{d}x$$

3.1.2 生存函数

生存函数的定义为：

$$s(x)=Pr(X>x),\quad x\geqslant 0 \tag{3.1.2}$$

式中，$s(x)$ 称为生存函数，表示 0 岁的人活过 x 岁的概率，即在 x 岁以后死亡的概率。由 $s(x)$ 的定义可以推出生存函数与分布函数之间存在如下关系：

$$s(x)=1-F(x),\quad x\geqslant 0$$

显然有 $s(0)=1$。

上述概率亦可用生存函数来表示，即

$$Pr(X>50)=s(50)$$

$$\begin{aligned}Pr(x<X\leqslant x+1 \mid X>x)&=\frac{F(x+1)-F(x)}{1-F(x)}\\&=\frac{s(x)-s(x+1)}{s(x)}\end{aligned}$$

3.1.3 $T(x)$

1. $T(x)$ 的概念

因为购买保险的被保险人往往是已经活到某个年龄 x 岁的人，因此，x 岁的

人的剩余寿命 $X-x$ 的分布就更为重要。用（x）表示一个 x 岁的人，$T(x)=X-x$表示（x）未来寿命的随机变量，即剩余寿命，简称为余命。

在考虑 x 岁的人的余命 T 时，我们已经知道这个人活到了 x 岁，则 T 的分布就是已知 $X>x$ 时 X 的条件分布，有关 T 的概率就是已知 $X>x$ 时相应的 X 的条件概率。用 $F_T(t)$ 表示 T 的分布函数，则

$$\begin{aligned}F_T(t)&=Pr(T\leqslant t),\quad t\geqslant 0\\&=Pr(X\leqslant x+t\,|\,X>x)\\&=Pr(x<X\leqslant x+t\,|\,X>x)\\&=\frac{F(x+t)-F(x)}{1-F(x)}\\&=\frac{s(x)-s(x+t)}{s(x)}\end{aligned}\tag{3.1.3}$$

用 $f_T(t)$ 表示 T 的概率密度函数，则

$$f_T(t)=F'_T(t)=-\frac{s'(x+t)}{s(x)}\tag{3.1.4}$$

用${}_tq_x$表示 x 岁的人在 $x+t$ 岁以前死亡的概率，则

$${}_tq_x=Pr[T(x)\leqslant t],\quad t\geqslant 0\tag{3.1.5}$$

用${}_tp_x$ 表示 x 岁的人在 $x+t$ 岁时仍活着的概率，则

$${}_tp_x=1-{}_tq_x=Pr[T(x)>t],\quad t\geqslant 0\tag{3.1.6}$$

根据分布函数和生存函数的定义，${}_tq_x$ 和${}_tp_x$ 分别表示 $T(x)$ 的分布函数和（x）的生存函数。

当 $x=0$ 时，有 $T(0)=X$ 和${}_xp_0=s(x)$。

当 $t=1$ 时，习惯上用 q_x 和 p_x 表示${}_1q_x$ 和${}_1p_x$，q_x 表示 x 岁的人在未来一年内死亡的概率，p_x 表示 x 岁的人在一年后仍活着的概率。

用${}_{t|u}q_x$ 表示 x 岁的人在活过 t 年后的 u 年内死亡的概率，也就是（x）在（$x+t$）岁与（$x+t+u$）岁之间死亡的概率，即

$$\begin{aligned}{}_{t|u}q_x&=Pr[t<T(x)\leqslant t+u]\\&=Pr[T(x)\leqslant t+u]-Pr[T(x)\leqslant t]\\&={}_{t+u}q_x-{}_tq_x\\&={}_tp_x-{}_{t+u}p_x\end{aligned}\tag{3.1.7}$$

当 $u=1$ 时，${}_{t|}q_x$ 表示（x）在（$x+t$）岁与（$x+t+1$）岁之间死亡的概率。

2. 用生存函数表示死亡率和生存率

(1)
$$
\begin{aligned}
{}_tq_x &= Pr[T(x)\leqslant t] \\
&= \frac{F(x+t)-F(x)}{1-F(x)} \\
&= \frac{s(x)-s(x+t)}{s(x)}
\end{aligned} \tag{3.1.8}
$$

(2)
$$
{}_tp_x = 1-{}_tq_x = \frac{s(x+t)}{s(x)} \tag{3.1.9}
$$

(3)
$$
\begin{aligned}
{}_{t|u}q_x &= {}_tp_x - {}_{t+u}p_x \\
&= {}_{t+u}q_x - {}_tq_x \\
&= \frac{s(x+t)-s(x+t+u)}{s(x)}
\end{aligned} \tag{3.1.10}
$$

由式（3.1.10）可以得到一个重要的关系式，即

$$
\begin{aligned}
{}_{t|u}q_x &= \frac{s(x+t)-s(x+t+u)}{s(x)} \\
&= \frac{s(x+t)}{s(x)} \cdot \frac{s(x+t)-s(x+t+u)}{s(x+t)} \\
&= {}_tp_x \cdot {}_uq_{x+t}
\end{aligned} \tag{3.1.11}
$$

式（3.1.11）可解释为 x 岁的人在（$x+t$）岁与（$x+t+u$）岁之间死亡的概率等于这个人活过 t 年的概率与其在（$x+t$）岁时在 u 年内死亡的概率之积。

3.1.4 $K(x)$

有时候我们只需考虑（x）未来能够存活的整年数，用 $K(x)$ 表示（x）的取整余命（也可简记为 K）。根据 $T(x)$ 的含义，则有

$$K(x)=[T(x)]$$

这表示 $K(x)$ 是不超过 $T(x)$ 的最大整数。例如，某个年龄为 50 岁的人（在开始观察的时候），在 55 岁零 6 个月时死亡，则他的余命 $T(50)=5.5$，而取整余命$K(50)=5$，即他从 50 岁往后活过的整年数是 5 年。

$K(x)$ 是一个离散型随机变量，其所有可能的取值为 0，1，2，…

$$Pr[K(x)=k]=Pr[k\leqslant T(x)<k+1],\quad k=0,1,2,\cdots$$

因为 $T(x)$ 是连续型随机变量，

$$Pr[T(x)=k]=Pr[T(x)=k+1]=0$$

所以

$$Pr[k\leqslant T(x)<k+1]=Pr[k<T(x)\leqslant k+1]$$

于是 $K(x)$ 的分布可以表示为

$$\begin{aligned}Pr[K(x)=k]&=Pr[k<T(x)\leqslant k+1]\\&={}_{k|}q_x\\&={}_kp_x\,q_{x+k},\quad k=0,1,2,\cdots\end{aligned}\tag{3.1.12}$$

可以用生存函数 $s(x)$ 表示 $K(x)$ 的分布，即

$$Pr[K(x)=k]={}_{k|}q_x=\frac{s(x+k)-s(x+k+1)}{s(x)},\quad k=0,1,2,\cdots$$

3.1.5 死力

用 μ_x 表示死力，用生存函数的相对变化率 $-\frac{s'(x)}{s(x)}$ 来定义，有

$$\mu_x=-\frac{s'(x)}{s(x)}\tag{3.1.13}$$

由于 $s(x)$ 是减函数，所以式（3.1.13）中加负号。

根据定义，式（3.1.13）可以用死力表示生存函数 $s(x)$，即

$$\mu_x=-\ [\ln s(x)]'$$

$$\int_0^x\mu_y\mathrm{d}y=\int_0^x-[\ln s(y)]'\mathrm{d}y$$

$$\ln s(y)\Big|_0^x=-\int_0^x\mu_y\mathrm{d}y$$

$$s(x)=\mathrm{e}^{-\int_0^x\mu_y\mathrm{d}y}\tag{3.1.14}$$

$T(x)$ 的密度函数可以表示为

$$\begin{aligned}f_T(t)&=-\frac{s'(x+t)}{s(x)}\\&=\frac{s(x+t)}{s(x)}\left[-\frac{s'(x+t)}{s(x+t)}\right]\\&={}_tp_x\mu_{x+t}\end{aligned}\tag{3.1.15}$$

由于

$$ {}_tp_x = \frac{s(x+t)}{s(x)} = \frac{e^{-\int_0^{x+t}\mu_y dy}}{e^{-\int_0^x \mu_y dy}} = e^{-\int_x^{x+t}\mu_y dy} $$

或 $$ = e^{-\int_0^t \mu_{x+s} ds} $$

所以 $$ f_T(t) = \mu_{x+t} e^{-\int_0^t \mu_{x+s} ds} $$

3.1.6 $s(x)$ 的解析表达式

由上述讨论可知，知道生存函数 $s(x)$（或死力 μ_x）就可以得到 T 或 K 的分布，因此了解 $s(x)$ 的主要解析表达式是非常重要的。下面根据时间顺序，列出一些假设的 $s(x)$ 的解析表达式。

1. de Moivre 假设（1729 年）

$$ s(x) = 1 - \frac{x}{\omega}, \quad 0 \leqslant x < \omega $$

式中，ω 为人的极限年龄，即假定所有人都在 ω 岁之前死亡。

2. Gompertz 假设（1825 年）

$$ s(x) = \exp\left[-\frac{B}{\ln c}(c^x - 1)\right], \quad B>0，c>1，x \geqslant 0 $$

3. Makeham 假设（1860 年）

$$ s(x) = \exp\left[-Ax - \frac{B}{\ln c}(c^x - 1)\right], \quad B>0，A \geqslant -B，c>1，x \geqslant 0 $$

4. Weibull 假设（1939 年）

$$ s(x) = \exp\left(-\frac{kx^{n+1}}{n+1}\right), \quad k>0，n>0，x \geqslant 0 $$

在这些假设中，ω，B，c，A，k 和 n 都是参数，需要通过统计方法确定。

de Moivre 假设的生存函数是最简单的，我们来看看这一假设的特点。设人的极限年龄为 100 岁，那么

$$ s(x) = 1 - \frac{x}{100}, \quad 0 \leqslant x < 100 $$

由此可求得

$$ q_x = \frac{s(x) - s(x+1)}{s(x)} $$

$$=\frac{1-\frac{x}{100}-\left(1-\frac{x+1}{100}\right)}{1-\frac{x}{100}}$$

$$=\frac{1}{100-x}$$

q_x 是 x 的增函数，随着年龄的增大，x 岁的人在 1 年内死亡的概率也增大。这对于一定年龄以上的人适用，但不适合年龄很小的人。例如，新生儿在第 1 年死亡的概率较大，随后几年会逐渐减小。

$$_{k|}q_x=\frac{s(x+k)-s(x+k+1)}{s(x)}$$

$$=\frac{1-\frac{x+k}{100}-\left(1-\frac{x+k+1}{100}\right)}{1-\frac{x}{100}}$$

$$=\frac{1}{100-x},\quad k=0,1,2,3,\cdots,99-x$$

即 x 岁的人在未来任何一年内死亡的概率是相同的。这与实际情况也不大吻合。

对于任何 ω，我们有

$$E(X)=\int_0^{\infty}xf(x)\mathrm{d}x$$

$$=\int_0^{\omega}x[-s'(x)]\mathrm{d}x=\int_0^{\omega}\frac{x}{\omega}\mathrm{d}x=\frac{\omega}{2}$$

即平均寿命是极限年龄的一半。

虽然上述每一个假设都比其前面的假设更接近实际的寿命分布，但至今仍没有发现一个 $s(x)$ 的解析表达式可以很好地与实际寿命分布相吻合。换句话说，目前还没有找到有实用价值的 $s(x)$ 的解析表达式。因此，精算师还得依赖另一种描述寿命分布的工具，即生命表。

3.2 生命表

生命表是寿险精算的科学基础，它是寿险费率和责任准备金计算的依据，也是寿险成本核算的依据。

3.2.1 生命表的含义

生命表是根据以往一定时期内各种年龄的死亡统计资料编制的由每个年龄死亡率所组成的汇总表。生命表是过去经验的记录，通常用于预测那些将来和过去情况完全相同的未来事件。生命表中最重要的就是设计产生每个年龄的死亡率。影响死亡率的因素很多，主要有年龄、性别、职业、习性、以往病史、种族等。一般情况下，在设计生命表时，只注重考虑年龄和性别。

生命表可以分为：(1) 国民生命表。国民生命表是根据全体国民或者以特定地区人口的死亡统计数据编制的生命表，主要来源于人口普查的统计资料。(2) 经验生命表。经验生命表是根据人寿保险、社会保险以往的死亡记录（经验）所编制的生命表。保险公司使用的是经验生命表，主要因为国民生命表是全体国民生命表，没有经过保险公司的风险选择，一般情况下与保险公司使用的生命表中的死亡率不同。

3.2.2 生命表的内容

在生命表中，首先要选择初始年龄且假定在该年龄生存的一个合适的人数，这个数称为基数。一般选择 0 岁为初始年龄，并规定此年龄的人数，通常取整数如 10 万、100 万、1 000 万等。在生命表中还规定最高年龄，用 ω 表示，满足 $I_{\omega+1}=0$。一般的生命表中都包含以下内容：

(1) x：年龄。

(2) l_x：生存数，是指从初始年龄至满 x 岁尚生存的人数。例如，l_{25} 表示在初始年龄定义的基数中有 l_{25} 人活到 25 岁。

1) l_x 表示自出生至满 x 岁时尚存活人数的期望值。

2) l_x 为连续函数，随年龄 x 增加而递减。但生命表中则以整数年龄表示，在 0 岁附近死亡率变化较大，从而生存人数在短期内也有显著差异。

3) 通常令 $l_0=10\ 000\ 000$ 人为基数，表示初生时的人数，若存活函数 $s(x)$ 为生存至 x 岁时的生存概率，则所有 l_0 人在 x 岁时有 $l_0 \cdot s(x)$ 人仍生存，此即为在 x 岁时的所有生存人数 l_x，故 $l_x=l_0 \cdot s(x)$。

(3) d_x：死亡数，是指 x 岁的人在 1 年内死亡的人数，即指 x 岁的生存数 l_x 人中，经过 1 年死亡的人数。

1) d_x 表示 x 岁的生存人数 l_x 中，经过整整 1 年所死亡的人数，亦即 l_x 中自 x 岁至 $x+1$ 岁间 1 年内死亡的人数，称为 x 岁的死亡人数。

2) $d_x=l_x-l_{x+1}=-\Delta l_x$ (3.2.1)

【例 3.2.1】 $d_{40}=l_{40}-l_{41}=9\ 292\ 079-9\ 259\ 817=32\ 262$（人）

(4) 极限年龄，即生命的最高年龄以 ω 表示，则 $l_\omega=0$。

(5) q_x：死亡率，表示 x 岁的人在 1 年内死亡的概率。

1) q_x 表示 x 岁的人在 1 年内死亡的概率。

2) $q_x=\frac{d_x}{l_x}=\frac{l_x-l_{x+1}}{l_x}$ (3.2.2)

【例 3.2.2】 $q_{40}=\frac{d_{40}}{l_{40}}=\frac{32\ 262}{9\ 292\ 079}=0.003\ 472$

从另一方面来看，有

$$q_x=\frac{s(x)-s(x+1)}{s(x)}$$

分子、分母均乘以 l_0，得

$$\begin{aligned}q_x&=\frac{l_0[s(x)-s(x+1)]}{l_0 s(x)}\\&=\frac{l_0 s(x)-l_0 s(x+1)}{l_0 s(x)}\\&=\frac{l_x-l_{x+1}}{l_x}\end{aligned} \quad (3.2.3)$$

(6) p_x：生存率，表示 x 岁的人在 1 年后仍生存的概率，即到 $x+1$ 岁时仍生存的概率。

1) p_x 表示 x 岁的人经过 1 年后仍生存的概率。

2) $p_x=1-q_x=\frac{l_{x+1}}{l_x}$

$$p_x=\frac{s(x+1)}{s(x)}=\frac{l_0 s(x+1)}{l_0 s(x)}=\frac{l_{x+1}}{l_x} \quad (3.2.4)$$

3) $p_x+q_x=1$

(7) ${}_np_x$：x 岁的人在 n 年后仍生存的概率。

1) $$\begin{aligned}{}_np_x&=\frac{l_{x+n}}{l_x}=\frac{l_{x+1}}{l_x}\cdot\frac{l_{x+2}}{l_{x+1}}\cdot\frac{l_{x+3}}{l_{x+2}}\cdot\cdots\cdot\frac{l_{x+n}}{l_{x+n-1}}\\&=p_x\cdot p_{x+1}\cdot p_{x+2}\cdot\cdots\cdot p_{x+n-1}\end{aligned} \quad (3.2.5)$$

2) $${}_{m+n}p_x=\frac{l_{x+m+n}}{l_x}=\frac{l_{x+m}}{l_x}\cdot\frac{l_{x+m+n}}{l_{x+m}}={}_mp_x\cdot{}_np_{x+m} \quad (3.2.6)$$

${}_{m+n}p_x={}_mp_x\cdot{}_np_{x+m}$ 表示 x 在 m 年后仍生存的概率，而且至 $x+m$ 岁时又生存了 n 年，当然也就是 $x+m+n$ 年后仍生存的概率，因为两者是相依事件，所以要用乘法。

(8) ${}_nq_x$：x 岁的人在 n 年内死亡的概率，见图 3.2.1。

$$\begin{aligned}
{}_nq_x &= 1 - {}_np_x = 1 - \frac{l_{x+n}}{l_x} = \frac{l_x - l_{x+n}}{l_x} \\
&= \frac{d_x + d_{x+1} + \cdots + d_{x+n-1}}{l_x} \\
&= q_x + {}_{1|}q_x + {}_{2|}q_x + \cdots + {}_{n-1|}q_x \\
&= \sum_{t=0}^{n-1} {}_{t|}q_x
\end{aligned} \tag{3.2.7}$$

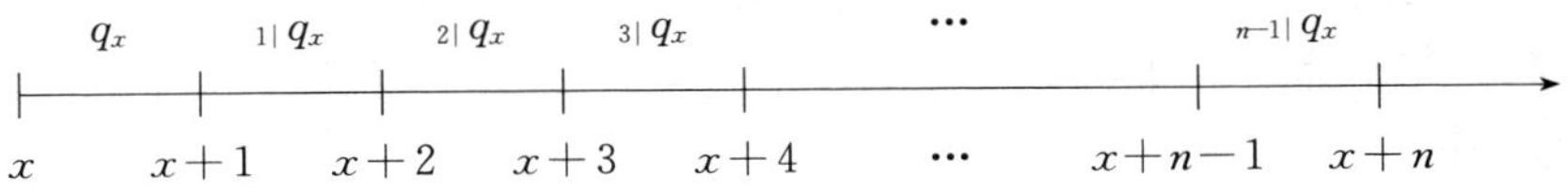

图 3.2.1

(9) ${}_{m|n}q_x$：x 岁的人在 $x+m$ 岁与 $x+m+n$ 岁的 n 年间死亡的概率。

$$\begin{aligned}
{}_{m|n}q_x &= \frac{l_{x+m} - l_{x+m+n}}{l_x} \\
&= \frac{d_{x+m} + d_{x+m+1} + \cdots + d_{x+m+n-1}}{l_x} \\
&= \sum_{t=m}^{m+n-1} {}_{t|}q_x
\end{aligned} \tag{3.2.8}$$

从另一方面来看，如图 3.2.2 所示：

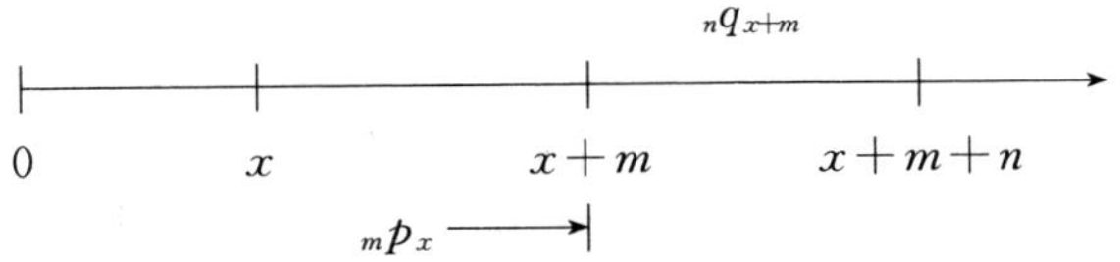

图 3.2.2

$${}_{m|n}q_x = {}_mp_x - {}_{m+n}p_x = {}_{m+n}q_x - {}_mq_x = {}_mp_x \cdot {}_nq_{x+m}$$

当 $n=1$ 时，用 ${}_{m|}q_x$ 表示 x 岁的人在生存 m 年后的那一年（$m+1$ 年）中死亡的概率，则

$${}_{m|}q_x = {}_mp_x - {}_{m+1}p_x = {}_mp_x \cdot q_{x+m}$$

【例 3.2.3】 $${}_{5|}q_{40} = \frac{l_{45} - l_{46}}{l_{40}} = \frac{9\,099\,769 - 9\,050\,448}{9\,292\,079} = 0.005\,307\,9$$

$$ {}_5q_{40}=\frac{l_{40}-l_{45}}{l_{40}}=\frac{9\,292\,079-9\,099\,769}{9\,292\,079}=0.020\,696\,1 $$

$$ {}_{5|10}q_{40}=\frac{l_{45}-l_{55}}{l_{40}}=\frac{9\,099\,769-8\,429\,569}{9\,292\,079}=0.072\,125\,9 $$

(10) e_x：平均余命或生命期望值。

1）e_x 表示现年 x 岁的人尚可再生存若干年的平均数，即每一个到达 x 岁的人，今后仍可生存的平均年数。

2）假定死亡者都在年初死亡，则 x 岁后第 1 年全体生存的年数共 l_{x+1} 年，同理，第 2 年全体生存年数为 l_{x+2} 年。依此类推，此 x 岁的人的总生存年数为 $l_{x+1}+l_{x+2}+l_{x+3}+\cdots+l_\omega$。

$$ e_x=\frac{l_{x+1}+l_{x+2}+l_{x+3}+\cdots+l_\omega}{l_x} \tag{3.2.9} $$

但事实上这一现象并不合理，因为不可能所有的人都在年初死亡，于是我们假定 1 年内死亡人数呈均匀分布，或可假定于年中死去，即每人应该比年初死亡多活半年，所以定义 $\mathring{e}_x=e_x+0.5$，并称此为完全平均余命或完全生命期望值。

【例 3.2.4】 表 3.2.1 是某个生命表的一部分。

表 3.2.1 **部分生命表**

年龄 x	未来一年内死亡概率 q_x
30	0.001 33
31	0.001 34
32	0.001 37
33	0.001 42
34	0.001 50
35	0.001 59
36	0.001 70
37	0.001 83
38	0.001 97
39	0.002 13

根据这部分生命表，我们可以算出各种有用的概率。例如，查表可得 34 岁的人在 35 岁以前死亡的概率为

$$ q_{34}=0.001\,50 $$

34 岁的人在 35 岁仍活着的概率为

$$p_{34}=1-q_{34}=0.998\,50$$

两年后仍活着的概率为

$$\begin{aligned}{}_2p_{34}&=p_{34}\cdot p_{35}=p_{34}\cdot(1-q_{35})\\&=0.998\,50\times(1-0.001\,59)\\&=0.996\,91\end{aligned}$$

在两年之内死亡的概率为

$${}_2q_{34}=1-{}_2p_{34}=0.003\,09$$

在 36 岁～37 岁之间死亡的概率为

$${}_{2|}q_{34}={}_2p_{34}\cdot q_{36}=0.996\,91\times0.001\,70=0.001\,69$$

【例 3.2.5】 已知 20 岁的生存人数为 1 000 人，21 岁的生存人数为 998 人，22 岁的生存人数为 992 人。试求 20 岁的人在 21 岁那年死亡的概率，即${}_{1|}q_{20}$。

解 $${}_{1|}q_{20}=\frac{d_{21}}{l_{20}}=\frac{l_{21}-l_{22}}{l_{20}}=\frac{998-992}{1\,000}=0.006$$

【例 3.2.6】 已知 40 岁的死亡率为 0.04，41 岁的死亡率为 0.06，而 42 岁的人生存至 43 岁的概率为 0.92。如果 40 岁生存人数为 100 人，求 43 岁时的生存人数。

解 $l_{41}=100\times(1-0.04)=96$（人）

$l_{42}=96\times(1-0.06)=90.24$（人）

$l_{43}=90.24\times0.92=83.02$（人）

(11) $\mathring{e}_x$ 和 e_x。

完全平均余命 $\mathring{e}_x$ 是随机变量 $T(x)$ 的数学期望，即

$$\begin{aligned}\mathring{e}_x&=E[T(x)]=\int_0^\infty tf_T(t)\mathrm{d}t\\&=\int_0^\infty t\,{}_tp_x\mu_{x+t}\mathrm{d}t &(3.2.10)\\&=\int_0^\infty {}_tp_x\mathrm{d}t &(3.2.11)\end{aligned}$$

式（3.2.11）的证明过程：

$$\mathring{e}_x = \int_0^{\infty} t \cdot \frac{-s'(x+t)}{s(x)} \mathrm{d}t$$

$$= -\int_0^{\infty} t \cdot ({}_tp_x)' \mathrm{d}t$$

$$= -t{}_tp_x \Big|_0^{\infty} + \int_0^{\infty} {}_tp_x \mathrm{d}t$$

注意$\lim\limits_{t\to\infty} t\,{}_tp_x=0$，这是因为 t 大于一定年数之后，${}_tp_x$ 便等于零。所以

$$\mathring{e}_x = \int_0^{\infty} {}_tp_x \mathrm{d}t$$

取整平均余命是取整余命 $K(x)$ 的数学期望，记为 e_x，即

$$e_x = E[K(x)] = \sum_{k=0}^{\infty} kPr[K(x)=k] \tag{3.2.12}$$

由式（3.1.12）可得

$$e_x = \sum_{k=0}^{\infty} k\,{}_kp_x q_{x+k} = \sum_{k=0}^{\infty} k \cdot \frac{d_{x+k}}{l_x} \tag{3.2.13}$$

$$= \sum_{k=0}^{\infty} {}_{k+1}p_x \tag{3.2.14}$$

证明式（3.2.14）

$$e_x = \sum_{k=1}^{\infty} k \cdot \frac{l_{x+k} - l_{x+k+1}}{l_x}$$

$$= \frac{1}{l_x}[l_{x+1} - l_{x+2} + 2(l_{x+2} - l_{x+3}) + \cdots]$$

$$= \frac{1}{l_x}[l_{x+1} + l_{x+2} + l_{x+3} + \cdots]$$

$$= \sum_{k=1}^{\infty} \frac{l_{x+k}}{l_x} = \sum_{k=0}^{\infty} {}_{k+1}p_x$$

关键词

分布函数　生存函数　余命　平均余命　取整余命　死力　de Moivre 假设　Gompertz 假设　Makeham 假设　Weibull 假设　生存率　死亡率　生存数　死亡数　生命表　国民生命表　经验生命表

练 习 题

1. 给出生存函数 $s(x)=e^{-\frac{x^2}{2\,500}}$，求：

(1) 人在 50 岁～60 岁之间死亡的概率。

(2) 50 岁的人在 60 岁以前死亡的概率。

(3) 人能活到 70 岁的概率。

(4) 50 岁的人能活到 70 岁的概率。

2. 已知 $Pr[5<T(60)\leqslant 6]=0.189\,5$，$Pr[T(60)>5]=0.920\,94$，求 q_{60}。

3. 已知 $q_{80}=0.07$，$d_{80}=3\,129$，求 l_{81}。

4. 设某群体的初始人数为 3 000 人，20 年内的预期死亡人数为 240 人，第 21 年和第 22 年的死亡人数分别为 15 人和 18 人。求生存函数 $s(x)$ 在 20 岁、21 岁和 22 岁的值。

5. 如果 $\mu_x=\dfrac{2}{x+1}+\dfrac{2}{100-x}$，$0\leqslant x\leqslant 100$，则 $l_0=10\,000$ 时，在该生命表中 1 岁到 4 岁之间的死亡人数为（　　）。

A. 2 073.92　　B. 2 081.61

C. 2 356.74　　D. 2 107.56

6. 已知 20 岁的生存人数为 1 000 人，21 岁的生存人数为 998 人，22 岁的生存人数为 992 人，则 ${}_{1|}q_{20}$ 为（　　）。

A. 0.008　　B. 0.007

C. 0.006　　D. 0.005

第4章

人寿保险的精算现值

人寿保险的精算现值也称为趸缴纯保费。本章将建立一系列寿险模型，在这些模型中保险金支付的数量是确定的，给付的时间是不确定的。我们将保险金支付的时间和数量看成只依赖于被保险人死亡的时间，即模型是利用 $T(x)$ 和$K(x)$的定义建立的。$T(x)$ 表示被保险人的剩余寿命（或余命）随机变量，$K(x)$ 表示被保险人的取整余命随机变量。

4.1 死亡即付的人寿保险

本节讨论的是在死亡当时立即给付保险金的情况下，各种寿险的精算现值的计算。所谓死亡当时立即给付保险金是指被保险人一旦发生保险责任范围内的死亡，保险人立即给付保险金。

用 x 表示投保年龄，b_t 表示保险金给付函数，v_t 代表贴现函数，t 为从签单到死亡的时间长度。定义现值函数 $z_t=b_tv_t$ 表示未来保险金给付在签单时的现值。

由于保险金的给付是在 $T(x)$ 这一时刻发生，$T(x)$ 是连续型随机变量，未来保险金给付在签单时的现值随机变量 Z_T 可表示为

$$Z_T = b_T v_T \tag{4.1.1}$$

4.1.1 精算现值的概念

在人寿保险中，保险人为了平衡未来 T 时刻支付的保险金 b_T，在签单时需要收入 $Z_T = b_T v_T$，即 b_T 的现值。这个现值会因 T 的取值不同而不同，因此我们只能取其平均值，即数学期望 $E(Z_T)$。$E(Z_T)$ 即称为未来保险金给付在签单时的精算现值，也称为趸缴纯保费，即一次缴清的纯保费，它是以预定利率和预定死亡率为基础计算的。但趸缴纯保费还不能反映保险公司承担的风险，所以，我们还需了解随机变量 Z 的分布的其他特征，如方差等。除非特别需要，以后将随机变量 Z_T 记为 Z，即 $Z = b_T v_T$。

4.1.2 *n* 年定期保险的精算现值（趸缴纯保费）

n 年定期保险又称为 n 年期死亡保险，指保险人只对被保险人在保险期限内发生的保险责任范围内的死亡给付保险金。我们用符号（x）表示年龄为 x 岁的人，假设在（x）死亡时，立即给付保险金 1 元，那么给付函数可表示为

$$b_t = \begin{cases} 1, & t \leqslant n \\ 0, & t > n \end{cases}$$

$$v_t = v^t, \quad t \geqslant 0, \text{为从签单到死亡的时间}$$

签单时保险金给付现值随机变量为

$$Z = b_T v_T = \begin{cases} v^T, & T \leqslant n \\ 0, & T > n \end{cases}$$

Z 是 T 的函数，设 T 的概率密度为 $f_T(t)$，则

$$\begin{aligned} E(Z) &= \int_0^n z_t f_T(t) \mathrm{d}t \\ &= \int_0^n v^t f_T(t) \mathrm{d}t \\ &= \int_0^n v^t \, {}_tp_x \cdot \mu_{x+t} \, \mathrm{d}t = \int_0^n \mathrm{e}^{-\delta t} \, {}_tp_x \cdot \mu_{x+t} \mathrm{d}t \end{aligned} \tag{4.1.2}$$

记 $v = \mathrm{e}^{-\delta}$，其中 δ 为利息强度。

用 $\overline{A}^1_{x:\overline{n}|}$ 表示这种保险的趸缴纯保费，那么

$$\overline{A}^1_{x:\overline{n}|}=\int_0^n e^{-\delta t}f_T(t)\mathrm{d}t=\int_0^n e^{-\delta t}\ {}_tp_x\cdot\mu_{x+t}\mathrm{d}t \tag{4.1.3}$$

Z 的方差可借助下述公式计算：

$$\mathrm{Var}(Z)=E(Z^2)-[E(Z)]^2=E(Z^2)-(\overline{A}^1_{x:\overline{n}|})^2$$

$$\begin{aligned}E(Z^2)&=\int_0^n z_t^2 f_T(t)\mathrm{d}t\\&=\int_0^n v^{2t}\ {}_tp_x\cdot\mu_{x+t}\mathrm{d}t\\&=\int_0^n e^{-2\delta t}\ {}_tp_x\cdot\mu_{x+t}\mathrm{d}t\end{aligned} \tag{4.1.4}$$

从式（4.1.4）可以看出，$E(Z^2)$ 相当于用 2δ 来代替 δ 计算的趸缴纯保费，我们用 ${}^2\overline{A}^1_{x:\overline{n}|}$ 表示 $E(Z^2)$，即 $\overline{A}^1_{x:\overline{n}|}$ 中的 δ 用 2δ 替代，这就使 $E(Z^2)$ 的计算简化了。那么，

$$\mathrm{Var}(Z)={}^2\overline{A}^1_{x:\overline{n}|}-(\overline{A}^1_{x:\overline{n}|})^2 \tag{4.1.5}$$

【例 4.1.1】 设生存函数为 $s(x)=1-\dfrac{x}{100}(0\leqslant x\leqslant 100)$，年利率 $i=0.1$，计算（保险金额为 1 元）：（1）趸缴纯保费 $\overline{A}^1_{30:\overline{10}|}$；（2）$\mathrm{Var}(Z)$。

解 $\because\ s(x)=1-\dfrac{x}{100}$

$$\therefore\ f_T(t)=-\frac{s'(x+t)}{s(x)}=\frac{\dfrac{1}{100}}{1-\dfrac{x}{100}}=\frac{1}{100-x}$$

$\because\ x=30$

$\therefore\ f_T(t)=\dfrac{1}{70}$

$\delta=\ln(1.1)$

$$\begin{aligned}\overline{A}^1_{30:\overline{10}|}&=\int_0^{10}v^t f_T(t)\mathrm{d}t=\int_0^{10}e^{-\delta t}f_T(t)\mathrm{d}t\\&=\frac{1}{70}\int_0^{10}(1.1)^{-t}\mathrm{d}t\\&=\frac{1}{70}\left[-\frac{1}{\ln 1.1}(1.1)^{-t}\Big|_0^{10}\right]\end{aligned}$$

$$= 0.092\ 099$$

$$\begin{aligned}
{}^2\overline{A}^{1}_{30:\overline{10}|} &= \frac{1}{70}\int_0^{10} e^{-2\delta t} f_T(t)\mathrm{d}t \\
&= \frac{1}{70} \times \frac{1}{-2\delta} e^{-2\delta t}\Big|_0^{10} \\
&= \frac{1}{70} \times \frac{1}{\ln(1.1)^2}[1-(1.1)^{-20}] \\
&= 0.063\ 803
\end{aligned}$$

$$\begin{aligned}
\mathrm{Var}(Z) &= {}^2\overline{A}^{1}_{30:\overline{10}|} - (\overline{A}^{1}_{30:\overline{10}|})^2 \\
&= 0.063\ 803 - (0.092\ 099)^2 \\
&= 0.055\ 321
\end{aligned}$$

4.1.3 终身寿险的趸缴纯保费

终身寿险是指被保险人在保单生效后的任何时刻发生保险责任范围内的死亡，保险人均给付保险金。

设（x）投保终身寿险，保险金额为 1 元。

$$b_t = 1, \quad t \geqslant 0$$

$$v_t = v^t, \quad t \geqslant 0$$

$$Z = b_T v_T = v^T, \quad t \geqslant 0$$

用 $\overline{A}_x$ 表示其趸缴纯保费，则

$$\begin{aligned}
\overline{A}_x &= E(Z) = \int_0^{\infty} z_t \cdot f_T(t)\mathrm{d}t \\
&= \int_0^{\infty} v^t\ {}_tp_x \cdot \mu_{x+t}\mathrm{d}t \\
&= \int_0^{\infty} e^{-\delta t}\ {}_tp_x \cdot \mu_{x+t}\mathrm{d}t \qquad (4.1.6)
\end{aligned}$$

$$\mathrm{Var}(Z) = {}^2\overline{A}_x - (\overline{A}_x)^2 \qquad (4.1.7)$$

【例 4.1.2】 设（x）要投保终身寿险，保险金额 1 元，签单时其未来寿命 T 的概率密度函数为

$$f_T(t) = \begin{cases} \dfrac{1}{60}, & 0 < t < 60 \\ 0, & \text{其他} \end{cases}$$

利息强度为$\delta(\neq 0)$，在签单时的保险金给付现值随机变量为Z，试计算：

(1) $\overline{A}_x$。

(2) $\mathrm{Var}(Z)$。

(3) 满足$P(Z\leqslant \xi_{0.9})=0.9$的$\xi_{0.9}$。

解 (1) $$\overline{A}_x = E(Z) = \int_0^\infty z_t f_T(t)\mathrm{d}t$$
$$= \int_0^{60} \mathrm{e}^{-\delta t} \frac{1}{60}\mathrm{d}t$$
$$= \frac{1-\mathrm{e}^{-60\delta}}{60\delta}, \quad \delta \neq 0$$

(2) $$\mathrm{Var}(Z) = {}^2\overline{A}_x - (\overline{A}_x)^2$$
$$= \frac{1-\mathrm{e}^{-120\delta}}{120\delta} - \left(\frac{1-\mathrm{e}^{-60\delta}}{60\delta}\right)^2, \quad \delta \neq 0$$

(3) 记$h=\dfrac{\ln\xi_{0.9}}{\ln v}$，则

$$P(Z \leqslant \xi_{0.9}) = P(v^T \leqslant \xi_{0.9})$$
$$= P(T \geqslant h)$$
$$= \int_h^\infty f_T(t)\mathrm{d}t$$
$$= \int_h^{60} \frac{1}{60}\mathrm{d}t$$
$$= \frac{1}{60}(60-h)$$
$$= 0.9$$

$h=6$，即$\ln\xi_{0.9}=6\ln v$

$$\xi_{0.9}=v^6, \quad v=\mathrm{e}^{-\delta}$$

在签单时保险金给付现值Z的方差，对于考察人寿保险公司财务状况具有重要作用。下面，我们运用近似标准正态分布，根据风险业务量来确定保险公司最初投资的基金。

【例 4.1.3】 假设有100个相互独立的年龄为x岁的被保险人都投保了保险金额10元的终身寿险，随机变量T的概率密度是$f_T(t)=\mu\mathrm{e}^{-\mu t}$ ($\mu=0.04$，$t\geqslant 0$)。保险金于被保险人死亡时给付，保险金给付是从某项基金中按利息强度

$\delta=0.06$ 计息支付。试计算这项基金在最初（即 $t=0$）时的数额至少为多少时，才能保证从这项基金中足以支付每个被保险人的死亡给付的概率达到 95%？

解 令 Z_j 表示第 j 个被保险人的死亡给付在签单时的现值（$j=1, 2, \cdots, 100$），则随机变量 $Z_1, Z_2, \cdots, Z_{100}$ 相互独立。

由于对每个被保险人都有

$$b_t=10, \quad t\geqslant 0$$

$$v_t=v^t, \quad t\geqslant 0, v=e^{-0.06}$$

$$Z_j=10v^T, \quad T\geqslant 0, j=1, 2, \cdots, 100$$

记 $Z=\sum_{j=1}^{100} Z_j$，则 Z 是表示这 100 个被保险人的死亡给付在签单（即最初）或 $t=0$ 时的现值随机变量，对保险金额为 1 元的终身寿险，死亡时立即给付的趸缴纯保费是

$$\overline{A}_x=\int_0^{+\infty} v^t \cdot {}_tp_x \cdot \mu_{x+t}\mathrm{d}t=\frac{\mu}{\mu+\delta}$$

$$\therefore \quad E(Z_j)=10\overline{A}_x=10\times\frac{0.04}{0.04+0.06}=4\ (\text{元})$$

$$E(Z_j^2)=10^2\times{}^2\overline{A}_x=100\times\frac{0.04}{0.04+2\times 0.06}=25\ (\text{元})$$

$$\mathrm{Var}(Z_j)=E(Z_j^2)-[E(Z_j)]^2=25-16=9\ (\text{元}), \quad j=1, 2, \cdots, 100$$

从而，有

$$E(Z)=E\left(\sum_{j=1}^{100} Z_j\right)=\sum_{j=1}^{100} E(Z_j)=100\times 4=400\ (\text{元})$$

$$\mathrm{Var}(Z)=\mathrm{Var}\left(\sum_{j=1}^{100} Z_j\right)=\sum_{j=1}^{100}\mathrm{Var}(Z_j)=100\times 9=900\ (\text{元})$$

设这项基金在最初（即 $t=0$）时数额至少为 h，才能保证 $P(Z\leqslant h)=0.95$ 成立，或等价于

$$P\left(\frac{Z-400}{30}\leqslant\frac{h-400}{30}\right)=0.95$$

根据中心极限定理，知

$$\frac{Z-E(Z)}{\sqrt{\mathrm{Var}(Z)}}=\frac{Z-400}{30}$$

近似服从标准正态分布 $N(0,1)$，所以得

$$\frac{h-400}{30}\geqslant 1.645$$

$$h\geqslant 400+30\times 1.645=449.35\text{（元）}$$

即这项基金在最初时的数额至少为 449.35 元，比收取的趸缴纯保费总额 400 元超出 49.35 元。

4.1.4 延期寿险的趸缴纯保费

延期 m 年的终身寿险意味着在被保险人投保满 m 年后，发生保险责任范围内的死亡时，保险人才给付保险金。

设（x）投保延期 m 年的终身寿险，保险金额 1 元，保险金在死亡时立即给付，则

$$b_t=\begin{cases}0, & t\leqslant m\\ 1, & t>m\end{cases}$$

$$v_t=v^t,\qquad t>0$$

$$Z_T=b_T v_T=\begin{cases}0, & T\leqslant m\\ v^T, & T>m\end{cases}$$

趸缴纯保费用 $_{m|}\overline{A}_x$ 表示，则

$$\begin{aligned}_{m|}\overline{A}_x&=\int_m^{\infty}v^t f_T(t)\mathrm{d}t\\&=\int_m^{\infty}\mathrm{e}^{-\delta t}f_T(t)\mathrm{d}t\end{aligned}\tag{4.1.8}$$

若（x）投保延期 m 年的 n 年定期寿险，保险金额 1 元，保险金在死亡时立即给付。其趸缴纯保费用 $_{m|}\overline{A}_{x:\overline{n|}}$ 表示，则

$$\begin{aligned}_{m|}\overline{A}_{x:\overline{n|}}&=\int_m^{m+n}v^t f_T(t)\mathrm{d}t\\&=\int_m^{m+n}\mathrm{e}^{-\delta t}\,{}_tp_x\cdot\mu_{x+t}\mathrm{d}t\quad(\delta\text{ 为常数时})\qquad(4.1.9)\\&=\int_0^{m+n}\mathrm{e}^{-\delta t}\,{}_tp_x\cdot\mu_{x+t}\mathrm{d}t-\int_0^{m}\mathrm{e}^{-\delta t}\,{}_tp_x\cdot\mu_{x+t}\mathrm{d}t\end{aligned}$$

$$=\overline{A}^{1}_{x:\overline{m+n}|}-\overline{A}^{1}_{x:\overline{m}|} \tag{4.1.10}$$

【例 4.1.4】 (x) 投保延期 10 年的终身寿险，保险金额 1 元，保险金在死亡时立即给付，Z 表示签单时死亡给付的现值随机变量，已知利息强度 $\delta=0.06$，$s(x)=e^{-0.04x}$，$x\geqslant 0$。试求：

(1) ${}_{10|}\overline{A}_x$。

(2) $\mathrm{Var}(Z)$。

(3) 中位数 $\xi_{0.5}$。

解 (1) $f_T(t)=-\dfrac{s'(x+t)}{s(x)}=-\dfrac{\dfrac{d}{dt}[e^{-0.04(x+t)}]}{e^{-0.04x}}$

$$=\frac{0.04e^{-0.04(x+t)}}{e^{-0.04x}}=0.04e^{-0.04t}$$

$$\begin{aligned}{}_{10|}\overline{A}_x&=\int_{10}^{\infty}v^t f_T(t)\mathrm{d}t\\&=\int_{10}^{\infty}e^{-\delta t}\cdot 0.04e^{-0.04t}\mathrm{d}t\\&=0.04\cdot\frac{e^{-10(\delta+0.04)}}{\delta+0.04}\\&=\frac{0.04}{0.1}e^{-1}=0.4e^{-1}\end{aligned}$$

$$\begin{aligned}{}_{10|}{}^{2}\overline{A}_x&=\int_{10}^{\infty}e^{-2\delta t}f_T(t)\mathrm{d}t\\&=0.04\times\frac{e^{-10(2\delta+0.04)}}{2\delta+0.04}\\&=\frac{1}{4}\times e^{-1.6}\end{aligned}$$

(2) $\mathrm{Var}(Z)={}_{10|}{}^{2}\overline{A}_x-({}_{10|}\overline{A}_x)^2=\dfrac{1}{4}\times e^{-1.6}-(0.4e^{-1})^2$

(3) 由于 $P(Z=0)=P(T\leqslant 10)=\displaystyle\int_0^{10}e^{-0.04t}0.04\mathrm{d}t$

$$=1-e^{-0.4}=0.329\ 68<0.5$$

$$\xi_{0.5}>0$$

$$P(Z\leqslant\xi_{0.5})=P(Z=0)+P(0<Z\leqslant\xi_{0.5})=0.5$$

$$P(0<Z\leqslant\xi_{0.5})=0.5-0.329\ 68=0.170\ 32$$

而 $P(0<Z\leqslant\xi_{0.5})=P(v^T\leqslant\xi_{0.5})=P\left(T\geqslant\dfrac{\ln\xi_{0.5}}{\ln v}\right)$

记 $h=\frac{\ln\xi_{0.5}}{-0.06}$，则

$$0.170\,32=P(0<Z\leqslant\xi_{0.5})=P(T\geqslant h)=\int_h^{\infty}0.04e^{-0.04t}dt$$
$$=e^{-0.04h}=(\xi_{0.5})^{\frac{2}{3}}$$

故 $\xi_{0.5}=0.170\,32^{1.5}=0.070\,3$ 为所求。

4.1.5 生存保险与两全保险的趸缴纯保费

n 年期生存保险是当被保险人生存至 n 年期满时，保险人在第 n 年年末支付保险金的保险。

设（x）投保 n 年期生存保险，保险金额为 1 元，保险金在第 n 年年末给付。

$$b_t=\begin{cases}0, & t\leqslant n\\1, & t>n\end{cases}$$

$$v_t=v^n, \quad t\geqslant 0$$

$$Z=b_Tv_T=\begin{cases}0, & T\leqslant n\\v^n, & T>n\end{cases}$$

在 n 年期生存保险中，只有一个因素是不确定的，就是是否会给付保险金。只有当被保险人生存至第 n 年年末时才给付保险金，而给付保险金的时间与数量是可以预先确定的。

生存保险的趸缴纯保费用 $A_{x:\overset{\ 1}{\overline{n|}}}$ 表示。

$$\begin{aligned}A_{x:\overset{\ 1}{\overline{n|}}}&=E(Z)\\&=v^n\ {}_np_x\end{aligned}\tag{4.1.11}$$

$$\begin{aligned}\mathrm{Var}(Z)&=E(Z^2)-[E(Z)]^2\\&=v^{2n}\cdot {}_np_x\cdot {}_nq_x\\&={}^2A_{x:\overset{\ 1}{\overline{n|}}}-(A_{x:\overset{\ 1}{\overline{n|}}})^2\end{aligned}\tag{4.1.12}$$

n 年期两全保险是 n 年定期保险和 n 年期生存保险的综合。如果在 n 年内被保险人发生保险责任范围内的死亡，则保险人给付死亡保险金；如果被保险人生存满 n 年，则保险人在第 n 年年末给付生存保险金。

假设年龄为 x 岁的人投保了保险金额为 1 元的 n 年期两全保险，保险金于死亡时立即给付的 n 年期两全保险的趸缴纯保费用 $\overline{A}_{x:\overline{n|}}$ 表示，那么

$$\bar{A}_{x:\overline{n}|}=\bar{A}^{1}_{x:\overline{n}|}+A_{x:\overline{n}|}^{\ \ 1} \tag{4.1.13}$$

$$\mathrm{Var}(Z)={}^{2}\bar{A}_{x:\overline{n}|}-(\bar{A}_{x:\overline{n}|})^{2} \tag{4.1.14}$$

式中，Z 为保险金额为 1 元、死亡时即付的 n 年期两全保险在签单时的给付现值随机变量；${}^{2}\bar{A}_{x:\overline{n}|}$ 为利息强度为 2δ、保险金额为 1 元、死亡即付的 n 年期两全保险的趸缴纯保费。

事实上，对于两全保险，有

$$b_t=1, \quad t\geqslant 0$$

$$v_t=\begin{cases} v^t, & t\leqslant n \\ v^n, & t>n \end{cases}$$

$$Z=b_T v_T=\begin{cases} v^T, & T\leqslant n \\ v^n, & T>n \end{cases}$$

由定期保险和生存保险中给付现值随机变量 Z_1 和 Z_2 的定义可得

$$Z_1=\begin{cases} v^T, & T\leqslant n \\ 0, & T>n \end{cases}$$

$$Z_2=\begin{cases} 0, & T\leqslant n \\ v^n, & T>n \end{cases}$$

我们有

$$Z=Z_1+Z_2$$

两边同时取期望值，得

$$\bar{A}_{x:\overline{n}|}=\bar{A}^{1}_{x:\overline{n}|}+A_{x:\overline{n}|}^{\ \ 1}$$

假设${}_{m|}\bar{A}_{x:\overline{n}|}$ 表示延期 m 年、保险金额 1 元、死亡即付的 n 年期两全保险的趸缴纯保费，则

$$\begin{aligned} {}_{m|}\bar{A}_{x:\overline{n}|} &= v^m \cdot {}_{m}p_x \cdot \bar{A}_{x+m:\overline{n}|} \\ &= A_{x:\overline{m}|}^{\ \ 1} \cdot \bar{A}_{x+m:\overline{n}|} \end{aligned} \tag{4.1.15}$$

式（4.1.15）说明，延期 m 年的 n 年期两全保险可以看成 x 岁的被保险人先生存 m 年，到 $x+m$ 岁时再获得一个 n 年期的两全保险。

各种死亡即付寿险的趸缴纯保费的计算公式归纳如下：

1. n 年定期保险

$$\bar{A}^{1}_{x:\overline{n}|}=\int_0^n v^t f_T(t)\mathrm{d}t=\int_0^n v^t\ {}_tp_x\mu_{x+t}\mathrm{d}t$$

2. 终身寿险

$$\bar{A}_x=\int_0^{\infty} v^t\ {}_tp_x\mu_{x+t}\mathrm{d}t$$

3. 延期 m 年的终身寿险

$${}_{m|}\bar{A}_x=\int_m^{\infty} v^t f_T(t)\mathrm{d}t=\int_m^{\infty} v^t\ {}_tp_x\mu_{x+t}\mathrm{d}t$$

4. 延期 m 年的 n 年定期寿险

$${}_{m|}\bar{A}^{1}_{x:\overline{n}|}=\int_m^{m+n} v^t f_T(t)\mathrm{d}t=\int_m^{m+n} v^t\ {}_tp_x\mu_{x+t}\mathrm{d}t$$

5. n 年期生存保险

$$A_{x:\overline{n}|}^{\ \ 1}=v^n\ {}_np_x$$

6. n 年期两全保险

$$\bar{A}_{x:\overline{n}|}=\bar{A}^{1}_{x:\overline{n}|}+A_{x:\overline{n}|}^{\ \ 1}=\int_0^n v^t\ {}_tp_x\mu_{x+t}\mathrm{d}t+v^n\ {}_np_x$$

7. 延期 m 年的 n 年期两全保险

$${}_{m|}\bar{A}_{x:\overline{n}|}=A_{x:\overline{m}|}^{\ \ 1}\cdot\bar{A}_{x+m:\overline{n}|}$$

4.2 死亡年末给付的人寿保险

死亡年末支付的人寿保险是指保险金的支付是在死亡发生的年末进行的人寿保险。

4.2.1 定期寿险的趸缴纯保费

设（x）投保 n 年定期寿险，保险金额为 1 元，保险金在死亡年度末给付。设 $K=[T]$ 即取整余命随机变量，给付函数用 b_{K+1} 表示，则

$$b_{K+1}=\begin{cases}1, & K=0,1,\cdots,n-1\\0, & \text{其他}\end{cases}$$

贴现因子用 v_{K+1} 表示，保险金给付在签单时的现值随机变量用 Z_{K+1} 表示。如前所述，我们以后以 Z 代表 Z_{K+1}，即

$$Z_{K+1}=b_{K+1}v_{K+1}=\begin{cases}v^{K+1}, & K=0,1,\cdots,n-1\\ 0, & \text{其他}\end{cases}$$

趸缴纯保费用 $A^{1}_{x:\overline{n}|}$ 表示，那么

$$A^{1}_{x:\overline{n}|}=E(Z)=\sum_{k=0}^{n-1}v^{k+1}\ {}_{k}p_{x}q_{x+k} \tag{4.2.1}$$

$$\mathrm{Var}(Z)=E(Z^2)-[E(Z)]^2={}^{2}A^{1}_{x:\overline{n}|}-(A^{1}_{x:\overline{n}|})^2 \tag{4.2.2}$$

$${}^{2}A^{1}_{x:\overline{n}|}=\sum_{k=0}^{n-1}\mathrm{e}^{-2\delta(k+1)}\ {}_{k}p_{x}q_{x+k}$$

即二阶矩 $E(Z^2)={}^{2}A^{1}_{x:\overline{n}|}$ 等于按原利息强度 2 倍计算得出的趸缴纯保费。

【例 4.2.1】 55 岁的男性投保 5 年期的定期保险，保险金额为 1 000 元，保险金在死亡年末给付，按中国人寿保险业经验生命表（2000—2003 年）非养老金业务男表和利率 6%计算趸缴纯保费。

解 $1\,000A^{1}_{55:\overline{5}|}$

$$=1\,000\sum_{k=0}^{4}v^{k+1}\ {}_{k}p_{55}q_{55+k}$$

$$=1\,000\sum_{k=0}^{4}v^{k+1}\ \frac{d_{55+k}}{l_{55}}$$

$$=1\,000\ \frac{vd_{55}+v^2d_{56}+v^3d_{57}+v^4d_{58}+v^5d_{59}}{l_{55}}$$

$$=1\,000\times\frac{\dfrac{4\,840}{1+6\%}+\dfrac{5\,316}{(1+6\%)^2}+\dfrac{5\,914}{(1+6\%)^3}+\dfrac{6\,637}{(1+6\%)^4}+\dfrac{7\,468}{(1+6\%)^5}}{930\,283}$$

$=26.981\,485$（元）

在符号 $A^{1}_{x:\overline{n}|}$ 中，令 $n=1$，即得 $A^{1}_{x:\overline{1}|}$，在人寿保险中又称为自然保费，它是根据每一保险年度，每一被保险人当年年龄的预定死亡率计算出来的该年度的死亡纯保费，用符号 c_x 表示，即

$$c_x=vq_x=\frac{1}{1+i}\cdot\frac{d_x}{l_x}$$

例如，$c_{40}=\dfrac{1}{1+0.06}\times\dfrac{259.018\,6}{93\,131.64}=0.002\,624$，即现年 40 岁的人，投保1 000

元的定期寿险的自然纯保费是 2.624 元。自然纯保费随着年龄的增长而提高，即年龄越大，自然保费就越高。但是，在实际生活中，对于年龄越大的人来说，其经济收入相对减少，却需要缴纳较高的保费，这不太符合实际。为此，在寿险实务中，常采用均衡保费制。

4.2.2 终身寿险的精算现值（趸缴纯保费）

设（x）投保终身寿险，保险金额 1 元，保险金在死亡年末给付。如前所述，n 年定期保险的趸缴纯保费为

$$A^{1}_{x:\overline{n}|} = \sum_{k=0}^{n-1} v^{k+1}\ {}_{k}p_{x} q_{x+k}$$

当 $n\to\infty$时，n 年定期保险即成为终身寿险。终身寿险的趸缴纯保费用 A_x 表示，那么

$$A_x = \sum_{k=0}^{\infty} v^{k+1}\ {}_{k}p_{x} q_{x+k} \tag{4.2.3}$$

$$\begin{aligned}\mathrm{Var}(Z) &= E(Z^2) - [E(Z)]^2 \\ &= {}^{2}A_x - (A_x)^2 \\ &= \sum_{k=0}^{\infty} \mathrm{e}^{-2\delta(k+1)}\ {}_{k}p_{x} q_{x+k} - \Big(\sum_{k=0}^{\infty} \mathrm{e}^{-\delta(k+1)}\ {}_{k}p_{x} q_{x+k}\Big)^2\end{aligned} \tag{4.2.4}$$

4.2.3 两全保险的精算现值（趸缴纯保费）

设（x）投保 n 年期两全保险，保险金额为 1 元，若（x）在 n 年内死亡，则在死亡年末给付保险金，若（x）生存满 n 年，则在第 n 年年末支付满期保险金。

这样

$$b_{k+1}=1,\quad k=0,1,\cdots$$

$$v_{k+1}=\begin{cases} v^{k+1}, & k=0,1,\cdots,n-1 \\ v^{n}, & k=n,n+1,\cdots \end{cases}$$

$$Z=b_{k+1}\cdot v_{k+1}=\begin{cases} v^{k+1} & k=0,1,\cdots,n-1 \\ v^{n}, & k=n,n+1,\cdots \end{cases}$$

趸缴纯保费

$$A_{x:\overline{n}|}=\sum_{k=0}^{n-1} v^{k+1}\ {}_kp_x q_{x+k}+v^n\ {}_np_x \tag{4.2.5}$$

$$=A^1_{x:\overline{n}|}+A_{x:\overline{n}|}^{\ \ 1} \tag{4.2.6}$$

$$\mathrm{Var}(Z)={}^2A_{x:\overline{n}|}-(A_{x:\overline{n}|})^2 \tag{4.2.7}$$

【例 4.2.2】 设（35）投保 5 年期两全保险，保险金额 10 000 元，保险金在死亡的保单年度末给付。按中国人寿保险业经验生命表（2000—2003 年）非养老金业务男表，年利率 $i=6\%$，计算其趸缴纯保费。

解 $A_{35:\overline{5}|}=A^1_{35:\overline{5}|}+A_{35:\overline{5}|}^{\ \ 1}$

$$=\sum_{k=0}^{4} v^{k+1}\ {}_kp_{35}q_{35+k}+v^5\ {}_5p_{35}$$

$$=\sum_{k=0}^{4} v^{k+1}\frac{d_{35+k}}{l_{35}}+v^5\ {}_5p_{35}$$

查表 $d_{35}=1\ 170\quad l_{35}=979\ 738\quad d_{36}=1\ 248$

$${}_5p_{35}=\frac{l_{40}}{l_{35}}=\frac{972\ 999}{979\ 738}=0.993\ 1$$

$d_{37}=1\ 336\quad d_{38}=1\ 437\quad d_{39}=1\ 549$

$$10\ 000A_{35:\overline{5}|}=10\ 000\times\frac{\dfrac{1\ 170}{1.06}+\dfrac{1\ 248}{(1.06)^2}+\dfrac{1\ 336}{(1.06)^3}+\dfrac{1\ 437}{(1.06)^4}+\dfrac{1\ 549}{(1.06)^5}}{979\ 738}+10\ 000\times\frac{0.993\ 1}{(1.06)^5}=7\ 478.51\ (元)$$

4.2.4 延期寿险的精算现值（趸缴纯保费）

设（x）投保延期 m 年定期保险，保险金额 1 元，保险金在死亡的保单年度末给付，那么

$$b_{K+1}=\begin{cases}1, & K=m, m+1, \cdots, m+n-1\\ 0, & 其他\end{cases}$$

$$v_{K+1}=v^{K+1},\quad K=0, 1, 2, \cdots, n+m-1$$

$$Z=b_{K+1}v_{K+1}=\begin{cases}v^{K+1}, & K=m, m+1, \cdots, m+n-1\\0, & \text{其他}\end{cases}$$

趸缴纯保费用$_{m|}A^1_{x:\overline{n}|}$表示，则

$$_{m|}A^1_{x:\overline{n}|}=E(Z)=\sum_{k=m}^{n+m-1}v^{k+1}\ _kp_xq_{x+k} \tag{4.2.8}$$

$$=\sum_{k=0}^{n+m-1}v^{k+1}\ _kp_xq_{x+k}-\sum_{k=0}^{m-1}v^{k+1}\ _kp_xq_{x+k}$$

$$=A^1_{x:\overline{m+n}|}-A_{x:\overline{m}|}^{\ \ 1} \tag{4.2.9}$$

式中，$_{m|}A_x$ 为 x 岁的人投保延期 m 年，保险金额 1 元的终身寿险的趸缴纯保费；$_{m|}A_{x:\overline{n}|}$ 为 x 岁的人投保延期 m 年，保险金额 1 元的 n 年期两全保险的趸缴纯保费。

类似于死亡即付的情形，我们有下列公式

$$_{m|}A^1_{x:\overline{n}|}=A_{x:\overline{m}|}^{\ \ 1}\cdot A^1_{x+m:\overline{n}|} \tag{4.2.10}$$

$$_{m|}A_x=A_{x:\overline{m}|}^{\ \ 1}\cdot A_{x+m} \tag{4.2.11}$$

$$=A_x-A^1_{x:\overline{m}|} \tag{4.2.12}$$

$$_{m|}A_{x:\overline{n}|}=A_{x:\overline{m}|}^{\ \ 1}\cdot A_{x+m:\overline{n}|} \tag{4.2.13}$$

$$=A_{x:\overline{m+n}|}-A_{x:\overline{m}|}^{\ \ 1} \tag{4.2.14}$$

死亡年末给付的各种寿险趸缴纯保费的计算公式概括如下：

(1) 定期寿险。

$$A^1_{x:\overline{n}|}=\sum_{k=0}^{n-1}v^{k+1}\ _kp_xq_{x+k}$$

(2) 终身寿险。

$$A_x=\sum_{k=0}^{\infty}v^{k+1}\ _kp_xq_{x+k}$$

(3) 两全保险。

$$A_{x:\overline{n}|}=\sum_{k=0}^{n-1}v^{k+1}\ _kp_xq_{x+k}+v^n\ _np_x$$

$$=A^1_{x:\overline{n}|}+A_{x:\overline{n}|}^{\ \ 1}$$

(4) 延期 m 年的终身寿险。

$$_{m|}A_x = A_{x:\overset{1}{\overline{m|}}} \cdot A_{x+m} = A_x - A^1_{x:\overline{m|}}$$

（5）延期 m 年的 n 年定期保险。

$$_{m|}A^1_{x:\overline{n|}} = \sum_{k=m}^{n+m-1} v^{k+1}\ {}_kp_x q_{x+k} = A_{x:\overset{1}{\overline{m|}}} \cdot A^1_{x+m:\overline{n|}} = A^1_{x:\overline{m+n|}} - A^1_{x:\overline{m|}}$$

（6）延期 m 年的 n 年期两全保险。

$$_{m|}A_{x:\overline{n|}} = \sum_{k=m}^{n+m-1} v^{k+1}\ {}_kp_x q_{x+k} = A_{x:\overline{m+n|}} - A^1_{x:\overline{m|}}$$

4.3　死亡即付人寿保险与死亡年末付人寿保险的精算现值的关系

前两节的讨论表明，对年末给付保险金的寿险，其趸缴纯保费的计算要容易和简便很多。实务中使用的是死亡即付的寿险模型，因而将死亡即付的寿险的趸缴保费的计算转化成年末给付寿险的趸缴保费的形式是有意义的。

假设死亡于各年龄内是均匀分布（这个条件非常重要，简称 UDD 假设），死亡即付型与年末给付型寿险的趸缴纯保费的关系可以表达为：

$$\begin{aligned}
\bar{A}_x &= \int_0^\infty v^t f_T(t)\mathrm{d}t \\
&= \sum_{k=0}^\infty \int_k^{k+1} v^t\ {}_tp_x \mu_{x+t}\mathrm{d}t \\
&= \sum_{k=0}^\infty \int_0^1 v^{k+s}\ {}_kp_x \cdot {}_sp_{x+k} \cdot \mu_{x+k+s}\mathrm{d}s \\
&= \sum_{k=0}^\infty v^{k+1}\ {}_kp_x \int_0^1 v^{s-1} q_{x+k}\mathrm{d}s,\quad 0 \leqslant s \leqslant 1
\end{aligned}$$

（在 UDD 假设下有 ${}_sp_{x+k}\mu_{x+k+s} = q_{x+k}$）

$$\begin{aligned}
\bar{A}_x &= \sum_{k=0}^\infty v^{k+1}\ {}_kp_x q_{x+k} \int_0^1 (1+i)^{1-s}\mathrm{d}s \\
&= \sum_{k=0}^\infty v^{k+1}\ {}_kp_x q_{x+k} \bar{s}_{\overline{1|}} = \frac{i}{\delta}A_x
\end{aligned}$$

$$\therefore\quad \bar{A}_x = \frac{i}{\delta}A_x \tag{4.3.1}$$

同理

$$\overline{A}^{1}_{x:\overline{n}|}=\frac{i}{\delta}A^{1}_{x:\overline{n}|} \tag{4.3.2}$$

对于两全保险，有

$$\begin{aligned}\overline{A}_{x:\overline{n}|}&=\overline{A}^{1}_{x:\overline{n}|}+A_{x:\overline{n}|}^{\ \ 1}\\&=\frac{i}{\delta}A^{1}_{x:\overline{n}|}+A_{x:\overline{n}|}^{\ \ 1}\end{aligned} \tag{4.3.3}$$

【例 4.3.1】 设（35）投保 25 年期两全保险，保险金额为 200 000 元，在死亡或满期时立即给付。用中国人寿保险业经验生命表（2000—2003 年）非养老金业务男表及年利率 $i=6\%$，在死亡服从均匀分布的假设下，计算其趸缴纯保费（设 $A^{1}_{35:\overline{25}|}=0.0380546$）。

解 依题意，$200000\overline{A}_{35:\overline{25}|}$ 即为所求的趸缴纯保费

$i=6\%$， $\delta=\ln(1+0.06)=0.0582689$

$$\begin{aligned}\overline{A}_{35:\overline{25}|}&=\frac{i}{\delta}A^{1}_{35:\overline{25}|}+A_{35:\overline{25}|}^{\ \ 1}\\&=\frac{i}{\delta}A^{1}_{35:\overline{25}|}+\frac{l_{60}}{l_{35}}(1.06)^{-25}\\&=\frac{0.06}{0.0582689}\times 0.0380546+\frac{900107}{979738}\times(1.06)^{-25}\\&=0.2532462\end{aligned}$$

$$\begin{aligned}200000\overline{A}_{35:\overline{25}|}&=200000\times 0.2532462\\&=50649.24\text{（元）}\end{aligned}$$

4.4 递增型人寿保险与递减型人寿保险

4.4.1 递增型寿险

1. 死亡时立即给付的递增型终身寿险

首先，若保额逐年递增，即第 1 年内死亡，给付保险金 1 元；第 2 年内死亡，给付保险金 2 元，……，则

$$b_T=[T+1],\quad T\geqslant 0$$

$$v_T=v^T,\quad T\geqslant 0$$

$$Z=b_T v_T=[T+1]v^T,\quad T\geqslant 0$$

趸缴纯保费以 $(I\bar{A})_x$ 记之，则

$$(I\bar{A})_x=E[Z]=\int_0^{\infty}[t+1]v^t\ {}_tp_x\cdot\mu_{x+t}\mathrm{d}t \tag{4.4.1}$$

式中，[ ] 表示最大整数函数，即

$$[t]=k,\quad k\leqslant t<k+1,\ k=0,\ \pm 1,\cdots$$

其次，考虑保险金额每年增加 m 次，每次增加$\frac{1}{m}$的终身寿险。这时有

$$b_T=\frac{[Tm+1]}{m},\quad T\geqslant 0$$

$$v_T=v^T,\quad T\geqslant 0$$

$$Z=\frac{[Tm+1]v^T}{m},\quad T\geqslant 0$$

趸缴纯保费以 $(I^{(m)}\bar{A})_x$ 记之，则

$$\begin{aligned}(I^{(m)}\bar{A})_x&=E[Z]=\int_0^{\infty}\frac{[tm+1]}{m}v^t f_T(t)\mathrm{d}t\\&=\int_0^{\infty}\frac{[tm+1]}{m}v^t\ {}_tp_x\cdot\mu_{x+t}\mathrm{d}t\end{aligned} \tag{4.4.2}$$

当保险金额连续增加时，则

$$b_T=T,\quad T\geqslant 0$$

$$v_T=v^T,\quad T\geqslant 0$$

$$Z=Tv^T,\quad T\geqslant 0$$

趸缴纯保费以 $(\bar{I}\bar{A})_x$ 记之，则有

$$(\bar{I}\bar{A})_x=E[Z]=\int_0^{\infty}tv^t\ {}_tp_x\cdot\mu_{x+t}\mathrm{d}t \tag{4.4.3}$$

对于递增的 n 年定期寿险，只需将积分上限换成 n 即可，即

$$(\bar{I}\bar{A})^1_{x:\overline{n}|}$$

2. 死亡年度末给付的递增型终身寿险

设被保险人在第 $k+1$ 个保单年度死亡，则在第 $k+1$ 年年末给付保险金$k+1$

元，如此直至被保险人死亡为止，那么

$$\begin{cases}b_{K+1}=K+1 \\ v_{K+1}=v^{K+1}\end{cases}, \quad K=0, 1, \cdots$$

$$Z=(K+1)v^{K+1}, \quad K=0, 1, \cdots$$

其趸缴纯保费记为 $(IA)_x$，则

$$(IA)_x=E[Z]=\sum_{k=0}^{\infty}(k+1)v^{k+1}{}_kp_xq_{x+k} \tag{4.4.4}$$

相应地，对于 n 年定期保险，有

$$(IA)^1_{x:\overline{n}|}=\sum_{k=0}^{n-1}(k+1)v^{k+1}{}_kp_xq_{x+k} \tag{4.4.5}$$

【例 4.4.1】 设 $\delta_t=2t$，$l_x=100-x$，$0\leqslant x\leqslant 100$，计算 $(\bar{I}\bar{A})_x$。

解 $v^t=e^{-\int_0^t 2s\mathrm{d}s}=e^{-t^2}$

$$f_T(t)=-s'(t)=-\frac{l'_{x+t}}{l_x}=-\frac{(100-x-t)'}{100-x}=\frac{1}{100-x}$$

$$\begin{aligned}(\bar{I}\bar{A})_x&=\int_0^{100-x}t\cdot e^{-t^2}\cdot\frac{1}{100-x}\mathrm{d}t\\&=\frac{1}{100-x}\int_0^{100-x}e^{-t^2}\mathrm{d}\left(\frac{t^2}{2}\right)\\&=\frac{-1}{2(100-x)}\int_0^{100-x}e^{-t^2}\mathrm{d}(-t^2)\\&=-\frac{1}{2(100-x)}e^{-t^2}\Big|_0^{100-x}\\&=-\frac{1}{2(100-x)}[e^{-(100-x)^2}-1]\end{aligned}$$

【例 4.4.2】 设 $l_x=100-x$，$0\leqslant x\leqslant 100$，$i=0.05$，计算 $(IA)_{40}$。

解

$$\begin{aligned}(IA)_{40}&=\sum_{k=0}^{100-x-1}(k+1)v^{k+1}{}_kp_xq_{x+k}\\&=\sum_{k=0}^{59}(k+1)v^{k+1}{}_kp_{40}q_{40+k}\end{aligned}$$

而 $${}_kp_{40}q_{40+k}=\frac{l_{40+k}}{l_{40}}\times\left(1-\frac{l_{40+k+1}}{l_{40+k}}\right)$$

$$=\frac{l_{40+k}-l_{40+k+1}}{l_{40}}$$

$$=\frac{60-k-(60-k-1)}{60}$$

$$=\frac{1}{60}$$

代入 $(IA)_{40}$，得

$$(IA)_{40}=\frac{1}{60}\sum_{k=0}^{59}(k+1)v^{k+1}$$

$$=\frac{1}{60}\times\frac{\ddot{a}_{\overline{60|}}-60v^{60}}{0.05}=5.554\ 541$$

4.4.2 递减型寿险

1. 立即给付型递减型寿险

我们以一个 n 年定期寿险为例。考虑 (x) 投保 n 年定期寿险，若 (x) 在第一个保单年度内死亡，立即给付保险金 n 元；若 (x) 在第二个保单年度内死亡，立即给付保险金 $n-1$ 元，……，若 (x) 在第 n 个保单年度内死亡，立即给付保险金 1 元，则

$$b_T=\begin{cases}n-[T], & T\leqslant n\\ 0, & T>n\end{cases}$$

$$v_T=v^T,\quad T\geqslant 0$$

$$Z=\begin{cases}(n-[T])v^T, & T\leqslant n\\ 0, & T>n\end{cases}$$

趸缴纯保费用符号 $(D\overline{A})^{1}_{x:\overline{n|}}$ 表示，则

$$(D\overline{A})^{1}_{x:\overline{n|}}=\int_0^n(n-[t])v^t f_T(t)\mathrm{d}t$$

$$=\int_0^n(n-[t])v^t\ {}_tp_x\mu_{x+t}\mathrm{d}t \tag{4.4.6}$$

2. 死亡年末给付型递减型寿险

设 (x) 投保 n 年定期递减寿险，若 (x) 在第一个保单年度内死亡，则在该年末给付保险金 n 元；若 (x) 在第二个保单年度内死亡，则在第 2 年年末给付保险金 $n-1$ 元，……，依此类推，若 (x) 在第 n 个保单年度内死亡，则在第 n 年年末给付保险金 1 元，于是

$$b_{K+1}=\begin{cases}n-K, & K=0,1,2,\cdots,n-1\\0, & \text{其他}\end{cases}$$

$$v_{K+1}=v^{K+1}$$

$$Z=b_{K+1}v_{K+1}=\begin{cases}(n-K)\ v^{K+1}, & K=0,1,2,\cdots,n-1\\0, & \text{其他}\end{cases}$$

趸缴纯保费用 $(DA)^{1}_{x:\overline{n}|}$ 表示，则

$$\begin{aligned}(DA)^{1}_{x:\overline{n}|}&=\sum_{k=0}^{n-1}(n-k)v^{k+1}\ {}_{k|}q_x\\&=\sum_{k=0}^{n-1}(n-k)v^{k+1}\ {}_{k}p_x q_{x+k}\end{aligned}\tag{4.4.7}$$

【例 4.4.3】 现年 30 岁的人购买了一份递减的 5 年定期寿险保单。保险金于死亡年末给付，第一个保单年度内死亡，则给付 50 000 元；第二个保单年度内死亡，则给付 40 000 元；……；第五个保单年度内死亡，则给付 10 000 元。设年利率 6%，用中国人寿保险业经验生命表（2000—2003 年）非养老金业务男表计算其趸缴纯保费。

解 所求保费为 $10\,000\ (DA)^{1}_{30:\overline{5}|}$，而

$$\begin{aligned}&10\,000(DA)^{1}_{30:\overline{5}|}\\=&10\,000\sum_{k=0}^{4}(5-k)v^{k+1}\ {}_{k|}q_{30}\\=&10\,000\ [5vq_{30}+4v^2 p_{30}q_{31}+3v^3\ {}_2p_{30}q_{32}+2v^4\ {}_3p_{30}q_{33}+v^5\ {}_4p_{30}q_{34}]\\=&10\,000\left[5v\frac{d_{30}}{l_{30}}+4v^2\frac{d_{31}}{l_{30}}+3v^3\frac{d_{32}}{l_{30}}+2v^4\frac{d_{33}}{l_{30}}+v^5\frac{d_{34}}{l_{30}}\right]\end{aligned}$$

$l_{30}=984\,635$ $\quad d_{30}=867$ $\quad d_{31}=917$

$d_{32}=977$ $\quad d_{33}=1\,036$ $\quad d_{34}=1\,100$

$v=0.943\,396\,2$

$10\,000\ (DA)^{1}_{30:\overline{5}|}=124.698\,5$（元）

4.4.3 两类精算现值的换算

前面讲述了立即给付型寿险的趸缴纯保费与年末给付型寿险的趸缴纯保费，在假定每一年龄内的死亡服从均匀分布时可以互相换算。同样，递增、递减型寿险也存在这样的关系。即

$$(I\bar{A})_x=\frac{i}{\delta}(IA)_x\tag{4.4.8}$$

$$(I\bar{A})^1_{x:\overline{n}|}=\frac{i}{\delta}(IA)^1_{x:\overline{n}|} \tag{4.4.9}$$

$$(D\bar{A})^1_{x:\overline{n}|}=\frac{i}{\delta}(DA)^1_{x:\overline{n}|} \tag{4.4.10}$$

有了式（4.4.8）、式（4.4.9）、式（4.4.10）后，立即给付寿险的趸缴纯保费在 UDD 假设下，可以转变成年末给付型寿险的趸缴纯保费的计算。

【例 4.4.4】 在例 4.4.3 中，若保险金在死亡时立即给付，求其趸缴纯保费。

解
$$\begin{aligned}10\,000(D\bar{A})^1_{30:\overline{5}|}&=10\,000\times\frac{i}{\delta}(DA)^1_{30:\overline{5}|}\\&=10\,000\times\frac{0.06}{0.058\,268\,9}\times(DA)^1_{30:\overline{5}|}\\&=128.403\,14\\&\approx 128\text{（元）}\end{aligned}$$

即 128 元为所求的趸缴纯保费。

关键词

人寿保险　精算现值　趸缴纯保费　死亡即付的人寿保险　定期保险　终身寿险　延期寿险　生存保险　两全保险　死亡年末给付的人寿保险　递增型人寿保险　递减型人寿保险

练习题

1. 设生存函数为 $s(x)=1-\frac{x}{100}$（$0\leqslant x\leqslant 100$），年利率 $i=0.10$，计算（保险金额为 1 元）：

（1）趸缴纯保费 $\bar{A}^1_{30:\overline{10}|}$ 的值。

（2）这一保险给付额在签单时的现值随机变量 Z 的方差 $\mathrm{Var}(Z)$。

2. 设年龄为 35 岁的人，购买一张保险金额为 1 000 元的 5 年定期寿险保单，保险金于被保险人死亡的保单年度末给付，年利率 $i=0.06$，试计算：

（1）该保单的趸缴纯保费。

（2）该保单自 35 岁～39 岁各年龄的自然保费之总额。

（3）（1）与（2）的结果为何不同？为什么？

3. 设 $A_x=0.25$，$A_{x+20}=0.40$，$A_{x:\overline{20}|}=0.55$，试计算：

（1）$A^1_{x:\overline{20}|}$。

（2）$A_{x:\overset{1}{\overline{10}|}}$。

4. 试证在UDD假设条件下：

(1) $\overline{A}^{1}_{x:\overline{n}|}=\dfrac{i}{\delta}A^{1}_{x:\overline{n}|}$ 。

(2) $\overline{A}_{x:\overline{n}|}=A_{x:\overline{n}|}^{\ \ 1}+\dfrac{i}{\delta}A^{1}_{x:\overline{n}|}$ 。

5. (x) 购买了一份2年定期寿险保险单，据保单规定，若 (x) 在保险期限内发生保险责任范围内的死亡，则在死亡年末可得保险金1元，已知 $q_x=0.5$，$i=0$，$\mathrm{Var}(Z)=0.177\,1$，试求 q_{x+1}。

6. 已知 $A_{76}=0.8$，$D_{76}=400$，$D_{77}=360$，$i=0.03$，求 A_{77}。

7. 现年30岁的人，付趸缴纯保费5 000元，购买一张20年定期寿险保单，保险金于被保险人死亡时所处保单年度末支付，试求该保单的保险金额。

8. 考虑在被保险人死亡时的那个$\dfrac{1}{m}$年时段末给付1个单位的终身寿险，设k是自保单生效起存活的完整年数，j是死亡那年存活的完整$\dfrac{1}{m}$年的时段数。

(1) 求该保险的趸缴纯保费 $A_x^{(m)}$。

(2) 设每一年龄内的死亡服从均匀分布，证明 $A_x^{(m)}=\dfrac{i}{i^{(m)}}A_x$。

9. 现年35岁的人购买了一份终身寿险保单，保单规定：被保险人在10年内死亡，给付金额为15 000元；10年后死亡，给付金额为20 000元。试求趸缴纯保费。

10. 年龄为40岁的人，以现金10 000元购买一寿险保单。保单规定：被保险人在5年内死亡，则在其死亡的年末给付金额30 000元；如在5年后死亡，则在其死亡的年末给付数额R元。试求R值。

11. 设年龄为50岁的人购买一寿险保单，保单规定：被保险人在70岁以前死亡，给付数额为3 000元；如至70岁时仍生存，给付金额为1 500元。试求该寿险保单的趸缴纯保费。

12. 设某30岁的人购买一份寿险保单，该保单规定：若 (30) 在第一个保单年度内死亡，则在其死亡的保单年度末给付5 000元，此后保额每年增加1 000元。求此递增终身寿险的趸缴纯保费。

13. 某一年龄支付下列保费将获得一个n年期储蓄寿险保单：

(1) 1 000元储蓄寿险且死亡时返还趸缴纯保费，这个保险的趸缴纯保费为750元。

(2) 1 000元储蓄寿险，被保险人生存n年时给付保险金额的2倍，死亡时返还趸缴纯保费，这个保险的趸缴纯保费为 800 元。

若现有 1 700 元储蓄寿险，无保费返还且死亡时无双倍保障，死亡给付均发生在死亡年末，求这个保险的趸缴纯保费。

14. 设年龄为 30 岁者购买一死亡年末给付的终身寿险保单，保单规定：被保险人在第一个保单年度内死亡，则给付 10 000 元；在第二个保单年度内死亡，则给付 9 700 元；在第三个保单年度内死亡，则给付 9 400 元；每年递减 300 元，直至减到 4 000 元为止，以后即维持这一定额。试求其趸缴纯保费。

15. 某人在 40 岁投保的终身死亡险，在死亡后立即给付 1 元保险金。其中，给定 $l_x=110-x$，$0\leqslant x\leqslant 110$。利息强度 $\delta=0.05$。Z 表示保险人给付额的现值，则密度 $f_z(0.8)$ 等于（　　）。

A. 0.24　　B. 0.27　　C. 0.33　　D. 0.36

16. 已知在每一年龄年 UDD 假设成立，表达式 $\dfrac{(I\bar{A})_x-(\bar{I}\bar{A})_x}{\bar{A}_x}=$（　　）。

A. $\dfrac{i-\delta}{\delta^2}$　　B. $\dfrac{(1+i)^2}{\delta}$

C. $\dfrac{1}{d}-\dfrac{1}{\delta}$　　D. $\dfrac{i}{\delta}\left(\dfrac{i}{\delta}-1\right)$

17. 在 x 岁投保的一年期两全保险，在个体（x）死亡的保单年度末给付 b 元，生存保险金为 e 元。保险人给付额现值记为 Z，则 $\mathrm{Var}(Z)$ =（　　）。

A. $p_xq_xv^2(b+e)^2$　　B. $p_xq_xv^2(b-e)^2$

C. $p_xq_xv^2(b^2+e^2)$　　D. $v^2(b^2q_x+e^2p_x)$

第5章

年金的精算现值

第 4 章讨论的都是在死亡或期满时提供保障的各种人寿保险的精算现值的计算，这一章我们来研究在生存情况下提供各种寿险保障的问题，即生存年金（也称生命年金）。本章着重讨论各种生存年金精算现值的计算。

5.1　生存年金的概念

5.1.1　生存年金的概念

生存年金是指在已知某人生存的条件下，按预先约定的金额以连续方式或以一定的周期进行一系列给付的保险，且每次年金给付必须以年金受领人生存为条件。一旦年金受领人死亡，给付立即停止。

5.1.2　生存年金精算现值的概念

生存年金的精算现值又称为生存年金的趸缴纯保费，是依赖于剩余寿命确定年金的数学期望值。

生存年金精算现值的计算，主要有两种方法：一是现时支付法；二是总额支付法。

现时支付法是将时刻 t 的年金给付额折现至签单时的现值，再将所有的现值相加或积分。而总额支付法是先求出在未来寿命期限内所有可能年金给付额的现值，再求现值的数学期望。可以证明，现时支付法与总额支付法是等价的。

第 4 章讲述的生存保险趸缴纯保费 $A_{x:\overset{1}{\overline{n|}}}=v^n\ {}_np_x$，在这一章我们以另一符号 ${}_nE_x$ 表示，即 ${}_nE_x=A_{x:\overset{1}{\overline{n|}}}$，称为精算折现因子，而将 $\frac{1}{{}_nE_x}$ 称为精算累积因子。

【例 5.1.1】 某人留有遗嘱，其儿子年满 21 岁时可获得 5 万元遗产。若其子现年 12 岁，利用书后所附生命表（非养老金业务男表）求其子所得遗产的现值（利率 $i=0.06$）。

解
$$
\begin{aligned}
50\,000\ {}_9E_{12}&=50\,000v^9\ {}_9p_{12}\\
&=50\,000\times(1+0.06)^{-9}\frac{l_{21}}{l_{12}}\\
&=50\,000\times0.591\,898\,5\times\frac{991\,353}{995\,225}\\
&=29\,479.78\ (\text{元})
\end{aligned}
$$

【例 5.1.2】 试利用书后所附生命表（非养老金业务男表）及年利率 $i=6\%$，计算年龄 30 岁的人缴纳 5 000 元在 65 岁时的精算累积值。

解 依题意，精算累积值为

$$
\begin{aligned}
5\,000\ \frac{1}{{}_{35}E_{30}}&=5\,000\times(1.06)^{35}\times\frac{l_{30}}{l_{65}}\\
&=5\,000\times(1.06)^{35}\times\frac{984\,635}{848\,075}\\
&=44\,618.64\ (\text{元})
\end{aligned}
$$

5.2 连续给付型生存年金

5.2.1 连续给付型生存年金的精算现值

1. 终身生存年金

设 (x) 购买了终身生存年金，即按连续方式每年给付年金额 1 元，这一终身生存年金在 x 岁时的精算现值用 $\bar{a}_x$ 表示，它是剩余寿命 T 的函数。

终身生存年金的未来年金给付现值随机变量用 Y 表示，即 $Y=\bar{a}_{\overline{T}|}$，用总额支付法定义的年金精算现值即为

$$\bar{a}_x = E[Y] = E[\bar{a}_T] = \int_0^{\infty} \bar{a}_{\overline{T}|}\, f_T(t)\mathrm{d}t \tag{5.2.1}$$

$$= \int_0^{\infty} \bar{a}_{\overline{T}|}\, \mathrm{d}F_T(t)$$

$$= \int_0^{\infty} \bar{a}_{\overline{T}|}\, \mathrm{d}(-{}_tp_x)$$

$$= -\int_0^{\infty} \bar{a}_{\overline{T}|}\, \mathrm{d}\, {}_tp_x$$

$$= -\bar{a}_{\overline{T}|}\, {}_tp_x \Big|_0^{\infty} + \int_0^{\infty} {}_tp_x \mathrm{d}(\bar{a}_{\overline{T}|})$$

$$= 0 + \int_0^{\infty} {}_tp_x \mathrm{d}(\bar{a}_{\overline{T}|})$$

$$\because \quad \bar{a}_{\overline{T}|} = \int_0^t v^s \mathrm{d}s$$

$$\therefore \quad \bar{a}_x = \int_0^{\infty} {}_tp_x \mathrm{d}\left(\int_0^t v^s \mathrm{d}s\right)$$

$$= \int_0^{\infty} {}_tp_x v^t \mathrm{d}t \tag{5.2.2}$$

式（5.2.2）即是按现时支付法计算的年金精算现值，这也说明了总额支付法与现时支付法是等价的。

2. n 年定期生存年金

若将终身生存年金精算现值计算公式中的积分上限改为 n，即得出 n 年定期生存年金精算现值的概念，这个精算现值用 $\bar{a}_{x:\overline{n}|}$ 表示，即

$$\bar{a}_{x:\overline{n}|} = \int_0^n v^t\, {}_tp_x \mathrm{d}t \tag{5.2.3}$$

式（5.2.3）表示按连续方式每年给付年金额为 1 元的 n 年定期生存年金的趸缴纯保费。

3. 延期生存年金

以连续方式每年给付年金额 1 元的延期 n 年的终身生存年金，其在 x 岁时精算现值以 ${}_{n|}\bar{a}_x$ 记之，由现时支付法，有

$${}_{n|}\bar{a}_x = \int_n^{\infty} v^t\, {}_tp_x \mathrm{d}t \tag{5.2.4}$$

$$=\bar{a}_x-\bar{a}_{x:\overline{n}|}$$

$$=\int_0^{+\infty} v^{n+s}\ {}_{s+n}p_x\,\mathrm{d}s$$

$$=v^n\cdot {}_np_x\cdot\int_0^{+\infty} v^s\cdot {}_sp_{x+n}\,\mathrm{d}s$$

$$={}_nE_x\cdot\bar{a}_{x+n} \tag{5.2.5}$$

若（x）购买了以连续方式每年给付年金额1元、延期 m 年的 n 年定期生存年金，其精算现值用${}_{m|}\bar{a}_{x:\overline{n}|}$ 或${}_{m|n}\bar{a}_x$ 表示，那么

$${}_{m|}\bar{a}_{x:\overline{n}|}=\int_m^{m+n} v^t\ {}_tp_x\,\mathrm{d}t \tag{5.2.6}$$

$$=\bar{a}_{x:\overline{m+n}|}-\bar{a}_{x:\overline{m}|}$$

$$=\int_0^n v^{s+m}\ {}_{s+m}p_x\,\mathrm{d}s$$

$$=v^m\cdot {}_mp_x\cdot\int_0^n v^s\cdot {}_sp_{x+m}\,\mathrm{d}s$$

$$={}_mE_x\cdot\bar{a}_{x+m:\overline{n}|} \tag{5.2.7}$$

【例5.2.1】 设随机变量 $T=T(x)$ 的概率密度函数为 $f(t)=0.015\mathrm{e}^{-0.015t}$（$t\geqslant 0$），利息强度 $\delta=0.05$，试计算：

（1）精算现值 $\bar{a}_x$。

（2）基金 $\bar{a}_x$ 足够用于实际支付年金的概率。

解 （1）由 $f(t)=0.015\mathrm{e}^{-0.015t}$

$${}_tp_x=\int_t^{\infty}0.015\mathrm{e}^{-0.015s}\,\mathrm{d}s=\left[-\mathrm{e}^{-0.015s}\right]_t^{+\infty}=\mathrm{e}^{-0.015t}$$

$$\bar{a}_x=\int_0^{\infty} v^t\ {}_tp_x\,\mathrm{d}t$$

$$=\int_0^{\infty}\mathrm{e}^{-0.05t}\cdot\mathrm{e}^{-0.015t}\,\mathrm{d}t$$

$$=\int_0^{\infty}\mathrm{e}^{-0.065t}\,\mathrm{d}t$$

$$=-\frac{\mathrm{e}^{-0.065t}}{0.065}\Bigg|_0^{\infty}$$

$$=\frac{1}{0.065}$$

$$\approx 15.38$$

(2) $P\{\bar{a}_x > \bar{a}_{\overline{T}|}\} = P\left\{\frac{1-v^T}{0.05} < 15.38\right\}$

$$= P\{v^T > 0.231\}$$

$$= P\{e^{-0.05T} > 0.231\}$$

$$= P\{-0.05T > -1.4653\}$$

$$= P(T < 29.31)$$

$$= \int_0^{29.31} 0.015e^{-0.015t}dt$$

$$= -e^{-0.015t}\Big|_0^{29.31}$$

$$= 1 - e^{-0.015\times 29.31}$$

$$= 1 - 0.6443$$

$$= 35.57\%$$

即基金 $\bar{a}_x$ 足够用于实际支付年金的概率为 35.57%。

5.2.2 生存年金精算现值与寿险精算现值之间的关系

生存年金精算现值与寿险精算现值之间的关系可以表示为

$$\bar{A}_x = 1 - \delta\bar{a}_x \tag{5.2.8}$$

因为

$$\begin{aligned}
\bar{A}_x &= \int_0^\infty v^t f_T(t)\mathrm{d}t \\
&= \int_0^\infty v^t \mathrm{d}({}_tq_x) \\
&= -\int_0^\infty v^t \mathrm{d}({}_tp_x) \\
&= -v^t\ {}_tp_x\Big|_0^\infty + \int_0^\infty {}_tp_x \mathrm{d}v^t \\
&= 1 + \int_0^\infty {}_tp_x v^t \ln v \mathrm{d}t \\
&= 1 - \delta\int_0^\infty {}_tp_x v^t \mathrm{d}t \quad (\because \ln v = -\delta) \\
&= 1 - \delta\bar{a}_x
\end{aligned}$$

式（5.2.8）也可写成 $\bar{A}_x + \delta\bar{a}_x = 1$，这个公式可解释为：年龄为 x 岁的人，投资 1 元能使其在生存期间得到年付利息数额为 δ 的连续给付，一旦其死亡，便立即获得 1 元的保险金。

式（5.2.8）还可通过下述关系式得到证明，即

$$Y=\bar{a}_{\overline{T}|}=\frac{1-v^T}{\delta}=\frac{1-Z}{\delta}$$

式中，$Z=v^T$ 为终身寿险的给付现值随机变量。

$$E(Y)=E\left(\frac{1-Z}{\delta}\right)=\frac{1-E(Z)}{\delta}=\frac{1-\bar{A}_x}{\delta}$$

即 $$\bar{a}_x=\frac{1-\bar{A}_x}{\delta}$$

或 $$\bar{A}_x=1-\delta\bar{a}_x$$

同样可以证明：

$$\bar{A}_{x:\overline{n}|}=1-\delta\bar{a}_{x:\overline{n}|} \tag{5.2.9}$$

因为

$$\begin{aligned}\bar{A}^1_{x:\overline{n}|}&=\int_0^n v^t f_T(t)\mathrm{d}t\\&=-\int_0^n v^t\mathrm{d}({}_tp_x)\\&=-v^t\,{}_tp_x\Big|_0^n+\int_0^n {}_tp_x\mathrm{d}v^t\\&=-v^t\,{}_np_x+1+\int_0^n {}_tp_x v^t\ln v\mathrm{d}t\\&=-{}_nE_x+1-\delta\int_0^n {}_tp_x v^t\mathrm{d}t\end{aligned}$$

整理即得

$$\bar{A}^1_{x:\overline{n}|}+{}_nE_x=1-\delta\bar{a}_{x:\overline{n}|}$$

故

$$\bar{A}_{x:\overline{n}|}=1-\delta\bar{a}_{x:\overline{n}|}$$

对于延期终身生存年金，有

$$\begin{aligned}{}_{n|}\bar{a}_x&=\int_n^\infty v^t\,{}_tp_x\mathrm{d}t\\&=\bar{a}_x-\bar{a}_{x:\overline{n}|}\end{aligned}$$

$$=\frac{1-\bar{A}_x}{\delta}-\frac{1-\bar{A}_{x:\overline{n}|}}{\delta}$$

$$=\frac{\bar{A}_{x:\overline{n}|}-\bar{A}_x}{\delta} \tag{5.2.10}$$

同理，延期 m 年的 n 年定期生存年金

$$_{m|}\bar{a}_{x:\overline{n}|}=\frac{1}{\delta}(\bar{A}_{x:\overline{m}|}-\bar{A}_{x:\overline{m+n}|}) \tag{5.2.11}$$

【例 5.2.2】 年龄为 35 岁的人，购买按连续方式给付年金额 2 000 元的生存年金，试利用生命表及利率 $i=6\%$，求在 UDD 假设下的下列生存年金的精算现值。

（1）终身生存年金。

（2）20 年定期生存年金。

（3）延期 10 年的终身生存年金。

（4）延期 10 年的 20 年定期生存年金。

解 所求各生存年金的精算现值分别为

（1）$2\,000\bar{a}_{35}=2\,000\cdot\frac{1-\bar{A}_{35}}{\delta}\overset{\text{UDD}}{=\!=}2\,000\cdot\frac{1}{\delta}\left(1-\frac{i}{\delta}A_{35}\right)$

$$=2\,000\times\frac{1}{0.058\,269}\times\left(1-\frac{0.06}{0.058\,269}\times0.111\,577\,7\right)$$

$$=30\,380.05\text{（元）}$$

（2）$2\,000\bar{a}_{35:\overline{20}|}=2\,000\cdot\frac{1-\bar{A}_{35:\overline{20}|}}{\delta}$

$$\overset{\text{UDD}}{=\!=}2\,000\cdot\frac{1}{\delta}\left[1-\left({}_{20}E_{35}+\frac{i}{\delta}A^{1}_{35:\overline{20}|}\right)\right]$$

$$=2\,000\times\frac{1}{\delta}\ (1-{}_{20}E_{35})\ -2\,000\times\frac{i}{\delta^2}A^{1}_{35:\overline{20}|}$$

$$=2\,000\times\frac{1}{0.058\,269}\times\ (1-0.293\,851\,5)$$

$$-2\,000\times0.06\times\frac{1}{(0.058\,269)^2}\times0.027\,698\,3$$

$$=23\,258.59\text{（元）}$$

（3）$2000\,{}_{10|}\bar{a}_{35}=2\,000\cdot\frac{\bar{A}_{35:\overline{10}|}-\bar{A}_{35}}{\delta}$

$$\overset{\text{UDD}}{=\!=}2\,000\cdot\frac{\frac{i}{\delta}A^{1}_{35:\overline{10}|}+{}_{10}E_{35}-\frac{i}{\delta}A_{35}}{\delta}$$

$$=2\,000\,\frac{{}_{10}E_{35}}{\delta}+2\,000\,\frac{i}{\delta^2}(A^1_{35:\overline{10}|}-A_{35})$$

$$=2\,000\times\frac{0.549\,319\,4}{0.058\,269}+2\,000\times 0.06\times\frac{1}{(0.058\,269)^2}$$

$$\times(0.011\,452\,9-0.111\,577\,7)$$

$$=15\,315.87\text{（元）}$$

（4）$2\,000\,{}_{10|}\bar{a}_{35:\overline{20}|}=2\,000\cdot\frac{\bar{A}_{35:\overline{10}|}-\bar{A}_{35:\overline{30}|}}{\delta}$

$$\overset{\text{UDD}}{=\!=}2\,000\left[\frac{{}_{10}E_{35}-{}_{30}E_{35}}{\delta}+\frac{i}{\delta^2}\left(A^1_{35:\overline{10}|}-A^1_{35:\overline{30}|}\right)\right]$$

$$=2\,000\times\left[\frac{0.549\,319\,4-0.146\,525}{0.058\,269}+0.06\times\frac{1}{(0.058\,269)^2}\right.$$

$$\left.\times(0.011\,452\,9-0.049\,918\,5)\right]$$

$$=12\,465.84\text{（元）}$$

可以利用$Y=\frac{1-Z}{\delta}$的关系来求得 Y 的方差。

对于终身生存年金，有

$$\mathrm{Var}(Y)=\mathrm{Var}\left(\frac{1-Z}{\delta}\right)$$

$$=\frac{1}{\delta^2}\mathrm{Var}(-Z)$$

$$=\frac{1}{\delta^2}\mathrm{Var}(Z)$$

$$=\frac{1}{\delta^2}({}^2\bar{A}_x-\bar{A}_x^2) \tag{5.2.12}$$

对于 n 年定期生存年金，有

$$\mathrm{Var}(Y)=\mathrm{Var}\left(\frac{1-Z}{\delta}\right)$$

$$=\frac{1}{\delta^2}\mathrm{Var}(Z)$$

$$=\frac{1}{\delta^2}({}^2\bar{A}_{x:\overline{n}|}-\bar{A}^2_{x:\overline{n}|}) \tag{5.2.13}$$

$$=\frac{1}{\delta^2}[(1-2\delta\,{}^2\bar{a}_{x:\overline{n}|})-(1-\delta\bar{a}_{x:\overline{n}|})^2] \tag{5.2.14}$$

$$=\frac{2}{\delta}(\bar{a}_{x:\overline{n}|}-{}^2\bar{a}_{x:\overline{n}|})-(\bar{a}_{x:\overline{n}|})^2 \tag{5.2.15}$$

对于延期 n 年的终身生存年金，有

$$\mathrm{Var}(Y)={}_{n|}{}^{2}a_x-({}_{n|}\bar{a}_x)^2 \tag{5.2.16}$$

其中

$$\begin{aligned}
{}_{n|}{}^{2}\bar{a}_x &= \int_n^{\infty} v^{2n}\bar{a}^{2}_{\overline{t-n}|}\ {}_tp_x\mu_{x+t}\mathrm{d}t \\
&= v^{2n}\int_n^{\infty}\bar{a}^{2}_{\overline{s}|}\ {}_{n+s}p_x\mu_{x+s+n}\mathrm{d}s \\
&= v^{2n}\ {}_np_x\int_n^{\infty}\bar{a}^{2}_{\overline{s}|}\ {}_sp_{x+n}\mu_{x+s+n}\mathrm{d}s \\
&= v^{2n}\ {}_np_x\int_n^{\infty}2\bar{a}_{\overline{s}|}^{2}v^{s}\ {}_sp_{x+n}\mathrm{d}s \quad (\text{分部积分}) \\
&= \frac{2}{\delta}v^{2n}\ {}_np_x\int_n^{\infty}(v^{s}-v^{2s})\ {}_sp_{x+n}\mathrm{d}s \\
&= \frac{2}{\delta}v^{2n}\ {}_np_x(\bar{a}_{x+n}-{}^{2}\bar{a}_{x+n})
\end{aligned}$$

$$\mathrm{Var}(Y)=\frac{2}{\delta}v^{2n}{}_np_x(\bar{a}_{x+n}-{}^{2}\bar{a}_{x+n})-({}_{n|}\bar{a}_x)^2 \tag{5.2.17}$$

5.2.3 年金的精算累积值

类似于利息理论中的累积函数

$$\bar{s}_{\overline{n}|}=\int_0^n(1+i)^{n-t}\mathrm{d}t \tag{5.2.18}$$

我们有

$$\bar{s}_{x:\overline{n}|}=\frac{1}{{}_nE_x}\bar{a}_{x:\overline{n}|}=\int_0^n\frac{{}_tE_x}{{}_nE_x}\mathrm{d}t$$

我们将 $\bar{s}_{x:\overline{n}|}$ 称为以连续方式每年给付金额 1 元的 n 年定期生存年金的精算累积值。

$$\because \quad {}_nE_x=v^n\ {}_np_x=v^n\frac{l_{x+n}}{l_x}$$

$$\therefore \quad \frac{1}{{}_nE_x}=(1+i)^n\frac{l_x}{l_{x+n}}$$

$$\bar{s}_{x:\overline{n}|}=(1+i)^n\frac{l_x}{l_{x+n}}\bar{a}_{x:\overline{n}|}$$

$$l_{x+n}\bar{s}_{x:\overline{n}|}=(1+i)^n l_x\bar{a}_{x:\overline{n}|} \tag{5.2.19}$$

上述表明，n 年定期生存年金的精算累积值等价于年龄为 x 的 l_x 个生存者在 x 岁时交纳 $\bar{a}_{x:\overline{n}|}$，以年利率 i 计息，在第 n 年年末，l_{x+n}个生存者每人可得到 $\bar{s}_{x:\overline{n}|}$。

现将连续给付型年金精算现值的计算公式归纳如下：

(1) 终身生存年金。

$$\bar{a}_x=\int_0^{\infty}v^t\ {}_tp_x\mathrm{d}t=\frac{1-\bar{A}_x}{\delta}$$

(2) n 年定期生存年金。

$$\bar{a}_{x:\overline{n}|}=\int_0^{n}v^t\ {}_tp_x\mathrm{d}t=\frac{1-\bar{A}_{x:\overline{n}|}}{\delta}$$

(3) 延期 n 年的终身生存年金。

$$\begin{aligned}{}_{n|}\bar{a}_x&=\int_n^{\infty}v^t\ {}_tp_x\mathrm{d}t=\bar{a}_x-\bar{a}_{x:\overline{n}|}\\&=\frac{1-\bar{A}_x}{\delta}-\frac{1-\bar{A}_{x:\overline{n}|}}{\delta}=\frac{\bar{A}_{x:\overline{n}|}-\bar{A}_x}{\delta}\end{aligned}$$

(4) 延期 m 年的 n 年定期生存年金。

$$\begin{aligned}{}_{m|}\bar{a}_{x:\overline{n}|}&=\int_m^{m+n}v^t\ {}_tp_x\mathrm{d}t=\bar{a}_{x:\overline{m+n}|}-\bar{a}_{x:\overline{m}|}\\&={}_mE_x\bar{a}_{x+m:\overline{n}|}=\frac{1}{\delta}(\bar{A}_{x:\overline{m}|}-\bar{A}_{x:\overline{m+n}|})\end{aligned}$$

5.3 离散型生存年金

5.3.1 期初付生存年金及其精算现值

1. 终身生存年金

让我们来考虑每个保单年度初给付 1 元，直到年金受领人死亡的年金。设 x 岁的人购买了这种期初付终身生存年金，$\ddot{a}_x$ 表示该年金的精算现值。由现时支付法，有

$$\ddot{a}_x = \sum_{k=0}^{\infty} v^k \ {}_k p_x \tag{5.3.1}$$

2. 定期生存年金

当年金受领人生存时，每个保单年度初给付 1 元的 n 年定期生存年金的精算现值用 $\ddot{a}_{x:\overline{n}|}$ 表示。由现时支付法得出

$$\ddot{a}_{x:\overline{n}|} = \sum_{k=0}^{n-1} v^k \ {}_k p_x \tag{5.3.2}$$

$$= \sum_{k=0}^{n-1} {}_k E_x \tag{5.3.3}$$

3. 延期终身生存年金

设（x）购买了一份每个保单年度初给付 1 元的延期 n 年终身生存年金，其年金精算现值用 ${}_{n|}\ddot{a}_x$ 表示。由现时支付法得出

$${}_{n|}\ddot{a}_x = \sum_{k=n}^{\infty} v^k \ {}_k p_x \tag{5.3.4}$$

$$= \ddot{a}_x - \ddot{a}_{x:\overline{n}|} \tag{5.3.5}$$

$$= {}_n E_x \ddot{a}_{x+n} \tag{5.3.6}$$

4. 延期定期生存年金

设（x）购买了一份延期 m 年的生存年金，且在每个保单年度初给付 1 元的 n 年定期生存年金，该年金的精算现值用 ${}_{m|n}\ddot{a}_x$ 或 ${}_{m|}\ddot{a}_{x:\overline{n}|}$ 表示。由现时支付法得出

$${}_{m|}\ddot{a}_{x:\overline{n}|} = \sum_{k=m}^{n+m-1} v^k \ {}_k p_x \tag{5.3.7}$$

$$= \ddot{a}_{x:\overline{m+n}|} - \ddot{a}_{x:\overline{m}|} \tag{5.3.8}$$

$$= {}_m E_x \ddot{a}_{x+m:\overline{n}|} \tag{5.3.9}$$

5.3.2 期初付生存年金的精算现值与寿险精算现值之间的关系

下面来考虑 $\ddot{a}_x$ 与 A_x 之间的关系。与以前一样，设 K 为 x 岁人的未来寿命整年数随机变量，Y 为给付年金的现值随机变量，故有

$$Y = \ddot{a}_{\overline{k+1}|} = 1 + v + \cdots + v^K = \frac{1 - v^{k+1}}{d}$$

$$\ddot{a}_x = E(Y) = E\left(\frac{1 - v^{k+1}}{d}\right) = \frac{1 - E(v^{k+1})}{d}$$

$$=\frac{1-A_x}{d} \tag{5.3.10}$$

或 $$1=d\cdot\ddot{a}_x+A_x \tag{5.3.11}$$

式（5.3.11）表明，x 岁的生存者，在年利率 i 下，缴纳 1 元保费即可享受每年初给付 d 元的终身生存年金，一旦死亡，还有 1 元的死亡保险金。

对于 n 年定期生存年金，有

$$Y=\begin{cases}\ddot{a}_{\overline{k+1}|}, & k=0, 1, \cdots, n-1\\ \ddot{a}_{\overline{n}|}, & \text{其他}\end{cases}$$

$Y=\dfrac{1-Z}{d}$，式中的 Z 为保额 1 元的 n 年期两全保险的给付现值随机变量。

故而 $$\ddot{a}_{x:\overline{n}|}=E(Y)=\frac{1-E(Z)}{d}=\frac{1-A_{x:\overline{n}|}}{d} \tag{5.3.12}$$

或 $$1=d\ddot{a}_{x:\overline{n}|}+A_{x:\overline{n}|} \tag{5.3.13}$$

对于定期生存年金来说，其现值随机变量 Y 与 Z 之间存在关系式 $Y=\dfrac{1-Z}{d}$，那么

$$\begin{aligned}\mathrm{Var}(Y)&=\mathrm{Var}\left(\frac{1-Z}{d}\right)=\frac{1}{d^2}\mathrm{Var}(Z)\\&=\frac{1}{d^2}\left[{}^2A_{x:\overline{n}|}-(A_{x:\overline{n}|})^2\right]\end{aligned} \tag{5.3.14}$$

对于延期年金，我们有

$$\begin{aligned}{}_{n|}\ddot{a}_x&=\ddot{a}_x-\ddot{a}_{x:\overline{n}|}\\&=\frac{1-A_x}{d}-\frac{1-A_{x:\overline{n}|}}{d}\\&=\frac{A_{x:\overline{n}|}-A_x}{d}\end{aligned} \tag{5.3.15}$$

同理可证 $${}_{m|}\ddot{a}_{x:\overline{n}|}=\frac{A_{x:\overline{m}|}-A_{x:\overline{m+n}|}}{d} \tag{5.3.16}$$

5.3.3 期末付生存年金的精算现值

期末付终身生存年金即每个保单年度末给付 1 元的终身生存年金，其精算现值用 a_x 来表示，由现时支付法可得

$$a_x = \sum_{k=1}^{\infty} v^k \ _kp_x = \ddot{a}_x - 1 \tag{5.3.17}$$

$$\begin{aligned} a_x &= \frac{1-A_x}{d} - 1 \\ &= \frac{1-d-A_x}{d} \\ &= \frac{1}{i}[1-(1+i)A_x] \end{aligned}$$

因此

$$ia_x = 1-(1+i)A_x$$

或

$$1 = ia_x + (1+i)A_x \tag{5.3.18}$$

整理式（5.3.18），可得

$$\begin{aligned} A_x &= \frac{1}{1+i} - \frac{ia_x}{1+i} \\ &= \frac{\ddot{a}_x - a_x}{1+i} - \frac{ia_x}{1+i} \\ &= v\ddot{a}_x - a_x \end{aligned} \tag{5.3.19}$$

式中，$v\ddot{a}_x$ 为年龄为 x 岁的生存者期初付年金 v 元的终身生存年金精算现值；a_x 为 x 岁生存者期末付终身生存年金的精算现值；除（x）死亡前最后一次支付 v 元外，$v\ddot{a}_x$ 与 a_x 的一系列支付相抵。只有在死亡当年，对 $v\ddot{a}_x$ 而言，v 元已支付，但对 a_x 而言，1 元尚未支付。因此，$v\ddot{a}_x$ 与 a_x 之差等于（x）在死亡的当年末给付 1 元的现值，即 A_x。

对于期末付定期生存年金来说，其精算现值记为 $a_{x:\overline{n}|}$，且

$$\begin{aligned} a_{x:\overline{n}|} &= \sum_{k=1}^{\infty} v^k \ _kp_x \\ &= \ddot{a}_{x:\overline{n}|} - 1 + {}_nE_x \end{aligned} \tag{5.3.20}$$

故 $$\ddot{a}_{x:\overline{n}|} = 1 + a_{x:\overline{n-1}|} \tag{5.3.21}$$

我们同样可以证明

$$A_{x:\overline{n}|} = v\ddot{a}_{x:\overline{n}|} - a_{x:\overline{n-1}|} \tag{5.3.22}$$

事实上，由式（5.3.13）和式（5.3.21）得

$$A_{x:\overline{n}|}=1-d\ddot{a}_{x:\overline{n}|}$$
$$=(\ddot{a}_{x:\overline{n}|}-a_{x:\overline{n-1}|})-d\ddot{a}_{x:\overline{n}|}$$
$$=v\ddot{a}_{x:\overline{n}|}-a_{x:\overline{n-1}|}$$

对于期末付延期 n 年的终身生存年金，其精算现值记为${}_{n|}a_x$，且

$${}_{n|}a_x=\sum_{k=n+1}^{\infty}v^k\,{}_kp_x$$
$$=a_x-a_{x:\overline{n}|} \tag{5.3.23}$$
$$={}_nE_x\cdot a_{x+n} \tag{5.3.24}$$

利用式（5.3.23）、式（5.3.17）及 $a_{x:\overline{n}|}=\ddot{a}_{x:\overline{n-1}|}-1$ 可以证明

$${}_{n|}a_x=\frac{A_{x:\overline{n+1}|}-A_x}{d} \tag{5.3.25}$$

对于期末付延期 m 年的 n 年定期生存年金，用${}_{m|n}a_x$ 或${}_{m|}a_{x:\overline{n}|}$ 表示其精算现值，那么，

$${}_{m|n}a_x=a_{x:\overline{m+n}|}-a_{x:\overline{m}|} \tag{5.3.26}$$
$$={}_mE_x\cdot a_{x+m:\overline{n}|} \tag{5.3.27}$$
$$=\frac{A_{x:\overline{m+1}|}-A_{x:\overline{m+n+1}|}}{d} \tag{5.3.28}$$

5.3.4 离散型生存年金的精算累积值

与连续型生存年金一样，按年给付型年金也有其精算累积值。在利息理论中，我们知道

$$\ddot{s}_{\overline{n}|}=\ddot{a}_{\overline{n}|}(1+i)^n$$

即年金累积值为年金现值乘上一个累积因子。类似地，对期初付 n 年定期生存年金，有

$$\ddot{s}_{x:\overline{n}|}=\ddot{a}_{x:\overline{n}|}\cdot\frac{1}{{}_nE_x} \tag{5.3.29}$$
$$=\frac{1}{{}_nE_x}\sum_{k=0}^{n-1}{}_kE_x$$
$$=\sum_{k=0}^{n-1}\frac{{}_kE_x}{{}_nE_x}$$
$$=\sum_{k=0}^{n-1}\frac{1}{{}_{n-k}E_{x+k}}$$

$$= \sum_{k=0}^{n-1} (1+i)^{n-k} \frac{l_{x+k}}{l_{x+n}} \tag{5.3.30}$$

将离散型年金精算现值的计算公式归纳如下：

(1) 期初付生存年金。

1）终身生存年金。

$$\ddot{a}_x = \sum_{k=0}^{\infty} v^k \, {}_k p_x = \frac{1-A_x}{d}$$

2）n 年定期生存年金。

$$\ddot{a}_{x:\overline{n|}} = \sum_{k=0}^{n-1} v^k \, {}_k p_x = \frac{1-A_{x:\overline{n|}}}{d}$$

3）延期 n 年的终身生存年金。

$$\begin{aligned} {}_{n|}\ddot{a}_x &= \sum_{k=n}^{\infty} v^k \, {}_k p_x \\ &= \ddot{a}_x - \ddot{a}_{x:\overline{n|}} \\ &= \frac{A_{x:\overline{n|}} - A_x}{d} \end{aligned}$$

4）延期 m 年的 n 年定期生存年金。

$$\begin{aligned} {}_{m|}\ddot{a}_{x:\overline{n|}} &= \sum_{k=m}^{n+m-1} v^k \, {}_k p_x \\ &= \ddot{a}_{x:\overline{m+n|}} - \ddot{a}_{x:\overline{m|}} \\ &= \frac{A_{x:\overline{m|}} - A_{x:\overline{m+n|}}}{d} \end{aligned}$$

(2) 期末付生存年金。

1）终身生存年金。

$$a_x = \sum_{k=1}^{\infty} v^k \, {}_k p_x = \ddot{a}_x - 1 = \frac{1-d-A_x}{d} = \frac{1-(1+i)A_x}{i}$$

2）n 年定期生存年金。

$$a_{x:\overline{n|}} = \sum_{k=1}^{\infty} v^k \, {}_k p_x = \ddot{a}_{x:\overline{n|}} - 1 + {}_nE_x$$

3）延期 n 年的终身生存年金。

$$ {}_{n|}a_x=\sum_{k=n+1}^{\infty} v^k\ {}_kp_x=a_x-a_{x:\overline{n}|}={}_nE_x\cdot a_{x+n}=\frac{A_{x:\overline{n+1}|}-A_x}{d} $$

4）延期 m 年的 n 年定期生存年金。

$$ {}_{m|n}a_x=a_{x:\overline{m+n}|}-a_{x:\overline{m}|}={}_mE_x\cdot a_{x+m:\overline{n}|}=\frac{A_{x:\overline{m+1}|}-A_{x:\overline{m+n+1}|}}{d} $$

5.4 每年给付数次的生存年金

年金的给付不一定都是以年为周期的，还可以按月给付或半年给付等，本节将讨论每年给付 m 次的生存年金。

1. 终身生存年金

考虑年金受领人 x 岁，拥有一份终身生存年金，该年金每年支付 m 次，每次在期初支付，支付额为 $1/m$。这种年金的精算现值用 $\ddot{a}_x^{(m)}$ 表示，用现时支付法，有

$$ \ddot{a}_x^{(m)}=\sum_{k=0}^{\infty}\frac{1}{m}v^{\frac{k}{m}}\ {}_{\frac{k}{m}}p_x \tag{5.4.1} $$

类似于式（5.3.11），有

$$ 1=d^{(m)}\ddot{a}_x^{(m)}+A_x^{(m)} \tag{5.4.2} $$

$$ \ddot{a}_x^{(m)}=\frac{1}{d^{(m)}}-\frac{1}{d^{(m)}}A_x^{(m)} \tag{5.4.3} $$

式（5.4.3）可解释为每年给付 m 次的期初付终身年金，可以看做两个永久年金之差，一个开始于时刻 0，另一个开始于时刻 $k+s^{(m)}$，即被保险人死亡的那个 $\frac{1}{m}$ 年末。

为了用 $\ddot{a}_x$ 表示 $\ddot{a}_x^{(m)}$，用 A_x 表示 $A_x^{(m)}$，则在 UDD 假设下有

$$ A_x^{(m)}=\frac{i}{i^{(m)}}A_x $$

$$ \begin{aligned} 1&=d\ddot{a}_x+A_x\\ &=d^{(m)}\ddot{a}_x^{(m)}+A_x^{(m)} \end{aligned} $$

$$ \therefore\quad \ddot{a}_x^{(m)}=\frac{d}{d^{(m)}}\ddot{a}_x+\frac{1}{d^{(m)}}(A_x-A_x^{(m)}) $$

$$=\frac{d}{d^{(m)}}\ddot{a}_x+\frac{1}{d^{(m)}}\left(1-\frac{i}{i^{(m)}}\right)A_x$$

$$=\frac{d}{d^{(m)}}\ddot{a}_x+\frac{i^{(m)}-i}{i^{(m)}d^{(m)}}(1-d\ddot{a}_x)$$

$$=\frac{id}{i^{(m)}d^{(m)}}\ddot{a}_x+\frac{i^{(m)}-i}{i^{(m)}d^{(m)}}$$

令 $$\alpha(m)=\frac{id}{i^{(m)}d^{(m)}}$$

$$\beta(m)=\frac{i-i^{(m)}}{i^{(m)}d^{(m)}}$$

故 $$\ddot{a}_x^{(m)}=\alpha(m)\ddot{a}_x-\beta(m) \tag{5.4.4}$$

一般可以利用近似公式 $\alpha(m)\approx1$，$\beta(m)\approx\frac{m-1}{2m}$，所以在实际中常采用公式

$$\ddot{a}_x^{(m)}\approx\ddot{a}_x-\frac{m-1}{2m} \tag{5.4.5}$$

2. 定期生存年金

设（x）拥有一份期初付 n 年定期生存年金，该年金每年给付 m 次，每次给付 $1/m$，其精算现值以符号 $\ddot{a}_{x:\overline{n}|}^{(m)}$ 记之。则由式（5.4.4），得

$$\begin{aligned}\ddot{a}_{x:\overline{n}|}^{(m)}&=\ddot{a}_x^{(m)}-{}_nE_x\ddot{a}_{x+n}^{(m)}\\&=\alpha(m)\ddot{a}_x-\beta(m)-{}_nE_x[\alpha(m)\ddot{a}_{x+n}-\beta(m)]\\&=\alpha(m)\ddot{a}_{x+n}-\beta(m)(1-{}_nE_x)\end{aligned} \tag{5.4.6}$$

由于 $\alpha(m)\approx1$，$\beta(m)\approx\frac{m-1}{2m}$，所以，$\ddot{a}_{x:\overline{n}|}^{(m)}$ 也有近似计算公式，即

$$\ddot{a}_{x:\overline{n}|}^{(m)}\approx\ddot{a}_{x+n}-\frac{m-1}{2m}(1-{}_nE_x) \tag{5.4.7}$$

3. 延期终身生存年金

设（x）购买了一份期初付延期 n 年的终身生存年金，该年金每年支付 m 次，每次支付 $\frac{1}{m}$，其精算现值用 ${}_{n|}\ddot{a}_x^{(m)}$ 表示，即

$${}_{n|}\ddot{a}_x^{(m)}={}_nE_x\ddot{a}_{x:\overline{n}|}^{(m)}$$

在 UDD 假设下

$$
\begin{aligned}
{}_{n|}\ddot{a}_x^{(m)} &= {}_nE_x[\alpha(m)\ddot{a}_{x+n}-\beta(m)] \\
&= \alpha(m)_{n|}\ddot{a}_x-\beta(m)_nE_x
\end{aligned} \tag{5.4.8}
$$

同理，${}_{n|}\ddot{a}_x^{(m)}$ 也有近似计算公式

$$
{}_{n|}\ddot{a}_x^{(m)} \approx {}_{n|}\ddot{a}_x-\frac{m-1}{2m}{}_nE_x \tag{5.4.9}
$$

每年支付 m 次，每次支付$\frac{1}{m}$的期末付终身生存年金的精算现值为

$$
\begin{aligned}
a_x^{(m)} &= \ddot{a}_x^{(m)}-\frac{1}{m} \\
&\approx \ddot{a}_x-\frac{m-1}{2m}-\frac{1}{m} \\
&= a_x+\frac{m-1}{2m}
\end{aligned} \tag{5.4.10}
$$

【例 5.4.1】 现年 35 岁的人欲购买如下生存年金，且均于每月初给付，每次给付 1 000 元，设年利率 $i=6\%$，求下列年金的精算现值（设 $\ddot{a}_{35}=15.695\,458$，$\ddot{a}_{35:\overline{15}|}=10.198\,933$，${}_{15}E_{35}=0.403\,833\,6$）。

（1）终身年金。

（2）延期 15 年终身年金。

（3）15 年定期生存年金。

解 （1）所求年金的精算现值为

$$
\begin{aligned}
1\,000\times 12\ddot{a}_{35}^{(12)} &= 12\,000[\alpha(12)\ddot{a}_{35}-\beta(12)] \\
&= 12\,000\times(1.000\,280\,95\times 15.695\,458-0.468\,118\,88) \\
&= 182\,780.99(\text{元})
\end{aligned}
$$

（2）

$$
\begin{aligned}
& 12\,000\ {}_{15|}\ddot{a}_{35}^{(12)} \\
&= 12\,000[\alpha(12)\ {}_{15|}\ddot{a}_{35}-\beta(12)\,{}_{15}E_{35}] \\
&= 12\,000\times[1.000\,280\,95\times(\ddot{a}_{35}-\ddot{a}_{35:\overline{15}|})-0.468\,118\,88 \\
&\quad \times 0.403\,833\,6] \\
&= 63\,708.32\ (\text{元})
\end{aligned}
$$

（3）

$$
\begin{aligned}
& 12\,000\ddot{a}_{35:\overline{15}|}^{(12)} \\
&= 12\,000[\alpha(12)\ddot{a}_{35:\overline{15}|}-\beta(12)\,{}_{15}E_{35}] \\
&= 12\,000\times(1.000\,280\,95\times 10.198\,933-0.468\,118\,88\times 0.403\,833\,6) \\
&= 120\,153.08\ (\text{元})
\end{aligned}
$$

关键词

年金　生存年金　连续给付型生存年金　终身生存年金　定期生存年金　延期生存年金　年金的精算累积值　离散型生存年金　期初付生存年金　期末付生存年金　每年给付数次的生存年金

练习题

1. 设随机变量 $T=T(x)$ 的概率密度函数为 $f(t)=0.015\cdot e^{-0.015t}(t\geqslant 0)$，利息强度为 $\delta=0.05$。试计算精算现值 $\bar{a}_x$。

2. 设 $\bar{a}_x=10$，${}^2\bar{a}_x=7.375$，$\mathrm{Var}(\bar{a}_{\overline{T}|})=50$。试求：(1) δ；(2) $\bar{A}_x$。

3. 某人现年 50 岁，以 10 000 元购买于 51 岁开始给付的终身生存年金，试求其每年所得年金额。

4. 某人现年 23 岁，约定于 36 年内每年年初缴付 2 000 元给某人寿保险公司，如中途死亡，即行停止，所缴付款额也不退还。而当此人活到 60 岁时，人寿保险公司便开始给付第一次年金，直至死亡为止。试求此人每次所获得的年金额。

5. 某人现年 55 岁，在人寿保险公司购有终身生存年金，每月末给付年金额 250 元，试在 UDD 假设和利率 6%下，计算其精算现值。

6. 在 UDD 假设下，试证：

(1) ${}_{n|}\ddot{a}_x^{(m)}=\alpha(m)\,{}_{n|}\ddot{a}_x-\beta(m)\,{}_nE_x$。

(2) $\ddot{a}_{x:\overline{n}|}^{(m)}=\alpha(m)\ddot{a}_{x:\overline{n}|}-\beta(m)(1-{}_nE_x)$。

(3) $a_{x:\overline{n}|}^{(m)}=\ddot{a}_{x:\overline{n}|}^{(m)}-\dfrac{1}{m}(1-{}_nE_x)$。

7. 试求现年 30 岁每年领取年金额 1 200 元的期末付终身生存年金的精算现值，且给付方法为：(1) 按年；(2) 按半年；(3) 按季；(4) 按月。

8. 试证：

(1) $\ddot{a}_x^{(m)}=\dfrac{\delta}{i^{(m)}}\bar{a}_x$。

(2) $\ddot{a}_{x:\overline{n}|}^{(m)}=\dfrac{\delta}{i^{(m)}}\bar{a}_{x:\overline{n}|}$。

(3) $\lim\limits_{m\to\infty}\ddot{a}_x^{(m)}=\bar{a}_x$。

(4) $\bar{a}_x\approx\ddot{a}_x-\dfrac{1}{2}$。

9. 很多年龄为 23 岁的人共同筹集基金，并约定在每年的年初生存者缴纳 R

元到 64 岁为止。到 65 岁时，生存者将基金均分，使所得金额可购买期初付终身生存年金，每年领取的金额为 3 600 元。试求数额 R。

10. Y 是 x 岁签单的每期期末支付 1 元的生存年金的给付现值随机变量，已知 $\ddot{a}_x=10$，${}^2\ddot{a}_x=6$，$i=\dfrac{1}{24}$，求 Y 的方差。

11. 某人将期末延期终身生存年金 1 万元遗留给其子，约定延期 10 年，其子现年 30 岁，求此年金的精算现值。

12. 某人现年 35 岁，购买一份即付定期年金，连续给付的年金分别为 10 元、8 元、6 元、4 元、2 元、4 元、6 元、8 元、10 元，试求其精算现值。

13. 给定 $\ddot{a}^{(4)}_{\overline{\infty}|}=17.287$，$A_x=0.102\,5$。已知在每一年龄年 UDD 假设成立，则 $\ddot{a}^{(4)}_x$ 是（　　）。

A. 15.48　　B. 15.51　　C. 15.75　　D. 15.82

14. 给定 $\mathrm{Var}(\bar{a}_{\overline{T}|})=\dfrac{100}{9}$ 及 $\mu(x+t)=k$，$t>0$，利息强度 $\delta=4k$，则 $k=$（　　）。

A. 0.005　　B. 0.010　　C. 0.015　　D. 0.020

15. 对于个体（x）延期 5 年的期初生存年金，年金每年给付一次，每次 1 元，给定 $\mu(x+t)=0.01$，$i=0.04$，$\ddot{a}_{\overline{x=5}|}=4.542$，年金给付总额为 S 元（不计利息），则 $P(S>{}_{5|}\ddot{a}_x)$ 值为（　　）。

A. 0.82　　B. 0.81　　C. 0.80　　D. 0.83

第6章

期缴纯保费与营业保费

前面两章分别讨论了各种人寿保险和生存年金的精算现值。在实际业务中，绝大多数寿险业务采用分期缴费的方式，可以按年缴，也可按半年、按季或按月的方式缴纳保费。

我们知道，人寿保险费由纯保费（或净保费）和附加保费构成。纯保费的计算以预定利率和预定死亡率为基础，如果实际发生的死亡率与预定死亡率一致，实际获得的利率与预定利率一致，则收入的纯保费刚好与保险金的支出相抵。但是，保险公司经营寿险业务还需要一些必要的营业费用，如业务人员招揽新合同、签发保单、合同成立后的维持、佣金及催收保费等工作，均需要支付一定的费用，这部分费用称为附加保费。纯保费与附加保费的总和即为营业保费（或毛保费），营业保费是每位投保人实际缴纳的保费。

本章在前两章的基础上，进一步讨论期缴纯保费与营业保费。

6.1 全连续型寿险的纯保费

6.1.1 精算等价原理与年缴纯保费的计算

【例 6.1.1】 某保险公司计划发行一种人寿保单，已知 0 岁人的取整余命 K 的概率函数为

$$_{k|}q_0=\frac{1}{4},\ k=0,\ 1,\ 2,\ 3$$

该保险在被保险人死亡的年末支付 1 单位保险金，保费在被保险人活着的每年初支付。试根据以下原则分别决定此保险公司对 0 岁的人应收的年保费 P（假定年利率为 5%）。

（1）原则Ⅰ：P 使得保单签发时亏损现值的期望为 0。

（2）原则Ⅱ：P 为使得亏损为正的概率不超过$\frac{1}{4}$的最低额。

解 对于 $K=k$ 及任何保费 P，在保单签发时的亏损现值为

$$v^{k+1}-P\cdot \ddot{a}_{\overline{k+1}|}$$

（1）根据原则Ⅰ，P 应该满足

$$\sum_{k=0}^{3}(v^{k+1}-P\cdot \ddot{a}_{\overline{k+1}|})\cdot {}_{k|}q_0=0$$

由此可得

$$P=\frac{\sum\limits_{k=0}^{3}v^{k+1}\cdot {}_{k|}q_0}{\sum\limits_{k=0}^{3}\ddot{a}_{\overline{k+1}|}\cdot {}_{k|}q_0}$$

$$P=0.371\,9$$

（2）$v^j-P\cdot \ddot{a}_{\overline{j}|}=\left(1+\frac{P}{d}\right)v^j-\frac{P}{d}$

上式随着 j 的增加而递减。当 P 满足$v^2-P\cdot \ddot{a}_{\overline{2}|}=0$时原则Ⅱ成立，此时只有当 $K=0$ 时才使亏损为正。于是，根据这一原则，$P=0.464\,6$。

以上计算过程可概括为表 6.1.1。

表 6.1.1 **两种原则确定的保费** 单位：元

结果 k	概率 $_{k\|}q_0$	一般公式	亏损现值	
			保费原则Ⅰ	保费原则Ⅱ
0	$\frac{1}{4}$	$v-P\cdot\ddot{a}_{\overline{1}\|}$	0.580 5	0.487 8
1	$\frac{1}{4}$	$v^2-P\cdot\ddot{a}_{\overline{2}\|}$	0.180 9	0.000 0
2	$\frac{1}{4}$	$v^3-P\cdot\ddot{a}_{\overline{3}\|}$	−0.199 6	−0.464 6
3	$\frac{1}{4}$	$v^4-P\cdot\ddot{a}_{\overline{4}\|}$	−0.562 0	−0.907 1
		保费	0.371 9	0.464 6

例 6.1.1 的原则Ⅰ，又称精算等价原理，根据该原则我们可以确定各种纯保费。为此，定义保险人的（潜在）亏损随机变量 L，它是保险金给付现值随机变量与保险费现值随机变量之差。原则Ⅰ，即精算等价原理可表示为

$$E(L)=0 \tag{6.1.1}$$

据此原理得到的保险费称为纯保费。这些纯保费满足

$$E(\text{保险金给付现值}-\text{纯保费现值})=0$$

从而等价于

$$E(\text{保险金给付现值})=E(\text{纯保费现值})$$

亦即纯保费应使得保险金给付的精算现值与纯保费的精算现值相等。结合前面两章讲述的计算精算现值的方法，可以将上述等式简化，并求出纯保费。

6.1.2 各种寿险的年缴纯保费

首先，我们以在（x）死亡时即刻给付 1 单位的终身寿险为例，说明如何根据精算等价原理来确定完全连续年缴均衡纯保费 $\bar{P}$。

对任何连续支付的保费 $\bar{P}$，若被保险人的死亡发生在时刻 t（自保单签发时算起），则此时保险人的亏损现值为

$$l(t)=v^t-\bar{P}\cdot\bar{a}_{\overline{t}|} \tag{6.1.2}$$

由于

$$\bar{a}_{\overline{t}|}=\frac{1-v^t}{\delta}$$

故

$$l(t)=\left(1+\frac{\bar{P}}{\delta}\right)v^t-\frac{\bar{P}}{\delta}$$

由此可见，$l(t)$ 为 t 的递减函数，$l(0)=1$，且当 $t\to+\infty$时，$l(t)\to-\frac{\bar{P}}{\delta}$。若时刻 t_0 使得 $l(t_0)=0$，则被保险人在 t_0 前死亡会导致损失，在 t_0 之后死亡则会产生收益（负损失）。

现在，考察亏损随机变量

$$L=l(T)=v^T-\bar{P}\cdot\bar{a}_{\overline{T}|} \tag{6.1.3}$$

根据精算等价原理，$\bar{P}$ 满足

$$E(L)=0 \tag{6.1.4}$$

从而

$$\bar{A}_x-\bar{P}\cdot\bar{a}_x=0$$

或

$$\bar{P}=\frac{\bar{A}_x}{\bar{a}_x}$$

将得到的纯保费记作 $\bar{P}(\bar{A}_x)$，即

$$\bar{P}(\bar{A}_x)=\frac{\bar{A}_x}{\bar{a}_x} \tag{6.1.5}$$

L 的方差可以用来衡量亏损的变异程度。由于 $E[L]=0$，所以

$$\mathrm{Var}(L)=E(L^2)-[E(L)]^2=E(L^2)$$

对于式（6.1.3）中的亏损变量，有

$$\begin{aligned}\mathrm{Var}(v^T-\bar{P}\cdot\bar{a}_{\overline{T}|})&=\mathrm{Var}\left(v^T-\bar{P}\cdot\frac{1-v^T}{\delta}\right)\\&=\mathrm{Var}\left[v^T\cdot\left(1+\frac{\bar{P}}{\delta}\right)-\frac{\bar{P}}{\delta}\right]\\&=\mathrm{Var}\left[v^T\cdot\left(1+\frac{\bar{P}}{\delta}\right)\right]\\&=\mathrm{Var}(v^T)\cdot\left(1+\frac{\bar{P}}{\delta}\right)^2\\&=({}^2\bar{A}_x-\bar{A}_x{}^2)\left(1+\frac{\bar{P}}{\delta}\right)^2\end{aligned} \tag{6.1.6}$$

利用式（6.1.5）及 $\delta\bar{a}_x+\bar{A}_x=1$，可将式（6.1.6）改写为

$$\begin{aligned}\operatorname{Var}(L)&=({}^2\bar{A}_x-\bar{A}_x{}^2)\left(1+\frac{\bar{A}_x}{\delta\bar{a}_x}\right)^2\\&=\frac{{}^2\bar{A}_x-\bar{A}_x{}^2}{(\delta\bar{a}_x)^2}\end{aligned}\tag{6.1.7}$$

【例 6.1.2】 设死力为常数 $\mu=0.04$，利息强度为常数 $\delta=0.05$，试计算$\bar{P}(\bar{A}_x)$和 Var(L)。

解 由 $\mu=0.04$ 及 $\delta=0.05$ 可得

$$\begin{aligned}\bar{a}_x&=\int_0^\infty v^t\cdot {}_tp_x\,\mathrm{d}t\\&=\int_0^\infty \mathrm{e}^{-\delta t}\cdot \mathrm{e}^{-\mu t}\,\mathrm{d}t\\&=\frac{1}{\mu+\delta}\\&=\frac{1}{0.04+0.05}\\&=11.11\end{aligned}$$

$$\begin{aligned}\bar{A}_x&=E(v^T)=\int_0^\infty v^t\cdot {}_tp_x\cdot\mu_{x+t}\,\mathrm{d}t\\&=\int_0^\infty \mathrm{e}^{-\delta t}\cdot \mathrm{e}^{-\mu t}\cdot\mu\,\mathrm{d}t\\&=\frac{\mu}{\mu+\delta}\\&=\frac{0.04}{0.04+0.05}\\&=0.4444\end{aligned}$$

$${}^2\bar{A}_x=\frac{\mu}{\mu+2\delta}=\frac{0.04}{0.04+0.10}=0.2857$$

从而

$$\bar{P}(\bar{A}_x)=\frac{\bar{A}_x}{\bar{a}_x}=\frac{0.4444}{11.11}=0.04$$

$$\begin{aligned}\operatorname{Var}(L)&=\frac{{}^2\bar{A}_x-\bar{A}_x{}^2}{(\delta\bar{a}_x)^2}\\&=\frac{\dfrac{\mu}{\mu+2\delta}-\left(\dfrac{\mu}{\mu+\delta}\right)^2}{\left(\dfrac{\delta}{\mu+\delta}\right)^2}\end{aligned}$$

$$=\frac{\mu}{\mu+2\delta}$$

$$=\frac{0.04}{0.04+2\times 0.05}$$

$$=0.285\,7$$

由例 6.1.2 可以得到，当死力为常数 μ 时，存在如下结果：

$$\bar{a}_x=\frac{1}{\mu+\delta}$$

$$\bar{A}_x=\frac{\mu}{\mu+\delta}$$

$$\bar{P}(\bar{A}_x)=\frac{\bar{A}_x}{\bar{a}_x}=\frac{\frac{\mu}{\mu+\delta}}{\frac{1}{\mu+\delta}}=\mu=\text{常数}$$

类似于确定完全连续型终身寿险的年缴均衡纯保费 $\bar{P}(\bar{A}_x)$ 的方法，我们可以运用精算等价原理得出其他各种完全连续型寿险的年缴纯保费公式。一般地，保险人在保单签发时的（潜在）亏损随机变量可表示为

$$b_T\cdot v_T-\bar{P}\cdot Y=Z-\bar{P}\cdot Y \tag{6.1.8}$$

式中，b_T 与 v_T 分别为给付函数与折现函数；$\bar{P}$ 为完全连续年缴均衡纯保费的一般符号；Y 为连续年金现值随机变量；Z 为给付现值随机变量。

运用精算等价原理，有

$$E(b_T\cdot v_T-\bar{P}\cdot Y)=0$$

从而

$$\bar{P}=\frac{E(b_T\cdot v_T)}{E(Y)}$$

例如，对 h 年限期缴费 n 年期两全保险，应用式（6.1.8）可得到相应的年缴均衡纯保费${}_h\bar{P}(\bar{A}_{x:\overline{n|}})$，其中左下标 h 表示缴费年限。

事实上，上面公式中的 $b_T\cdot v_T$ 与 Y 可表示为

$$b_T\cdot v_T=\begin{cases}1\cdot v^T, & T\leqslant h\\ 1\cdot v^T, & h<T\leqslant n\\ 1\cdot v^n, & T>n\end{cases}$$

$$Y=\begin{cases}\bar{a}_{\overline{T|}}, & T\leqslant h\\ \bar{a}_{\overline{h|}}, & h<T\leqslant n\\ \bar{a}_{\overline{h|}}, & T>n\end{cases}$$

从而

$$
\begin{aligned}
E(b_T \cdot v_T) &= \int_0^n v^t \cdot {}_tp_x \cdot \mu_{x+t} \mathrm{d}t + v^n \cdot {}_np_x \\
&= \bar{A}^1_{x:\overline{n}|} + A_{x:\overline{n}|}^{\ \ 1} \\
&= A_{x:\overline{n}|} \\
E(Y) &= \bar{a}_{x:\overline{h}|} \\
{}_h\bar{P}(\bar{A}_{x:\overline{n}|}) &= \frac{E(b_T \cdot v_T)}{E(Y)} = \frac{\bar{A}_{x:\overline{n}|}}{\bar{a}_{x:\overline{h}|}}
\end{aligned}
$$

我们再来考虑延期 n 年的终身生存年金的年缴均衡纯保费，其记号为$\bar{P}({}_{n|}\bar{a}_x)$。类似上面的推导，可得如下结果：

$$
b_T \cdot v_T = \begin{cases} 0, & T \leqslant n \\ \bar{a}_{\overline{T-n}|} \cdot v^n, & T > n \end{cases}
$$

$$
Y = \begin{cases} \bar{a}_{\overline{T}|}, & T \leqslant n \\ \bar{a}_{\overline{n}|}, & T > n \end{cases}
$$

$$
E(b_T \cdot v_T) = {}_{n|}\bar{a}_x = A_{x:\overline{n}|}^{\ \ 1} \cdot \bar{a}_{x+n}
$$

$$
E(Y) = \bar{a}_{x:\overline{n}|}
$$

$$
\begin{aligned}
\bar{P}({}_{n|}\bar{a}_x) &= \frac{E(b_T \cdot v_T)}{E(Y)} \\
&= \frac{{}_{n|}\bar{a}_x}{\bar{a}_{x:\overline{n}|}} \\
&= \frac{A_{x:\overline{n}|}^{\ \ 1} \cdot \bar{a}_{x+n}}{\bar{a}_{x:\overline{n}|}}
\end{aligned}
$$

表 6.1.2 与表 6.1.3 分别总结了各种完全连续型寿险的年缴均衡纯保费公式，其中，表 6.1.2 为全期缴费的情形，表 6.1.3 为限期缴费的情形。

表 6.1.2　　　　完全连续型年缴纯保费（全期缴费）

保险种类	亏损成分		保费公式
	$b_T \cdot v_T$	$\bar{P}Y$ 中的 Y	$\bar{P} = \frac{E(b_T \cdot v_T)}{E(Y)}$
终身寿险	$1 \cdot v^T$	$\bar{a}_{\overline{T}|}$	$\bar{P}(\bar{A}_x) = \frac{\bar{A}_x}{\bar{a}_x}$

续前表

保险种类	亏损成分		保费公式
	$b_T \cdot v_T$	$\bar{P}Y$ 中的 Y	$\bar{P}=\dfrac{E(b_T \cdot v_T)}{E(Y)}$
n 年期定期寿险	$1 \cdot v^T$ 0	$\bar{a}_{\overline{T}\rceil}$，$T\leqslant n$ $\bar{a}_{\overline{n}\rceil}$，$T>n$	$\bar{P}(\bar{A}^1_{x:\overline{n}\rceil})=\dfrac{\bar{A}^1_{x:\overline{n}\rceil}}{\bar{a}_{x:\overline{n}\rceil}}$
n 年期两全保险	$1 \cdot v^T$ $1 \cdot v^n$	$\bar{a}_{\overline{T}\rceil}$，$T\leqslant n$ $\bar{a}_{\overline{n}\rceil}$，$T>n$	$\bar{P}(\bar{A}_{x:\overline{n}\rceil})=\dfrac{\bar{A}_{x:\overline{n}\rceil}}{\bar{a}_{x:\overline{n}\rceil}}$
n 年期生存保险	0 $1 \cdot v^n$	$\bar{a}_{\overline{T}\rceil}$，$T\leqslant n$ $\bar{a}_{\overline{n}\rceil}$，$T>n$	$\bar{P}(A_{x:\overline{n}\rceil}^{\ \ 1})=\dfrac{A_{x:\overline{n}\rceil}^{\ \ 1}}{\bar{a}_{x:\overline{n}\rceil}}$
n 年延期终身 生存年金	0 $\bar{a}_{\overline{T-n}\rceil} \cdot v^n$	$\bar{a}_{\overline{T}\rceil}$，$T\leqslant n$ $\bar{a}_{\overline{n}\rceil}$，$T>n$	$\bar{P}({}_{n\mid}\bar{a}_x)=\dfrac{{}_{n\mid}\bar{a}_x}{\bar{a}_{x:\overline{n}\rceil}}$ $=\dfrac{A_{x:\overline{n}\rceil}^{\ \ 1}\,\bar{a}_{x+n}}{\bar{a}_{x:\overline{n}\rceil}}$

表 6.1.3　　　　完全连续型年缴纯保费（限期缴费）

保险种类	亏损成分		保费公式
	$b_T \cdot v_T$	$\bar{P}Y$ 中的 Y	$\bar{P}=\dfrac{E(b_T \cdot v_T)}{E(Y)}$
h 年限期缴费 终身寿险	$1 \cdot v^T$ $1 \cdot v^T$	$\bar{a}_{\overline{T}\rceil}$，$T\leqslant h$ $\bar{a}_{\overline{h}\rceil}$，$T>h$	${}_h\bar{P}(\bar{A}_x)=\dfrac{\bar{A}_x}{\bar{a}_{x:\overline{h}\rceil}}$
h 年限期缴费 n 年期定期寿险	$1 \cdot v^T$ $1 \cdot v^T$ 0	$\bar{a}_{\overline{T}\rceil}$，$T\leqslant h$ $\bar{a}_{\overline{h}\rceil}$，$h<T\leqslant n$ $\bar{a}_{\overline{h}\rceil}$，$T>n$	${}_h\bar{P}(\bar{A}^1_{x:\overline{n}\rceil})=\dfrac{\bar{A}^1_{x:\overline{n}\rceil}}{\bar{a}_{x:\overline{h}\rceil}}$
h 年限期缴费 n 年期两全保险	$1 \cdot v^T$ $1 \cdot v^T$ $1 \cdot v^n$	$\bar{a}_{\overline{T}\rceil}$，$T\leqslant h$ $\bar{a}_{\overline{h}\rceil}$，$h<T\leqslant n$ $\bar{a}_{\overline{h}\rceil}$，$T>n$	${}_h\bar{P}(\bar{A}_{x:\overline{n}\rceil})=\dfrac{\bar{A}_{x:\overline{n}\rceil}}{\bar{a}_{x:\overline{h}\rceil}}$
h 年限期缴费 n 年延期终身 生存年金	0 0 $\bar{a}_{\overline{T-n}\rceil} \cdot v^n$	$\bar{a}_{\overline{T}\rceil}$，$T\leqslant h$ $\bar{a}_{\overline{h}\rceil}$，$h<T\leqslant n$ $\bar{a}_{\overline{h}\rceil}$，$T>n$	${}_h\bar{P}({}_{n\mid}\bar{a}_x)=\dfrac{{}_{n\mid}\bar{a}_x}{\bar{a}_{x:\overline{h}\rceil}}$ $=\dfrac{A_{x:\overline{n}\rceil}^{\ \ 1}\cdot\bar{a}_{x+n}}{\bar{a}_{x:\overline{h}\rceil}}$

【例 6.1.3】　对完全连续 n 年期两全保险的保险人亏损随机变量 L，试写出 L 的方差表达式。

解　依题意，有

$$\begin{aligned}\operatorname{Var}(L)&=\operatorname{Var}\left[b_T v_T-\bar{P}(\bar{A}_{x:\overline{n}|})\,Y\right]\\&=\operatorname{Var}\left[Z-\bar{P}(\bar{A}_{x:\overline{n}|})\frac{1-Z}{\delta}\right]\\&=\operatorname{Var}\left[Z\left(1+\frac{\bar{P}(\bar{A}_{x:\overline{n}|})}{\delta}\right)-\frac{\bar{P}(\bar{A}_{x:\overline{n}|})}{\delta}\right]\end{aligned}$$

式中，$Z=\begin{cases}v^T, & T\leqslant n\\ v^n, & T>n\end{cases}$为 n 年期两全保险的给付现值随机变量，故

$$\begin{aligned}\operatorname{Var}(L)&=\operatorname{Var}\left[Z\left(1+\frac{\bar{P}(\bar{A}_{x:\overline{n}|})}{\delta}\right)\right]\\&=\left(1+\frac{\bar{P}(\bar{A}_{x:\overline{n}|})}{\delta}\right)^2\operatorname{Var}(Z)\\&=\left(1+\frac{\bar{P}(\bar{A}_{x:\overline{n}|})}{\delta}\right)^2({}^2\bar{A}_{x:\overline{n}|}-\bar{A}_{x:\overline{n}|}{}^2)\end{aligned}\tag{6.1.9}$$

利用等式 $\delta\bar{a}_{x:\overline{n}|}+\bar{A}_{x:\overline{n}|}=1$ 和 $\bar{P}(\bar{A}_{x:\overline{n}|})=\dfrac{\bar{A}_{x:\overline{n}|}}{\bar{a}_{x:\overline{n}|}}$，式（6.1.9）可改写为

$$\operatorname{Var}(L)=\frac{{}^2\bar{A}_{x:\overline{n}|}-\bar{A}_{x:\overline{n}|}{}^2}{(\delta\bar{a}_{x:\overline{n}|})^2}$$

等式 $\delta\bar{a}_x+\bar{A}_x=1$ 和 $\delta\bar{a}_{x:\overline{n}|}+\bar{A}_{x:\overline{n}|}=1$ 可用来导出连续纯保费之间的关系式。例如，根据

$$\delta\bar{a}_x+\bar{A}_x=1$$

可得

$$\begin{aligned}\delta+\bar{P}(\bar{A}_x)&=\frac{1}{\bar{a}_x}\\\bar{P}(\bar{A}_x)&=\frac{1}{\bar{a}_x}-\delta\\&=\frac{1-\delta\bar{a}_x}{\bar{a}_x}\\&=\frac{\delta\bar{A}_x}{1-\bar{A}_x}\end{aligned}\tag{6.1.10}$$

根据 $\delta\bar{a}_{x:\overline{n}|}+\bar{A}_{x:\overline{n}|}=1$

可得

$$\delta+\bar{P}(\bar{A}_{x:\overline{n}|})=\frac{1}{\bar{a}_{x:\overline{n}|}}$$

$$\begin{aligned}\bar{P}(\bar{A}_{x:\overline{n}|})&=\frac{1}{\bar{a}_{x:\overline{n}|}}-\delta\\&=\frac{1-\delta\bar{a}_{x:\overline{n}|}}{\bar{a}_{x:\overline{n}|}}\\&=\frac{\delta\bar{A}_{x:\overline{n}|}}{1-\bar{A}_{x:\overline{n}|}}\end{aligned} \tag{6.1.11}$$

6.2 全离散型寿险的纯保费

6.2.1 用精算等价原理确定年缴纯保费

本节考虑的模型是指保险金在保单有效期内的死亡年末支付，保费则从保单生效起按年于期初支付，即年缴保费形成期初付生存年金。尽管这个模型在保险实务中不被采用，但它在精算发展史上有着重要意义。

将 x 岁投保的保额为 1 个单位的终身寿险的年缴均衡纯保费记为 P_x，这种保险的保险人在保单签发时的亏损随机变量为

$$L=v^{K+1}-P_x\cdot\ddot{a}_{\overline{K+1}|}，K=0，1，2，\cdots \tag{6.2.1}$$

式中，K 为（x）的取整余命。

由精算等价原理，有

$$E(L)=0$$

或 $$E(v^{K+1})-P_x\cdot E(\ddot{a}_{\overline{K+1}|})=0$$

于是

$$P_x=\frac{A_x}{\ddot{a}_x} \tag{6.2.2}$$

类似式（6.1.7）的推导并利用关系式

$$d\ddot{a}_x+A_x=1$$

可得

$$\mathrm{Var}(L)=\frac{{}^2A_x-A_x{}^2}{(d\ddot{a}_x)^2} \tag{6.2.3}$$

【例 6.2.1】 设${}_{k|}q_x=c\cdot(0.96)^{k+1}$，$k=0$，1，2，…，其中$c=\dfrac{0.04}{0.96}$，$i=5\%$，计算$P_x$和$\mathrm{Var}(L)$。

解 由于

$$\begin{aligned}A_x&=\sum_{k=0}^{\infty}v^{k+1}\ {}_{k|}q_x\\&=\sum_{k=0}^{\infty}v^{k+1}\cdot c\cdot(0.96)^{k+1}\\&=c\cdot\frac{0.96v}{1-0.96v}\\&=0.4444\end{aligned}$$

$$\begin{aligned}\ddot{a}_x&=\frac{1-A_x}{d}\\&=\frac{1-0.4444}{d}\\&=11.67\end{aligned}$$

于是

$$P_x=\frac{A_x}{\ddot{a}_x}=0.038$$

又由于

$${}^2A_x=c\cdot\frac{0.96v^2}{1-0.96v^2}=0.2807$$

所以

$$\mathrm{Var}(L)=\frac{{}^2A_x-A_x{}^2}{(\mathrm{d}\ddot{a}_x)^2}=\frac{0.2807-0.4444^2}{\left(\dfrac{0.05}{1.05}\times 11.67\right)^2}=0.2693$$

在例 6.2.1 的条件下，若死力为常数μ，则与$P_x=0.038$对应的完全连续年缴均衡纯保费$\bar{P}(\bar{A}_x)$可以通过下述方法求得。

当死力为常数μ时，$T(x)$服从密度函数

$$ {}_tP_x\mu_{x+t}=\mu e^{-\mu t},t\geqslant 0 $$

的指数分布。其离散形式的概率函数为

$$ \begin{aligned} {}_{k|}q_x &= \int_k^{k+1} {}_tP_x\mu_{x+t}\,\mathrm{d}t \\ &= \int_k^{k+1} \mu e^{-\mu t}\,\mathrm{d}t \\ &= e^{-\mu(k+1)}(e^{\mu}-1),\ k=0,\ 1,\ 2,\cdots \end{aligned} $$

与例 6.2.1 对应的连续情形中，$1-e^{-\mu}={}_{0|}q_x=0.04$ 或 $\mu=-\ln 0.96=0.040\,8$，亦即与例 6.2.1 中的 $P_x=0.038$ 对应的完全连续年缴均衡纯保费 $\bar{P}(\bar{A}_x)=\mu=0.048$。

6.2.2 各种寿险的年缴纯保费

用精算等价原理可以对各种完全离散型寿险确定年缴纯保费的公式。保险人在保单签发时的亏损随机变量可一般的表示为

$$ L=b_{K+1}\cdot v_{K+1}-PY $$

式中，b_{K+1} 与 v_{K+1} 分别为第 4 章中定义的给付函数与折现函数；P 为当被保险人生存时的每个保单年度初支付的完全离散纯保费的一般记号；Y 为离散年金现值随机变量。

由精算等价原理可得

$$ E(L)=E(b_{K+1}\cdot v_{K+1}-PY)=0 $$

或

$$ P=\frac{E(b_{K+1}\cdot v_{K+1})}{E(Y)} $$

于是，n 年期两全保险的年缴均衡纯保费 $P_{x:\overline{n}|}$ 的公式为

$$ b_{K+1}\cdot v_{K+1}=\begin{cases} 1\cdot v^{K+1}, & K=0,\ 1,\ \cdots,\ n-1 \\ 1\cdot v^{n}, & K=n,\ n+1,\ \cdots \end{cases} $$

$$ Y=\begin{cases} \ddot{a}_{\overline{K+1}|}, & K=0,\ 1,\ \cdots,\ n-1 \\ \ddot{a}_{\overline{n}|}, & K=n,\ n+1,\ \cdots \end{cases} $$

所以

$$P_{x:\overline{n}|}=\frac{E(b_{K+1}\cdot v_{K+1})}{E(Y)}=\frac{A_{x:\overline{n}|}}{\ddot{a}_{x:\overline{n}|}}$$

类似地，对于 h 年限期缴费 n 年期两全保险的年缴均衡纯保费${}_hP_{x:\overline{n}|}$ 可表示为

$$b_{K+1}\cdot v_{K+1}=\begin{cases}1\cdot v^{K+1}, & K=0,1,\cdots,n-1\\ 1\cdot v^{n}, & K=n,n+1,\cdots\end{cases}$$

$$Y=\begin{cases}\ddot{a}_{\overline{K+1}|}, & K=0,1,\cdots,h-1\\ \ddot{a}_{\overline{h}|}, & K=h,h+1,\cdots,n-1\\ \ddot{a}_{\overline{h}|}, & K=n,n+1,\cdots\end{cases}$$

所以

$$_{h}P_{x:\overline{n}|}=\frac{E(b_{K+1}\cdot v_{K+1})}{E(Y)}=\frac{A_{x:\overline{n}|}}{\ddot{a}_{x:\overline{h}|}}$$

表 6.2.1 和表 6.2.2 给出了各种完全离散年缴均衡纯保费的公式，其中，表 6.2.1 为全期缴费的情形，表 6.2.2 为限期缴费的情形。

表 6.2.1　　完全离散年缴均衡纯保费（全期缴费）

保险种类	亏损成分		保费公式
	$b_{K+1}\cdot v_{K+1}$	PY 中的 Y	$P=\frac{E(b_{K+1}\cdot v_{K+1})}{E(Y)}$
终身寿险	$1\cdot v^{K+1}$	$\ddot{a}_{\overline{K+1}|}$，$K=0,1,2,\cdots$	$P_x=\frac{A_x}{\ddot{a}_x}$
n 年期定期寿险	$1\cdot v^{K+1}$ 0	$\ddot{a}_{\overline{K+1}|}$，$K=0,1,\cdots,n-1$ $\ddot{a}_{\overline{n}|}$，$K=n,n+1,\cdots,$	$P^{1}_{x:\overline{n}|}=\frac{A^{1}_{x:\overline{n}|}}{\ddot{a}_{x:\overline{n}|}}$
n 年期两全保险	$1\cdot v^{K+1}$ $1\cdot v^{n}$	$\ddot{a}_{\overline{K+1}|}$，$K=0,1,\cdots,n-1$ $\ddot{a}_{\overline{n}|}$，$K=n,n+1,\cdots$	$P_{x:\overline{n}|}=\frac{A_{x:\overline{n}|}}{\ddot{a}_{x:\overline{n}|}}$
n 年期生存保险	0 $1\cdot v^{n}$	$\ddot{a}_{\overline{K+1}|}$，$K=0,1,\cdots,n-1$ $\ddot{a}_{\overline{n}|}$，$K=n,n+1,\cdots$	$P_{x:\overline{n}|}^{\ \ 1}=\frac{A_{x:\overline{n}|}^{\ \ 1}}{\ddot{a}_{x:\overline{n}|}}$
n 年延期终身 生存年金	0 $\ddot{a}_{\overline{k+1-n}|}\cdot v^{n}$	$\ddot{a}_{\overline{K+1}|}$，$K=0,1,\cdots,n-1$ $\ddot{a}_{\overline{n}|}$，$K=n,n+1,\cdots$	$P({}_{n|}\ddot{a}_x)=\frac{{}_{n|}\ddot{a}_x}{\ddot{a}_{x:\overline{n}|}}$ $=\frac{A_{x:\overline{n}|}^{\ \ 1}\cdot\ddot{a}_{x+n}}{\ddot{a}_{x:\overline{n}|}}$

表 6.2.2　　　　完全离散年缴均衡纯保费（限期缴费）

保险种类	亏损成分		保费公式
	$b_{K+1}\cdot v_{K+1}$	PY 中的 Y	$P=\dfrac{E(b_{K+1}\cdot v_{K+1})}{E(Y)}$
h 年限期缴费 终身寿险	$1\cdot v^{K+1}$ $1\cdot v^{K+1}$	$\ddot{a}_{\overline{K+1}\rceil}$，$K=0,1,\cdots,h-1$ $\ddot{a}_{\overline{h}\rceil}$，$K=h,h+1,\cdots$	${}_hP_x=\dfrac{A_x}{\ddot{a}_{x:\overline{h}\rceil}}$
h 年限期缴费 n 年期定期寿险	$1\cdot v^{K+1}$ $1\cdot v^{K+1}$	$\ddot{a}_{\overline{K+1}\rceil}$，$K=0,1,\cdots,h-1$ $\ddot{a}_{\overline{h}\rceil}$，$K=h,h+1,\cdots,n-1$ $\ddot{a}_{\overline{h}\rceil}$，$K=n,n+1,\cdots$	${}_hP^1_{x:\overline{n}\rceil}=\dfrac{A^1_{x:\overline{n}\rceil}}{\ddot{a}_{x:\overline{h}\rceil}}$
h 年限期缴费 n 年期两全保险	$1\cdot v^{K+1}$ $1\cdot v^{K+1}$ $1\cdot v^n$	$\ddot{a}_{\overline{K+1}\rceil}$，$K=0,1,\cdots,h-1$ $\ddot{a}_{\overline{h}\rceil}$，$K=h,h+1,\cdots,n-1$ $\ddot{a}_{\overline{h}\rceil}$，$K=n,n+1,\cdots$	${}_hP_{x:\overline{n}\rceil}=\dfrac{A_{x:\overline{n}\rceil}}{\ddot{a}_{x:\overline{h}\rceil}}$
h 年限期缴费 n 年期生存保险	0 0 $1\cdot v^n$	$\ddot{a}_{\overline{K+1}\rceil}$，$K=0,1,\cdots,h-1$ $\ddot{a}_{\overline{h}\rceil}$，$K=h,h+1,\cdots,n-1$ $\ddot{a}_{\overline{h}\rceil}$，$K=n,n+1,\cdots$	${}_hP_{x:\overline{n}\rceil}^{\;\;1}=\dfrac{A_{x:\overline{n}\rceil}^{\;\;1}}{\ddot{a}_{x:\overline{h}\rceil}}$
h 年限期缴费 n 年延期终身 生存年金	0 0 $\ddot{a}_{\overline{K+1-n}\rceil}\cdot v^n$	$\ddot{a}_{\overline{K+1}\rceil}$，$K=0,1,\cdots,h-1$ $\ddot{a}_{\overline{h}\rceil}$，$K=h,h+1,\cdots,n-1$ $\ddot{a}_{\overline{h}\rceil}$，$K=n,n+1,\cdots$	${}_hP({}_{n\mid}\ddot{a}_x)=\dfrac{{}_{n\mid}\ddot{a}_x}{\ddot{a}_{x:\overline{h}\rceil}}$ $=\dfrac{A_{x:\overline{n}\rceil}^{\;\;1}\cdot\ddot{a}_{x+n}}{\ddot{a}_{x:\overline{h}\rceil}}$

【例 6.2.2】　对完全离散 n 年期两全保险保险人的亏损随机变量 L，写出 L 的方差表示式。

解　令

$$Z=\begin{cases}v^{K+1}, & K=0,1,\cdots,n-1\\ v^n, & K=n,n+1,\cdots\end{cases}$$

则保险人亏损随机变量 L 可表示为

$$L=Z-P_{x:\overline{n}\rceil}\frac{1-Z}{d}=Z\left(1+\frac{P_{x:\overline{n}\rceil}}{d}\right)-\frac{P_{x:\overline{n}\rceil}}{d}$$

于是

$$\begin{aligned}\mathrm{Var}(L)&=\mathrm{Var}\left[Z\left(1+\frac{P_{x:\overline{n}\rceil}}{d}\right)-\frac{P_{x:\overline{n}\rceil}}{d}\right]\\&=\mathrm{Var}\left[Z\left(1+\frac{P_{x:\overline{n}\rceil}}{d}\right)\right]\\&=\left(1+\frac{P_{x:\overline{n}\rceil}}{d}\right)^2\mathrm{Var}(Z)\end{aligned}$$

$$=\left(1+\frac{P_{x:\overline{n}|}}{d}\right)^2 ({}^2A_{x:\overline{n}|}-A_{x:\overline{n}|}{}^2)$$

应用公式

$$1=d\ddot{a}_{x:\overline{n}|}+A_{x:\overline{n}|}$$

可得

$$\mathrm{Var}(L)=\frac{{}^2A_{x:\overline{n}|}-A_{x:\overline{n}|}{}^2}{(d\ddot{a}_{x:\overline{n}|})^2} \tag{6.2.4}$$

【例 6.2.3】 考虑保额为 10 000 元的完全离散型终身寿险。用 π 表示该保单的年缴保费，$L(\pi)$ 表示该保单签发时的保险人亏损随机变量，其中投保年龄为 25 岁，且 $A_{25}=0.19$，${}^2A_{25}=0.064$，$d=0.057$。

(1) 求保费 π_a，使得 $L(\pi_a)$ 的均值为 0，并计算 $L(\pi_a)$ 的方差。

(2) 用正态近似决定保费 π_c，使得 100 份这种相互独立保单的总亏损为正的概率等于 0.05。

解 (1) π_a 即为按照精算等价原理决定的年缴均衡纯保费，则

$$\pi_a=10\,000P_{25}=10\,000\frac{A_{25}}{\ddot{a}_{25}}=10\,000\frac{dA_{25}}{1-A_{25}}=10\,000\times\frac{0.057\times0.19}{1-0.19}$$
$$=133.70(\text{元})$$

$$\mathrm{Var}[L(\pi_a)]=(10\,000)^2\frac{{}^2A_{25}-A_{25}{}^2}{(1-A_{25})^2}$$
$$=(10\,000)^2\times\frac{0.064-0.19^2}{(1-0.19)^2}$$
$$=4\,252\,400.5$$

(2) 在保费为 π_c 时，单个保单的亏损为

$$L(\pi_c)=10\,000v^{k+1}-\pi_c\ddot{a}_{\overline{k+1}|}$$
$$=\left(10\,000+\frac{\pi_c}{d}\right)v^{k+1}-\frac{\pi_c}{d}$$

它的期望值与方差分别为

$$E[L(\pi_c)]=\left(10\,000+\frac{\pi_c}{d}\right)A_{25}-\frac{\pi_c}{d}$$
$$=0.19\left(10\,000+\frac{\pi_c}{d}\right)-\frac{\pi_c}{d}$$

$$\mathrm{Var}[L(\pi_c)]=\left(10\,000+\frac{\pi_c}{d}\right)^2\mathrm{Var}(v^{K+1})$$

$$=\left(10\,000+\frac{\pi_c}{d}\right)^2({}^2A_{25}-A_{25}{}^2)$$

$$=0.027\,9\left(10\,000+\frac{\pi_c}{d}\right)^2$$

$$\sqrt{\mathrm{Var}[L(\pi_c)]}=0.167\,0\left(10\,000+\frac{\pi_c}{d}\right)$$

对 100 份这种保单，每一份的亏损 $L_j(\pi_c)=L(\pi_c)(j=1, 2,\cdots, 100)$，则总亏损 $S=\sum_{j=1}^{100}L_j(\pi_c)$ 的期望值为

$$E(S)=100E[L(\pi_c)]$$

由于各个保单相互独立，则总亏损的方差为

$$\mathrm{Var}(S)=100\mathrm{Var}[L(\pi_c)]$$

π_c 由 $P_r[S>0]=0.05$ 决定，由正态近似

$$\frac{0-E(S)}{\sqrt{\mathrm{Var}(S)}}=1.645$$

$$\frac{-100E[L(\pi_c)]}{\sqrt{100\mathrm{Var}[L(\pi_c)]}}=1.645$$

$$10\times\frac{-A_{25}\left(10\,000+\frac{\pi_c}{d}\right)+\frac{\pi_c}{d}}{\left(10\,000+\frac{\pi_c}{d}\right)\sqrt{{}^2A_{25}-A_{25}{}^2}}=1.645$$

于是

$$\pi_c=10\,000d\left[\frac{0.164\,5\sqrt{{}^2A_{25}-A_{25}{}^2}+A_{25}}{1-(A_{25}+0.164\,5\sqrt{{}^2A_{25}-A_{25}{}^2})}\right]$$

$$=158.43(\text{元})$$

【例 6.2.4】 证明并解释公式 $P_{x:\overline{n}|}={}_nP_x+P_{x:\overline{n}|}^{\ \ 1}(1-A_{x+n})$。

证明 根据表 6.2.1，则

$$P_{x:\overline{n}|}\ddot{a}_{x:\overline{n}|}=A_{x:\overline{n}|}=A^1_{x:\overline{n}|}+A_{x:\overline{n}|}^{\ \ 1}$$

$${}_nP_x\ddot{a}_{x:\overline{n}|}=A_x=A^1_{x:\overline{n}|}+A_{x:\overline{n}|}^{\ \ 1}A_{x+n}$$

两式相减，得

$$(P_{x:\overline{n}|}-{}_nP_x)\ddot{a}_{x:\overline{n}|}=A_{x:\overline{n}|}^{\ \ 1}(1-A_{x+n})$$

$$P_{x:\overline{n}|}-{}_nP_x=P_{x:\overline{n}|}^{\ \ 1}(1-A_{x+n})$$

由于 $P_{x:\overline{n}|}$ 与$_nP_x$ 都在（x）生存时支付，且最多支付 n 年。在此期间，两种保险都在（x）死亡的年末提供 1 单位保险金。如果（x）活过 n 年，则 $P_{x:\overline{n}|}$ 提供到期的 1 单位生存保险金，而$_nP_x$ 提供以后的终身寿险，它在第 n 年年末的精算现值为A_{x+n}，因此相差 $P_{x:\overline{n}|}-{}_nP_x$，相当于$1-A_{x+n}$个单位的生存保险的年缴均衡纯保费。

6.2.3 半连续型寿险的纯保费

在保险实务中，人寿保险的保险金一般在被保险人死亡后立即给付，而不是在死亡发生的保单年度末给付，因此有必要考虑半连续型寿险的纯保费。这种保费依表 6.1.2 和表 6.1.3，表 6.2.1 和表 6.2.2 的顺序可分别表示为 $P(\overline{A}_x)$，$P(\overline{A}^1_{x:\overline{n}|})$，$P(\overline{A}_{x:\overline{n}|})$，$_hP(\overline{A}_x)$，$_hP(\overline{A}^1_{x:\overline{n}|})$，$_hP(\overline{A}_{x:\overline{n}|})$。因为生存保险不涉及死亡受益，所以不需要半连续保费。依据精算等价原理，可以得到类似表 6.2.1 和表 6.2.2 的保费公式，其中符号 A 改成$\overline{A}$。例如

$$P(\overline{A}_x)=\frac{\overline{A}_x}{\ddot{a}_x}$$

如果被保险人在每一年龄内的死亡服从均匀分布，则

$$P(\overline{A}_x)=\frac{\overline{A}_x}{\ddot{a}_x}=\frac{i}{\delta}\cdot\frac{A_x}{\ddot{a}_x}=\frac{i}{\delta}\cdot P_x$$

$$P(\overline{A}^1_{x:\overline{n}|})=\frac{\overline{A}^1_{x:\overline{n}|}}{\ddot{a}_{x:\overline{n}|}}=\frac{i}{\delta}\cdot\frac{A^1_{x:\overline{n}|}}{\ddot{a}_{x:\overline{n}|}}=\frac{i}{\delta}\cdot P^1_{x:\overline{n}|}$$

$$P(\overline{A}_{x:\overline{n}|})=\frac{\overline{A}_{x:\overline{n}|}}{\ddot{a}_{x:\overline{n}|}}=\frac{\frac{i}{\delta}\cdot A^1_{x:\overline{n}|}+A_{x:\overline{n}|}^{\ \ 1}}{\ddot{a}_{x:\overline{n}|}}$$

$$=\frac{i}{\delta}P^1_{x:\overline{n}|}+P_{x:\overline{n}|}^{\ \ 1}$$

6.3 每年缴纳数次的纯保费

如果在每一保单年度内，保费分 m 次交付，且死亡给付不做调整，那么称这种年保费为年缴 m 次的年纯保费。例如，对于死亡年末给付 1 单位的终身寿险，每年 m 次分期缴纳的年保费记为 $P_x^{(m)}$，称为年缴 m 次的年均衡纯保费，此时每次缴纳的数额为$\frac{1}{m}P_x^{(m)}$。符号 $P^{(m)}(\overline{A}_x)$ 表示死亡立即给付的终身寿险的年

缴 m 次的年均衡纯保费。一般地，m 的取值可以是 2，4 或 12，即保费按半年交、按季交或按月交。

本节着重给出死亡年末给付保险金的年缴 m 次的年纯保费的记号及相应的公式。这些公式均可由精算等价原理得到。

在某些应用中，通常将年缴 m 次的年保费换算成年缴保费的解析形式。以下我们分别对照一般的保费 $P_{x:\overline{n}|}^{(m)}$ 和 ${}_hP_{x:\overline{n}|}^{(m)}$ 加以说明，其他保费公式可以据此稍加修改。

首先，我们来求 $P_{x:\overline{n}|}^{(m)}$ 的公式。

由精算等价原理，有

$$P_{x:\overline{n}|}^{(m)}=\frac{A_{x:\overline{n}|}}{\ddot{a}_{x:\overline{n}|}^{(m)}} \tag{6.3.1}$$

$\because$ $A_{x:\overline{n}|}={}_hP_{x:\overline{n}|}\,\ddot{a}_{x:\overline{h}|}$

$\therefore$ 式（6.3.1）可以改写为

$$P_{x:\overline{n}|}^{(m)}=\frac{A_{x:\overline{n}|}}{\ddot{a}_{x:\overline{n}|}^{(m)}}=\frac{\ddot{a}_{x:\overline{n}|}}{\ddot{a}_{x:\overline{n}|}^{(m)}}\,{}_hP_{x:\overline{n}|}$$

其次，${}_hP_{x:\overline{n}|}^{(m)}$ 的公式为

$${}_hP_{x:\overline{n}|}^{(m)}=\frac{A_{x:\overline{n}|}}{\ddot{a}_{x:\overline{h}|}^{(m)}}=\frac{\ddot{a}_{x:\overline{n}|}}{\ddot{a}_{x:\overline{h}|}^{(m)}}\,{}_hP_{x:\overline{n}|} \tag{6.3.2}$$

表 6.3.1 和表 6.3.2 给出了其他各种保险的年缴 m 次的年纯保费的符号与公式。

表 6.3.1　　年缴 m 次年纯保费（全期缴费）

保险种类	给付方式	
	保单年度末给付	死亡立即给付
终身寿险	$P_x^{(m)}=\frac{A_x}{\ddot{a}_x^{(m)}}$	$P^{(m)}(\bar{A}_x)=\frac{\bar{A}_x}{\ddot{a}_x^{(m)}}$
n 年定期寿险	$P_{x:\overline{n}|}^{1\,(m)}=\frac{A_{x:\overline{n}|}^{1}}{\ddot{a}_{x:\overline{n}|}^{(m)}}$	$P^{(m)}(\bar{A}_{x:\overline{n}|}^{1})=\frac{\bar{A}_{x:\overline{n}|}^{1}}{\ddot{a}_{x:\overline{n}|}^{(m)}}$
n 年期两全保险	$P_{x:\overline{n}|}^{(m)}=\frac{A_{x:\overline{n}|}}{\ddot{a}_{x:\overline{n}|}^{(m)}}$	$P^{(m)}(\bar{A}_{x:\overline{n}|})=\frac{\bar{A}_{x:\overline{n}|}}{\ddot{a}_{x:\overline{n}|}^{(m)}}$

表 6.3.2　　　　　　　　　　**年缴 m 次年纯保费（限期缴费）**

保险种类	给付方式	
	保单年度末给付	死亡立即给付
h^* 年限期缴费终身寿险	${}_hP_x^{(m)}=\dfrac{A_x}{\ddot{a}_{x:\overline{h}\rceil}^{(m)}}$	${}_hP^{(m)}(\overline{A}_x)=\dfrac{\overline{A}_x}{\ddot{a}_{x:\overline{h}\rceil}^{(m)}}$
h 年限期缴费 n 年定期寿险	${}_hP_{x:\overline{n}\rceil}^{1(m)}=\dfrac{A_{x:\overline{n}\rceil}^1}{\ddot{a}_{x:\overline{h}\rceil}^{(m)}}$	${}_hP^{(m)}(\overline{A}_{x:\overline{n}\rceil}^1)=\dfrac{\overline{A}_{x:\overline{n}\rceil}^1}{\ddot{a}_{x:\overline{h}\rceil}^{(m)}}$
h 年限期缴费 n 年期两全保险	${}_hP_{x:\overline{n}\rceil}^{(m)}=\dfrac{A_{x:\overline{n}\rceil}}{\ddot{a}_{x:\overline{h}\rceil}^{(m)}}$	${}_hP^{(m)}(\overline{A}_{x:\overline{n}\rceil})=\dfrac{\overline{A}_{x:\overline{n}\rceil}}{\ddot{a}_{x:\overline{h}\rceil}^{(m)}}$

注：* h 指缴费年数，而不是缴费次数。

【例 6.3.1】　设每一年龄内死亡服从均匀分布：

（1）（45）欲购买一份保额为 100 000 元、死亡年末给付死亡保险金的 20 年期两全保险，计算该保险按半年缴纳的年均衡纯保费。计算以书后所附生命表为依据，年利率为 6%。

（2）若死亡时立即给付死亡保险金，计算该保险按半年缴纳的年均衡纯保费（半连续情形）。

解　（1）所求保费即为 $100\ 000P_{45:\overline{20}\rceil}^{(2)}$

由已知条件，有

$$d=\frac{0.06}{1.06}=0.056\ 6$$

$$i^{(2)}=2\times[(1+i)^{\frac{1}{2}}-1]=0.059\ 126$$

$$d^{(2)}=2\times[1-(1+i)^{-\frac{1}{2}}]=0.057\ 43$$

$$\ddot{a}_{\overline{1}\rceil}^{(2)}=\frac{d}{d^{(2)}}=0.985\ 6$$

$$s_{\overline{1}\rceil}^{(2)}=\frac{i}{i^{(2)}}=1.014\ 782$$

$$\alpha(2)=s_{\overline{1}\rceil}^{(2)}\cdot\ddot{a}_{\overline{1}\rceil}^{(2)}=1.000\ 2$$

$$\beta(2)=\frac{s_{\overline{1}\rceil}^{(2)}-1}{d^{(2)}}=0.257\ 4$$

$$\ddot{a}_{45:\overline{20}\rceil}=11.717\ 169$$

$$A_{45:\overline{20}\rceil}^1=0.070\ 024\ 2$$

$$P^{1}_{45:\overline{20|}}=\frac{A^{1}_{45:\overline{20|}}}{\ddot{a}_{45:\overline{20|}}}=0.0059762$$

$${}_{20}E_{45}=0.2667394$$

$$A_{45:\overline{20|}}=A^{1}_{45:\overline{20|}}+{}_{20}E_{45}=0.3367636$$

$$P_{45:\overline{20|}}=\frac{A_{45:\overline{20|}}}{\ddot{a}_{45:\overline{20|}}}=0.028741$$

当死亡服从均匀分布假设时，可得

$$\begin{aligned}\ddot{a}^{(2)}_{45:\overline{20|}}&=\alpha(2)\,\ddot{a}_{45:\overline{20|}}-\beta(2)(1-{}_{20}E_{45})\\&=11.530771\end{aligned}$$

$$100\,000P^{(2)}_{45:\overline{20|}}=100\,000\times\frac{A_{45:\overline{20|}}}{\ddot{a}^{(2)}_{45:\overline{20|}}}=2\,920.56\text{（元）}$$

2 920.56 元即为所求保费。

（2）所求保费即为半连续年保费 $100\,000\,P^{(2)}(\bar{A}_{45:\overline{20|}})$：

$$\begin{aligned}100\,000\cdot P^{(2)}\cdot(\bar{A}_{45:\overline{20|}})&=100\,000\times\frac{\bar{A}_{45:\overline{20|}}}{\ddot{a}^{(2)}_{45:\overline{20|}}}\\&=100\,000\times\frac{\bar{A}_{45:\overline{20|}}}{A_{45:\overline{20|}}}\cdot P^{(2)}_{45:\overline{20|}}\\&=100\,000\cdot P^{(2)}_{45:\overline{20|}}\cdot\frac{P(\bar{A}_{45:\overline{20|}})}{P_{45:\overline{20|}}}\\&=100\,000\cdot P^{(2)}_{45:\overline{20|}}\cdot\frac{\frac{i}{\delta}\cdot P^{1}_{45:\overline{20|}}+P_{45:\overset{1}{\overline{20|}}}}{P_{45:\overline{20|}}}\\&=2\,938.6\text{(元)}\end{aligned}$$

6.4 营业保费

6.4.1 厘定营业保费的基本原则

前面各节引入精算等价原理来确定分期纯保费，依据该原理，保险人在整个保险期间提供的保险金给付与投保人缴纳的纯保费的精算现值在保单生效时是相等的。然而，在保险实务中，保险公司的支出除了保险责任范围内的保险金给付外，还需要一些必要的经营费用支出，如税金、许可证、保单销售服务、合同成立后的维持费等，这些费用必须由保费及投资收益来弥补。于是，保险公司实际收取的保费应为用于保险金给付的纯保费与用于各种经营费用开支的附加费用之和，即营业保费。

厘定营业保费的基本原则仍然是精算等价原理，具体可以表述如下：

$$\begin{array}{c}\text{营业保费的}\\ \text{精算现值}\end{array}=\begin{array}{c}\text{纯保费的}\\ \text{精算现值}\end{array}+\begin{array}{c}\text{附加费用的}\\ \text{精算现值}\end{array}=\begin{array}{c}\text{各种给付的}\\ \text{精算现值}\end{array}+\begin{array}{c}\text{各种费用支出}\\ \text{的精算现值}\end{array} \tag{6.4.1}$$

从式（6.4.1）可以看出，对保险经营所需的各项经营费用支出的合理分析，对于厘定出公平、合理的营业保费是非常重要的。

6.4.2 费用的分类

保险公司获得了经营活动的有关数据，如销售量与销售额、理赔数、保费单据数以后，可以对经营活动的各主要费用项目进行分析，分析结果将有助于对未来出售的保单确定附加保费。如果运用精算等价原理，则附加保费的精算现值等于保单所对应的各种费用支出的精算现值。

保险机构的费用分类与分配是一项十分复杂的工作。表 6.4.1 给出了一个费用分类的例子。

表 6.4.1　保险机构费用开支的一种分类方案

<table>
<tr><th colspan="2">费用分类</th><th>成　分</th></tr>
<tr><td colspan="2">投资费用</td><td>（1）投资分析成本
（2）购买、销售及服务成本</td></tr>
<tr><td rowspan="4">保险费用</td><td>1. 新契约费</td><td>（1）销售费用，包括代理人佣金及宣传广告费
（2）风险分类，包括体检费用
（3）准备新保单及记录</td></tr>
<tr><td>2. 维持费</td><td>（1）保费收取及会计
（2）给付变更及理赔选择权准备
（3）与保单持有人进行联络</td></tr>
<tr><td>3. 营业费用</td><td>（1）研究、开发新险种费用
（2）精算及一般法律服务
（3）普通会计
（4）税金、许可证等费用</td></tr>
<tr><td>4. 理赔</td><td>（1）理赔调查和辩护费
（2）各种给付的费用</td></tr>
</table>

在确定附加费用的保费时，一般只考虑保险费用，而以投资费用冲销投资收入，体现在保费计算中则适当降低预定收益率，即预定利率。

在某种情况下，费用项目与经营活动有固定的联系。例如，通常代理人的佣金按保费的百分比提取，保险机构的税金一般也按保费的百分比来提取。

至于其他费用项目的分类就不那么简单了，这时，常常综合运用统计分析和直觉判断。在附加费用的保费公式中，通常将新契约费分配于第一个保单年度。某些新契约费随保费数额变化，如佣金；一些则随保险金额而变化，如风险分类费用；有些费用只与保单数目有关，而与保额或保费的额度无关，如准备新保单、建立会计记录、邮寄保费通知单等。

对费用的分类与分配是控制保险体系营运的重要管理手段。然而，在决定保费时，需要对未来的各项费用预先进行估算，以使未来的费用开支与未来的附加保费相匹配。因此，附加费用中要考虑通货膨胀或紧缩通货的趋势。

表 6.4.2 给出了按表 6.4.1 分类的保险费用与相应的附加因素的一个例子。

表 6.4.2　　未来保险费用的分配示例

分类	第一年			续年				
	每份保单(元)	每千元保额(元)	保费百分比(%)	每份保单(元)	每千元保额(元)	保费百分比(按保单年度)(%)		
						2年~9年	10年~15年	16年以上
1. 新契约费								
(1) 销售费用								
佣金	—	—	50	—	—	5.0	5.0	3.0
销售事务	—	—	25	—	—	2.5	1.5	1.0
其他	12.50	4.00	—	—	—	—	—	—
(2) 分类	18.00	0.50	—	—	—	—	—	—
(3) 发行与记录	4.00	—	—	—	—	—	—	—
2. 维持费	2.00	0.25	—	2.00	0.25	—	—	—
3. 营业费用								
(1)(2)(3)	4.00	0.25	—	4.00	0.25	—	—	—
(4) 税金	—	—	3.0	—	—	2.0	2.0	2.0
小计	40.5	5.00	78	6.00	0.50	9.5	8.5	6.0
4. 给付费用	每份保单 18.00 元加上每千元保额 0.10 元							

【例 6.4.1】 对 (x) 购买的保险金额为 20 000 元的半连续型终身寿险保单，按表 6.4.2 所列各项费用，根据精算等价原理计算营业保费。

解 设 G 为所求营业保费，则

$$\text{营业保费的精算现值}=\text{保险金及理赔费用的精算现值}+\text{其他各种费用的精算现值}$$

由于只有保险人向被保险人支付保险金时，才发生理赔费用的支出，所以，计算营业保费时，理赔费用与保险金可以视为一个整体，即将理赔费用与保险金之和看做保险金，于是

$$G\ddot{a}_x=20\,020\overline{A}_x+[(40.5+100+0.78G)+6a_x+10a_x+(0.095a_{x:\overline{8}|}+0.085\,{}_{9|}\ddot{a}_{x:\overline{6}|}+0.06\,{}_{15|}\ddot{a}_x)\,G]$$

$\because$ $a_{x:\overline{8}|}=\ddot{a}_{x:\overline{9}|}-1$，${}_{9|}\ddot{a}_{x:\overline{6}|}=\ddot{a}_{x:\overline{15}|}-\ddot{a}_{x:\overline{9}|}$

${}_{15|}\ddot{a}_x=\ddot{a}_x-\ddot{a}_{x:\overline{15}|}$

$\therefore$ $G=\dfrac{20\,020\overline{A}_x+140.5+16a_x}{0.94\ddot{a}_x-0.685-0.01\ddot{a}_{x:\overline{9}|}-0.025\ddot{a}_{x:\overline{15}|}}$

【例 6.4.2】 对（25）购买的保险金额为 100 000 元的 40 年期两全保险保单，该保单的第一年费用为 100 元加上营业保费的 25%，续年的费用为 25 元加上营业保费的 10%。发生死亡给付时的理赔费用为 100 元，生存给付时不发生理赔费用。且 $A_{25:\overline{40}|}=0.114\,592$，$A_{25:\overline{40}|}^{\;\;1}=0.081\,167\,5$，$i=6\%$。求营业保费 G。

解 由精算等价原理可知

$$\text{营业保费的精算现值}=\text{保险金及理赔费用的精算现值}+\text{其他各种费用的精算现值}$$

由于只有保险人向被保险人支付保险金时才发生理赔费用的支出，所以计算营业保费时，理赔费用与保险金可以视为一个整体，即将理赔费用与保险金之和看做保险金，于是

$$G\ddot{a}_{25:\overline{40}|}=(100\,000+100)\,A^{1}_{25:\overline{40}|}+100\,000A_{25:\overline{40}|}^{\;\;1}+100+0.25G+(25+0.1G)\,a_{25:\overline{39}|}$$

经整理，可得

$$G=\frac{100\,000A_{25:\overline{40}|}+100A^{1}_{25:\overline{40}|}+25\ddot{a}_{25:\overline{40}|}+75}{0.9\ddot{a}_{25:\overline{40}|}-0.15}$$

$\because$ $\ddot{a}_{25:\overline{40}|}=\dfrac{1-A_{25:\overline{40}|}}{i}\cdot(1+i)=15.642\,2$

$A^{1}_{25:\overline{40}|}=A_{25:\overline{40}|}-A_{25:\overline{40}|}^{\;\;1}=0.033\,425$

$\therefore$ $G=856.45$(元)

6.4.3 保单费用与保单费

从例 6.4.1 和例 6.4.2 可以看出，要使计算出的营业保费具有准确性、公平性、一致性，需要预先对不同金额保单的各项附加费用进行合理估计，并且要使不同金额保单的保单持有人按其持有的保单支付各项费用。通常，保险人的附加费用可以分为三部分：第一部分费用随保险金额的变化而变化，如承保费用等；第二部分费用随保费数额变化而变化，如代理人佣金、保险费税金等；第三部分费用只与保单数目有关，与保险金额或保险费无关，这部分费用称为保单费用，如准备新保单、建立会计记录、邮寄保费通知单的费用等。

在保险实务中，保费通常以单位保额的费率表示。对于人寿保险，费率一般是指每千元保额的保费；对于生存年金，费率一般是以每月 1 元收入计算的。

设 $G(b)$ 为保险金额为 b 的保单的营业保费，且

$$G(b)(1-f)=ab+c \tag{6.4.2}$$

式中，a，c，f 为非负常数，$f<1$。常数 a 为保险费用中直接与保险金额大小相关的部分，其中，单位保险的纯保费是最重要的。常数 c 可解释成每份保单的费用，这部分费用与保险金额或保费数额无关，而常数 f 则代表与保费数额相关的费用在保费中的百分比。

式（6.4.2）可写成

$$G(b)=\frac{ab+c}{1-f}=b\cdot\frac{a+\frac{c}{b}}{1-f}=bR(b) \tag{6.4.3}$$

其中

$$R(b)=\frac{a+\frac{c}{b}}{1-f}$$

函数 $R(b)$ 是保额为 b 的保单的保险费率，其表达式可简化为

$$R(b)=a'+\frac{c'}{b}$$

其中

$$a'=\frac{a}{1-f},\ c'=\frac{c}{1-f}$$

确定单位保单费用有三种方法：

(1) 保单费 $\frac{c}{1-f}=c'$ 加上 $b\cdot\frac{a}{1-f}=ba'$，可得出营业保费的公式（6.4.3）。

按照此法计算出的 $R(b)$ 就是精确费率。

(2) 用分段常数函数近似 $R(b)$，这个方法称为带状法。由于精确费率的计算比较复杂，实务中往往对保险金额在某一范围内的保单采用同一费率，即用带状法确定近似费率。带状法亦称高额保险折扣优待法，它因增加保额可以明显降低费率而得名。

(3) 用常数 $R(\bar{b})$ 近似费率函数 $R(b)$。

按方法 (3)，当保单金额 $b<\bar{b}$ 时，附加保费的精算现值小于费用的精算现值，如果将保险金额看做一个随机变量，记为 B，那么保单的期望保费为：

$$E[BR(\bar{b})]=\bar{b}R(\bar{b})=\frac{a\bar{b}+c}{1-f}$$

即附加保费与费用的精算现值处于平衡。

【例 6.4.3】 对一种完全离散、均衡给付的终身寿险，已知：

(1) 每年初的费用如下：

费用类型	费用
保费百分比	25%
每千元保额	2.00
每份保单	30.00

(2) 平均保单金额设为 20 000 元。

(3) 若使用近似费率方法，则保额 25 000 元的此类保险的营业保费为 S。

(4) 若使用精确费率方法，则保额 25 000 元的此类保险的营业保费为 T，试计算 $S-T$。

解 根据精算等价原理，对于每 b 千元保额的该保险，其营业保费 $G(b)$ 应满足

$$G(b)\ddot{a}_x=(1\,000b)A_x+[0.25G(b)+2b+30]\ddot{a}_x$$

$$\begin{aligned}G(b)&=\frac{(1\,000A_x+2\ddot{a}_x)b+30\ddot{a}_x}{0.75\ddot{a}_x}\\&=\left(1\,333.33P_x+\frac{8}{3}\right)b+40\\&=Ab+40\end{aligned}$$

其中 $1\,333.33P_x+\frac{8}{3}=A$

$$R(b)=\frac{G(b)}{b}=A+\frac{40}{b}$$

若使用近似费率方法，则

$$S=bR(\bar{b})=25R(20)=25\left(A+\frac{40}{20}\right)=25A+50$$

若使用精确费率方法，则

$$T=bR(b)=G(b)=G(25)=25A+40$$

∴ $S-T=10$(元)

【例 6.4.4】 对于某种趸缴保费的寿险保单，已知如表 6.4.3。

表 6.4.3

纯保费	$\bar{A}_x=0.20$
费用	
销售佣金	保费的 7.5%
税金、许可证等费用	保费的 3.0%
单位保单费用	
第一年	23.00
续年	2.50
每份保单的理赔费用	12.00

试计算 $R(b)$（这里保额以千元为单位，$i=6\%$）。

解 将有关数据代入式（6.4.2）

$$a_x=\ddot{a}_x-1=\frac{1-A_x}{d}-1=\frac{1-\frac{\delta}{i}\bar{A}_x}{d}-1=13.2353$$

由于

$$f=7.5\%+3.0\%=10.5\%=0.105$$

则

$$(1-0.105)G(b)=(1\,000b+12)\times 0.2+23+2.5a_x$$

$$0.895G(b)=200b+2.4+23+2.5\times 13.2353$$

$$G(b)=223.46b+65.35$$

$$R(b)=223.46+\frac{65.35}{b}$$

关键词

期缴纯保费　营业保费　全连续型寿险　年缴纯保费　限期缴费　定期保险

终身寿险　延期终身生存年金　生存保险　两全保险　全离散型寿险　半连续型寿险　每年缴纳数次的纯保费　费用　保单费用　保单费

练习题

1. 设 $\mu_{x+t}=\mu(t>0)$，利息强度为常数 δ，求 $\overline{P}(\overline{A}_x)$ 与 $\mathrm{Var}(L)$。

2. 有两份寿险保单，一份为（40）购买的保额 2 000 元、趸缴保费的终身寿险保单，并且其死亡保险金于死亡年末给付；另一份为（40）购买的保额 1 500元、年缴保费 P 的完全离散型终身寿险保单。已知第一份保单的给付现值随机变量的方差与第二份保单在保单签发时保险人亏损的方差相等，且利率为 6%，求 P 的值。

3. 已知 $P_{40:\overline{20}|}=0.029$，$P^{1}_{40:\overline{20}|}=0.005$，$P_{60}=0.034$，$i=6\%$，求 $\ddot{a}_{40}$。

4. 已知 $P_{62}=0.0374$，$q_{62}=0.0164$，$i=6\%$，求 P_{63}。

5. 已知 L 为（x）购买的保额为 1 元、年保费为 $P_{x:\overline{n}|}$ 的完全离散型两全保险，在保单签发时的保险人亏损随机变量，${}^2A_{x:\overline{n}|}=0.1774$，$\dfrac{P_{x:\overline{n}|}}{d}=0.5850$，计算 $\mathrm{Var}(L)$。

6. 已知 x 岁的人服从如下生存分布：$s(x)=\dfrac{105-x}{105}(0\leqslant x\leqslant 105)$，年利率为 6%。对（50）购买的保额 1 000 元的完全离散型终身寿险，设 L 为此保单签发时的保险人亏损随机变量，且 $P(L\geqslant 0)=0.4$。求此保单的年缴均衡纯保费的取值范围。

7. 已知 $A_x=0.19$，${}^2A_x=0.064$，$d=0.057$，$\pi_x=0.019$，其中 π_x 为保险人对 1 单位终身寿险按年收取的营业保费。求保险人至少应发行多少份这种保单才能使这些保单的总亏损为正的概率小于等于 0.05。[这里假设各保单相互独立，且总亏损近似服从正态分布，$P_r(Z\leqslant 1.645)=0.95$，$Z$ 为标准正态随机变量。]

8. $1\,000P_{20:\overline{40}|}=7.00$，$\ddot{a}_{20}=16.72$，$\ddot{a}_{20:\overline{40}|}=15.72$，计算 $1\,000P_{20}$。

9. $P({}_{10|}\ddot{a}_{20})=1.5$，${}_{10}P_{20}=0.04$，计算 P_{20}。

10. 已知$\dfrac{P^{1\,(12)}_{x:\overline{20}|}}{P^{1}_{x:\overline{20}|}}=1.03$，$P_{x:\overline{20}|}=0.04$，计算 $P^{(12)}_{x:\overline{20}|}$。

11. 已知 x 岁的人购买保额 1 000 元的完全离散型终身寿险的年保费为 50 元，$d=0.06$，$A_x=0.4$，${}^2A_x=0.2$，L 是在保单签发时保险人的亏损随机变量。

(1) 计算 $E(L)$。

(2) 计算 $\mathrm{Var}(L)$。

(3) 现考察有 100 份同类保单的业务，其面额情况如下：

面额（元）	保单数（份）
1	80
4	20

假设各保单的亏损独立，用正态近似计算这个业务的盈利现值超过 18 000 元的概率。

12. (x) 购买的 n 年限期缴费完全离散型终身寿险保单，其各种费用分别为：销售佣金为营业保费的 6%；税金为营业保费的 4%；每份保单的第 1 年费用为 30 元，第 2 年至第 n 年的费用各为 5 元；理赔费用为 15 元。且 $A_x=0.3$，$A^1_{x:\overline{n}|}=0.1$，$A_{x+n}=0.4$，$i=0.06$，保额 b 以万元为单位，求保险费率函数$R(b)$。

13. 设 $\overline{P}(\overline{A}_{50})=0.014$，$\overline{A}_{50}=0.17$，则利息强度 $\delta=$（　　）。

A. 0.070　　B. 0.071　　C. 0.073　　D. 0.076

14. 已知 $i=0.05$，$p_{x+1}=0.022$，$p_x=0.99$，则 $p_x=$（　　）。

A. 0.018 9　　B. 0.020 3　　C. 0.021 1　　D. 0.024 5

15. 设 ${}_{15}P_{45}=0.038$，$P_{45:\overline{15}|}=0.056$，$A_{60}=0.625$，则 $P^1_{45:\overline{15}|}=$（　　）。

A. 0.005　　B. 0.006　　C. 0.007　　D. 0.008

第7章

准备金

本章前五节主要阐述寿险责任准备金的计提方法，最后一节介绍了非寿险中赔款准备金的估计方法。根据精算等价原理，投保人缴纳的纯保费与保险人未来应付的保险金在保单生效时的精算现值相等。但经过一段时间，双方未了责任和义务的等价关系会被破坏。本章将精算等价原理应用于契约开始生效以后的时期，此时就出现了一个平衡项，该平衡项是保险人对被保险人的一种负债，该平衡项称为纯保费准备金，它是寿险公司在其财务报表中必须确认的负债项。

由于在保险实务中保险公司的支出不仅仅限于理赔给付，还包括税金、保单销售服务等开销，这些费用必须由投资收益及保费来弥补。因此，本章第五节讨论了包含费用的责任准备金模型，即修正准备金方法。

对于各种类型的寿险，计算责任准备金一般有过去法和未来法两种。过去法即以过去已收保费与过去已付死亡保险金的差额为基础计算当时的责任准备金；未来法即以未来应付保险金与未来应收保费的差额为基础计算当时的责任准备金。实际中常常采用未来法。

7.1 全连续型寿险的责任准备金

7.1.1 准备金的未来法公式

对于（x）购买的1单位终身寿险，其完全连续纯保费为 $\bar{P}(\bar{A}_x)$。从保单生效时算起，被保险人生存至第 t 年年末的准备金记为${}_t\bar{V}(\bar{A}_x)$。

为根据精算等价原理确定${}_t\bar{V}(\bar{A}_x)$，引入随机变量 U，它表示（$x+t$）的剩余寿命，其概率密度函数为

$$ {}_u p_{x+t} \cdot \mu_{x+t}, \quad u \geqslant 0 $$

定义 t 时保险人的未来亏损随机变量为

$$ {}_tL = v^U - \bar{P}(\bar{A}_x) \cdot \bar{a}_{\overline{U|}} \tag{7.1.1} $$

定义 t 时的纯保费准备金为那时的未来亏损随机变量的期望，即

$$ \begin{aligned} {}_t\bar{V}(\bar{A}_x) &= E({}_tL) = E(v^U) - \bar{P}(\bar{A}_x) \cdot E(\bar{a}_{\overline{U|}}) \\ &= \bar{A}_{x+t} - \bar{P}(\bar{A}_x)\bar{a}_{x+t} \end{aligned} \tag{7.1.2} $$

式（7.1.2）表明，时刻 t 的纯保费准备金等于从 $x+t$ 岁开始投保的终身寿险的精算现值，减去 $x+t$ 岁以后的年保费 $\bar{P}(\bar{A}_x)$ 的精算现值，而且显然有${}_0\bar{V}(\bar{A}_x)=0$。

将式（7.1.1）改写为

$$ \begin{aligned} {}_tL &= v^U - \bar{P}(\bar{A}_x) \cdot \frac{1-v^U}{\delta} \\ &= \left[1+\frac{\bar{P}(\bar{A}_x)}{\delta}\right]v^U - \frac{\bar{P}(\bar{A}_x)}{\delta} \end{aligned} \tag{7.1.3} $$

于是

$$ \begin{aligned} \mathrm{Var}({}_tL) &= \left[1+\frac{\bar{P}(\bar{A}_x)}{\delta}\right]^2 \mathrm{Var}(v^U) \\ &= \left[1+\frac{\bar{P}(\bar{A}_x)}{\delta}\right]^2 ({}^2\bar{A}_{x+t} - \bar{A}_{x+t}^2) \end{aligned} \tag{7.1.4} $$

【例 7.1.1】 设死亡遵从分布 $l_x=105-x(0\leqslant x<105)$，按利率6%计算：

（1）$\bar{P}(\bar{A}_{35})$。

（2）${}_t\bar{V}(\bar{A}_{35})$ 和 $\mathrm{Var}({}_tL)$（$t=0$，10，20，…，60）。

解　（1）由 $l_x=105-x$（$0\leqslant x<105$）可知

$$ {}_tp_{35}=\frac{70-t}{70}，{}_tp_{35}\mu_{35+t}=-\frac{d}{\mathrm{d}t}{}_tp_{35}=\frac{1}{70}，0\leqslant t<70 $$

因此

$$ \delta=\ln 1.06=0.058\ 27 $$

$$ \bar{A}_{35}=\int_0^{70} v^t\ {}_tp_{35}\mu_{35+t}\mathrm{d}t=\int_0^{70} v^t\ \frac{1}{70}\mathrm{d}t $$

$$ =\frac{1}{70}\bar{a}_{\overline{70}|}=0.241\ 0 $$

$$ \bar{P}(\bar{A}_{35})=\frac{\delta\bar{A}_{35}}{1-\bar{A}_{35}}=0.018\ 5 $$

（2）${}_0\bar{V}(\bar{A}_{35})=\bar{A}_{35}-\bar{P}(\bar{A}_{35})\bar{a}_{35}=0$

当 $t=10$，20，…，60 时

$$ {}_t\bar{V}(\bar{A}_{35})=\bar{A}_{35+t}-\bar{P}(\bar{A}_{35})\bar{a}_{35+t} $$

$$ =\left[1+\frac{\bar{P}(\bar{A}_{35})}{\delta}\right]\bar{A}_{35+t}-\frac{\bar{P}(\bar{A}_{35})}{\delta} $$

$$ =1.317\ 5\bar{A}_{35+t}-0.317\ 5 $$

$$ \bar{A}_{35+t}=\int_0^{70-t} v^u\ {}_up_{35+t}\mu_{35+t+u}\mathrm{d}u=\int_0^{70-t} v^u\ \frac{1}{70-t}\mathrm{d}u $$

$$ =\frac{1}{70-t}\cdot\bar{a}_{\overline{70-t}|} $$

$$ {}^2\bar{A}_{35+t}=\frac{1}{70-t}\cdot{}^2\bar{a}_{\overline{70-t}|} $$

于是

$$ \mathrm{Var}({}_tL)=\left[1+\frac{\bar{P}(\bar{A}_{35})}{\delta}\right]^2\cdot({}^2\bar{A}_{35+t}-\bar{A}_{35+t}^2) $$

$$ =1.735\ 8\times({}^2\bar{A}_{35+t}-\bar{A}_{35+t}^2) $$

因此可得表 7.1.1。

表 7.1.1

t	${}_t\bar{V}(\bar{A}_{35})$	$\mathrm{Var}({}_tL)$
0	0	0.111 9
10	0.048 0	0.114 4
20	0.110 2	0.114 1
30	0.192 8	0.108 5
40	0.305 0	0.094 0
50	0.460 5	0.067 0
60	0.681 0	0.028 0

类似于完全连续型终身寿险的纯保费准备金的未来法公式的推导，我们可以得到其他各种寿险的纯保费准备金的未来法公式，并且 t 时的纯保费准备金等于从 $x+t$ 开始的未来应付保险金的精算现值与未来应收纯保费的精算现值的差额。

例如，对于 h 年限期缴费 n 年期两全保险，记其纯保费准备金为 ${}_t^h\bar{V}(\bar{A}_{x:\overline{n}|})$，其中左上标 h 表示缴费年限。

由未来法可得

$$
{}_t^h\bar{V}(\bar{A}_{x:\overline{n}|})=\begin{cases}\bar{A}_{x+t:\overline{n-t}|}-{}_h\bar{P}(\bar{A}_{x:\overline{n}|})\bar{a}_{x+t:\overline{h-t}|}, & t<h\\ \bar{A}_{x+t:\overline{n-t}|}, & h\leqslant t<n\\ 1, & t=n\end{cases}
$$

下面总结了各种完全连续纯保费准备金的未来法公式，其中保单生效年龄为 x，持续时间为 t，保额为 1 个单位。

(1) 全期缴费情形。

1) 终身寿险。

$$
{}_t\bar{V}(\bar{A}_x)=\bar{A}_{x+t}-\bar{P}(\bar{A}_x)\bar{a}_{x+t}
$$

2) n 年期定期寿险。

$$
{}_t\bar{V}(\bar{A}^1_{x:\overline{n}|})=\begin{cases}\bar{A}^1_{x+t:\overline{n-t}|}-\bar{P}(\bar{A}^1_{x:\overline{n}|})\bar{a}_{x+t:\overline{n-t}|}, & t<n\\ 0, & t=n\end{cases}
$$

3) n 年期两全保险。

$$
{}_t\bar{V}(\bar{A}_{x:\overline{n}|})=\begin{cases}\bar{A}_{x+t:\overline{n-t}|}-\bar{P}(\bar{A}_{x:\overline{n}|})\bar{a}_{x+t:\overline{n-t}|}, & t<n\\ 1, & t=n\end{cases}
$$

4）n 年期生存保险。

$$
{}_t\bar{V}(A_{x:\overline{n}|}^{\ \ 1})=\begin{cases}A_{x+t:\overline{n-t}|}^{\ \ 1}-\bar{P}(A_{x:\overline{n}|}^{\ \ 1})\bar{a}_{x+t:\overline{n-t}|}, & t<n\\ 1, & t=n\end{cases}
$$

5）n 年延期终身生存年金。

$$
{}_t\bar{V}({}_{n|}\bar{a}_x)=\begin{cases}A_{x+t:\overline{n-t}|}^{\ \ 1}\cdot\bar{a}_{x+n}-\bar{P}({}_{n|}\bar{a}_x)\bar{a}_{x+t:\overline{n-t}|}, & t<n\\ \bar{a}_{x+t}, & t\geqslant n\end{cases}
$$

（2）限期缴费情形（左上标 h 表示缴费年限）。

1）h 年限期缴费终身寿险。

$$
{}_t^h\bar{V}(\bar{A}_x)=\begin{cases}\bar{A}_{x+t}-{}_h\bar{P}(\bar{A}_x)\bar{a}_{x+t:\overline{h-t}|}, & t<h\\ \bar{A}_{x+t}, & t\geqslant h\end{cases}
$$

2）h 年限期缴费 n 年期两全保险。

$$
{}_t^h\bar{V}(\bar{A}_{x:\overline{n}|})=\begin{cases}\bar{A}_{x+t:\overline{n-t}|}-{}_h\bar{P}(\bar{A}_{x:\overline{n}|})\bar{a}_{x+t:\overline{h-t}|}, & t<h\\ \bar{A}_{x+t:\overline{n-t}|}, & h\leqslant t<n\\ 1, & t=n\end{cases}
$$

7.1.2　其他类型的公式

从责任准备金的未来法公式出发，我们可以得到有关均衡保费率保单责任准备金的三个公式。下面以 n 年期两全保险为例进行说明。

（1）从 n 年期两全保险 ${}_t\bar{V}(\bar{A}_{x:\overline{n}|})$ 的公式中提取因子 $\bar{a}_{x+t:\overline{n-t}|}$，可得第一个保费差公式，即

$$
\begin{aligned}
{}_t\bar{V}(\bar{A}_{x:\overline{n}|})&=\left[\frac{\bar{A}_{x+t:\overline{n-t}|}}{\bar{a}_{x+t:\overline{n-t}|}}-\bar{P}(\bar{A}_{x:\overline{n}|})\right]\bar{a}_{x+t:\overline{n-t}|}\\
&=[\bar{P}(\bar{A}_{x+t:\overline{n-t}|})-\bar{P}(\bar{A}_{x:\overline{n}|})]\bar{a}_{x+t:\overline{n-t}|}
\end{aligned}
\tag{7.1.5}
$$

它将责任准备金表示成剩余缴费期内保费差的精算现值，其保费差系从 $x+t$ 岁时按剩余期限计算的等价年保费中减去原保费。

（2）从 ${}_t\bar{V}(\bar{A}_{x:\overline{n}|})$ 的未来法公式中提取 $\bar{A}_{x+t:\overline{n-t}|}$，可得第二个公式，即

$$
\begin{aligned}
{}_t\bar{V}(\bar{A}_{x:\overline{n}|}) &= \left(1-\bar{P}(\bar{A}_{x:\overline{n}|})\ \frac{\bar{a}_{x+t:\overline{n-t}|}}{\bar{A}_{x+t:\overline{n-t}|}}\right)\bar{A}_{x+t:\overline{n-t}|} \\
&= \left(1-\frac{\bar{P}(\bar{A}_{x:\overline{n}|})}{\bar{P}(\bar{A}_{x+t:\overline{n-t}|})}\right)\bar{A}_{x+t:\overline{n-t}|}
\end{aligned} \tag{7.1.6}
$$

它将责任准备金表示成部分给付的精算现值，该部分并不能由将要收取的纯保费提供。这里 $\bar{P}(\bar{A}_{x+t:\overline{n-t}|})$ 是满足未来保险金给付所应该收取的未来年缴纯保费，而 $\bar{P}(\bar{A}_{x:\overline{n}|})$ 则是实际收取的纯保费，因而$\frac{\bar{P}(\bar{A}_{x:\overline{n}|})}{\bar{P}(\bar{A}_{x+t:\overline{n-t}|})}$是实收保费占未来应收保费的比例，式（7.1.6）称为缴清保险公式。与式（7.1.5）和式（7.1.6）类似的公式也对其他保险的责任准备金成立。

（3）第三个表达式称为过去法公式，我们从一个更一般的关系来推导这一公式。由于 $t<n-s$ 时，有

$$
\bar{A}_{x+s:\overline{n-s}|} = \bar{A}^{1}_{x+s:\overline{t}|} + {}_tE_{x+s}\bar{A}_{x+s+t:\overline{n-s-t}|}
$$

$$
\bar{a}_{x+s:\overline{n-s}|} = \bar{a}_{x+s:\overline{t}|} + {}_tE_{x+s}\bar{a}_{x+s+t:\overline{n-s-t}|}
$$

将上述关系式代入${}_s\bar{V}(\bar{A}_{x:\overline{n}|})$ 的未来法公式，可得

$$
\begin{aligned}
{}_s\bar{V}(\bar{A}_{x:\overline{n}|}) &= \bar{A}_{x+s:\overline{n-s}|} - \bar{P}(\bar{A}_{x:\overline{n}|})\bar{a}_{x+s:\overline{n-s}|} \\
&= \bar{A}^{1}_{x+s:\overline{t}|} + {}_tE_{x+s}\bar{A}_{x+s+t:\overline{n-s-t}|} \\
&\quad - \bar{P}(\bar{A}_{x:\overline{n}|})\left[\bar{a}_{x+s:\overline{t}|} + {}_tE_{x+s}\bar{a}_{x+s+t:\overline{n-s-t}|}\right] \\
&= \bar{A}^{1}_{x+s:\overline{t}|} + {}_tE_{x+s}\cdot {}_{s+t}\bar{V}(\bar{A}_{x:\overline{n}|}) \\
&\quad - \bar{P}(\bar{A}_{x:\overline{n}|})\bar{a}_{x+s:\overline{t}|}
\end{aligned} \tag{7.1.7}
$$

整理式（7.1.7），有

$$
{}_s\bar{V}(\bar{A}_{x:\overline{n}|}) + \bar{P}(\bar{A}_{x:\overline{n}|})\bar{a}_{x+s:\overline{t}|} = \bar{A}^{1}_{x+s:\overline{t}|} + {}_tE_{x+s}\cdot {}_{s+t}\bar{V}(\bar{A}_{x:\overline{n}|}) \tag{7.1.8}
$$

在式（7.1.7）中设 $s=0$，并利用${}_0\bar{V}(\bar{A}_{x:\overline{n}|})=0$，即可得出过去法公式

$$
\begin{aligned}
{}_t\bar{V}(\bar{A}_{x:\overline{n}|}) &= \left[\bar{P}(\bar{A}_{x:\overline{n}|})\bar{a}_{x:\overline{t}|} - \bar{A}^{1}_{x:\overline{t}|}\right]/{}_tE_x \\
&= \bar{P}(\bar{A}_{x:\overline{n}|})\bar{s}_{x:\overline{t}|} - {}_t\bar{k}_x
\end{aligned} \tag{7.1.9}
$$

其中

$$
{}_t\bar{k}_x = \frac{\bar{A}^{1}_{x:\overline{t}|}}{{}_tE_x} \tag{7.1.10}
$$

称为保险成本精算积累值。显然

$$
\begin{aligned}
{}_t\bar{k}_x &= \int_0^t \frac{v^s\ {}_sp_x\mu_{x+s}}{v^t\ {}_tp_x}\mathrm{d}s \\
&= \frac{\int_0^t (1+i)^{t-s} l_{x+s}\mu_{x+s}\mathrm{d}s}{l_{x+t}}
\end{aligned}
\tag{7.1.11}
$$

可解释为生存组在年龄 x 与 $x+t$ 之间死亡给付的积累值按 l_{x+t} 个生存者时每人的估价。这样，责任准备金可以看成纯保费的精算积累值（按利息累积并在 $x+t$ 岁的生存者中间分摊）与保险成本的精算积累值之差。

在进行数值计算时，究竟使用未来法公式还是过去法公式，有两条指导原则。

(1) 在持续时间超出缴费期时，未来法公式更为便利。此时，责任准备金简化为未来应付保险金的精算现值。例如，当 $t\geqslant h$ 时，${}_t^h\bar{V}(\bar{A}_x)=\bar{A}_{x+t}$。

(2) 在尚未发生保险金给付的缴费期内，过去法公式更为便利。此时，责任准备金简化为过去纯保费的精算积累值。例如，当 $t<n$ 时，${}_t\bar{V}({}_{n|}\bar{a}_x)=\bar{P}({}_{n|}\bar{a}_x)\bar{s}_{x:\overline{t|}}$。

最后，我们来推导终身寿险责任准备金的几个特殊公式。

由于

$$
\bar{P}(\bar{A}_x)=\frac{1}{\bar{a}_x}-\delta \quad \bar{A}_{x+t}=1-\delta\bar{a}_{x+t}
$$

所以

$$
\begin{aligned}
{}_t\bar{V}(\bar{A}_x) &= \bar{A}_{x+t}-\bar{P}(\bar{A}_x)\bar{a}_{x+t} \\
&= 1-\delta\bar{a}_{x+t}-\left(\frac{1}{\bar{a}_x}-\delta\right)\bar{a}_{x+t} \\
&= 1-\frac{\bar{a}_{x+t}}{\bar{a}_x}
\end{aligned}
\tag{7.1.12}
$$

利用式（7.1.5）得

$$
\begin{aligned}
{}_t\bar{V}(\bar{A}_x) &= [\bar{P}(\bar{A}_{x+t})-\bar{P}(\bar{A}_x)]\bar{a}_{x+t} \\
&= \frac{\bar{P}(\bar{A}_{x+t})-\bar{P}(\bar{A}_x)}{\bar{P}(\bar{A}_{x+t})+\delta}
\end{aligned}
\tag{7.1.13}
$$

利用 $\overline{A}_{x+t}=1-\delta\overline{a}_{x+t}$ 改写式（7.1.9），可得

$$ {}_t\overline{V}(\overline{A}_x)=1-\frac{1-\overline{A}_{x+t}}{1-\overline{A}_x}=\frac{\overline{A}_{x+t}-\overline{A}_x}{1-\overline{A}_x} \tag{7.1.14}$$

类似式（7.1.14）对于 n 年期两全保险责任准备金也成立，但对于一般保险的责任准备金则不然。

【例 7.1.2】 设 L 为 25 岁的人购买完全连续型终身寿险时保险人的亏损随机变量，且 $\mathrm{Var}(L)=0.20$，$\overline{A}_{45}=0.7$，${}^2\overline{A}_{25}=0.3$，计算 ${}_{20}\overline{V}(\overline{A}_{25})$。

解 由于

$$\mathrm{Var}(L)=\frac{{}^2\overline{A}_{25}-\overline{A}_{25}{}^2}{(1-\overline{A}_{25})^2}=0.20, {}^2\overline{A}_{25}=0.3$$

所以

$$\overline{A}_{25}=0.5$$

$$ {}_{20}\overline{V}(\overline{A}_{25})=\frac{\overline{A}_{45}-\overline{A}_{25}}{1-\overline{A}_{25}}=\frac{0.7-0.5}{1-0.5}=0.4$$

7.2 全离散型寿险的责任准备金

7.2.1 准备金的未来法公式

这一节讨论的责任准备金与第 6 章的完全离散年缴纯保费相联系，即死亡年末给付保险金并且按年缴纳纯保费。考虑 x 岁投保的纯保费为 P_x 的 1 单位终身寿险，其 k 年年末的责任准备金记为 ${}_kV_x$。

定义 j 为（$x+k$）的取整余命随机变量，其概率函数为

$$ {}_jp_{x+k}\cdot q_{x+k+j}, \quad j=0, 1, 2, \cdots$$

将 k 时保险人的未来亏损随机变量定义为

$$ {}_kL=v^{J+1}-P_x\ddot{a}_{\overline{J+1}|} \tag{7.2.1}$$

根据定义 ${}_kV_x=E({}_kL)$，可得

$$ {}_kV_x=A_{x+k}-P_x\ddot{a}_{x+k} \tag{7.2.2}$$

式（7.2.2）表明，责任准备金 ${}_kV_x$ 是从 $x+k$ 岁开始的终身寿险精算现值与未来应收保费的精算现值之差。

与式（7.1.4）类似，有

$$
\begin{aligned}
\mathrm{Var}({}_kL) &= \mathrm{Var}(v^{J+1} - P_x \ddot{a}_{\overline{J+1}|}) \\
&= \mathrm{Var}\left(v^{J+1} - P_x \cdot \frac{1-v^{J+1}}{d}\right) \\
&= \mathrm{Var}\left[v^{J+1}\left(1+\frac{P_x}{d}\right) - \frac{P_x}{d}\right] \\
&= \mathrm{Var}\left[v^{J+1}\left(1+\frac{P_x}{d}\right)\right] \qquad (7.2.3) \\
&= \left(1+\frac{P_x}{d}\right)^2 \mathrm{Var}(v^{J+1})
\end{aligned}
$$

【例 7.2.1】 对于 x 岁投保的保额为 1 单位的 n 年期两全保险，计算$\mathrm{Var}({}_kL)$。

解 对于 x 岁投保的保额 1 单位的 n 年期两全保险，保险人在签单 k 年时的未来亏损随机变量为

$$
\begin{aligned}
{}_kL &= \begin{cases} v^{J+1} - P_{x:\overline{n}|}\, \ddot{a}_{\overline{J+1}|}, & J<n-k \\ v^{n-k} - P_{x:\overline{n}|}\, \ddot{a}_{\overline{n-k}|}, & J\geqslant n-k \end{cases} \\
&= \begin{cases} v^{J+1}\left(1+\dfrac{P_{x:\overline{n}|}}{d}\right) - \dfrac{P_{x:\overline{n}|}}{d}, & J<n-k \\ v^{n-k}\left(1+\dfrac{P_{x:\overline{n}|}}{d}\right) - \dfrac{P_{x:\overline{n}|}}{d}, & J\geqslant n-k \end{cases}
\end{aligned}
$$

式中，J 有概率函数${}_jp_{x+k} \cdot q_{x+k+j}\,(j=0,\ 1,\ 2,\ \cdots)$。

由此可得

$$
\mathrm{Var}({}_kL) = \left(1+\frac{P_{x:\overline{n}|}}{d}\right)^2 \left({}^2A_{x+k:\overline{n-k}|} - A_{x+k:\overline{n-k}|}^2\right)
$$

类似于完全离散型终身寿险的纯保费准备金的未来法公式的推导，我们可以得到其他各种寿险的纯保费准备金的未来法公式，并且时刻 t 的纯保费准备金等于从 $x+t$ 开始的未来应付保险金的精算现值与未来应收纯保费的精算现值的差额。

例如，对于 x 岁投保、h 年限期缴费 n 年期两全保险，记其在第 k 年年末的完全离散纯保费准备金为${}_k^hV_{x:\overline{n}|}$，其中左上标 h 表示缴费年限。

根据未来法，有

$$
{}_{k}^{h}V_{x:\overline{n}|}=\begin{cases}A_{x+k:\overline{n-k}|}-{}_{h}P_{x:\overline{n}|}\ddot{a}_{x+k:\overline{h-k}|}, & k<h\\ A_{x+k:\overline{n-k}|}, & h\leqslant k<n\\ 1, & k=n\end{cases}
$$

下面总结了各种完全离散纯保费准备金的未来法公式，其中保单生效年龄为 x，持续时间为 k，保额为 1 个单位。

（1）全期缴费情形。

1）终身寿险。

$$
{}_{k}V_{x}=A_{x+k}-P_{x}\ddot{a}_{x+k}
$$

2）n 年期定期寿险。

$$
{}_{k}V_{x:\overline{n}|}^{1}=\begin{cases}A_{x+k:\overline{n-k}|}^{1}-P_{x:\overline{n}|}^{1}\ddot{a}_{x+k:\overline{n-k}|}, & k<n\\ 0, & k=n\end{cases}
$$

3）n 年期两全保险。

$$
{}_{k}V_{x:\overline{n}|}=\begin{cases}A_{x+k:\overline{n-k}|}-P_{x:\overline{n}|}\ddot{a}_{x+k:\overline{n-k}|}, & k<n\\ 1, & k=n\end{cases}
$$

4）n 年期生存保险。

$$
{}_{k}V_{x:\overline{n}|}^{\ \ 1}=\begin{cases}A_{x+k:\overline{n-k}|}^{\ \ \ 1}-P_{x:\overline{n}|}^{\ \ 1}\ddot{a}_{x+k:\overline{n-k}|}, & k<n\\ 1, & k=n\end{cases}
$$

5）n 年延期终身生存年金。

$$
{}_{k}V({}_{n|}\ddot{a}_{x})=\begin{cases}A_{x+k:\overline{n-k}|}^{\ \ \ 1}\cdot\ddot{a}_{x+n}-P({}_{n|}\ddot{a}_{x})\ddot{a}_{x+k:\overline{n-k}|}, & k<n\\ \ddot{a}_{x+k}, & k\geqslant n\end{cases}
$$

（2）限期缴费情形（左上标 h 表示缴费年限）。

1）h 年限期缴费终身寿险。

$$
{}_{k}^{h}V_{x}=\begin{cases}A_{x+k}-{}_{h}P_{x}\ddot{a}_{x+k:\overline{h-k}|}, & k<h\\ A_{x+k}, & k\geqslant h\end{cases}
$$

2）h 年限期缴费 n 年期两全保险。

$$
{}_{k}^{h}V_{x:\overline{n}|}=\begin{cases}A_{x+k:\overline{n-k}|}-{}_{h}P_{x:\overline{n}|}\ddot{a}_{x+k:\overline{h-k}|}, & k<h\\ A_{x+k:\overline{n-k}|}, & h\leqslant k<n\\ 1, & k=n\end{cases}
$$

7.2.2 其他类型的公式

对于完全离散型纯保费准备金有与第一节类似的公式，以下只对 x 岁开始投保的保额 1 单位的 n 年期两全保险在第 k 年年末的纯保费准备金 ${}_kV_{x:\overline{n}|}$ （$k<n$）作简单说明。

从前面介绍的 ${}_kV_{x:\overline{n}|}$ 公式中提取因子 $\ddot{a}_{x+k:\overline{n-k}|}$ ，可得保费差公式

$$\begin{aligned}{}_kV_{x:\overline{n}|} &= A_{x+k:\overline{n-k}|} - P_{x:\overline{n}|}\ddot{a}_{x+k:\overline{n-k}|} \\ &= \left(\frac{A_{x+k:\overline{n-k}|}}{\ddot{a}_{x+k:\overline{n-k}|}} - P_{x:\overline{n}|}\right)\ddot{a}_{x+k:\overline{n-k}|} \\ &= (P_{x+k:\overline{n-k}|} - P_{x:\overline{n}|})\ddot{a}_{x+k:\overline{n-k}|}, k<n\end{aligned} \tag{7.2.4}$$

式（7.2.4）将责任准备金表示成剩余缴费期内保费差的精算现值，其保费差系从 $x+t$ 岁时按剩余期限计算的等价年保费中减去原保费。

从 ${}_kV_{x:\overline{n}|}$ 的未来法公式中提取 $A_{x+k:\overline{n-k}|}$ ，可得缴清保险公式

$$\begin{aligned}{}_kV_{x:\overline{n}|} &= \left(1-P_{x:\overline{n}|}\frac{\ddot{a}_{x+k:\overline{n-k}|}}{A_{x+k:\overline{n-k}|}}\right)A_{x+k:\overline{n-k}|} \\ &= \left(1-\frac{P_{x:\overline{n}|}}{P_{x+k:\overline{n-k}|}}\right)A_{x+k:\overline{n-k}|}\end{aligned} \tag{7.2.5}$$

式（7.2.5）将责任准备金表示成部分给付的精算现值，该部分并不能由仍将收取的纯保费提供。这里 $P_{x+k:\overline{n-k}|}$ 是满足未来保险金给付所应收取的未来年纯保费，而 $P_{x:\overline{n}|}$ 则是实际收取的纯保费，因而 $\frac{P_{x:\overline{n}|}}{P_{x+k:\overline{n-k}|}}$ 是实收保费占未来应收保费的比例。

类似地，可得过去法公式。我们从一个更一般的关系来推导此公式。由于 $h<n-j$ 时，有

$$A_{x+j:\overline{n-j}|} = A^{1}_{x+j:\overline{h}|} + {}_hE_{x+j}A_{x+h+j:\overline{n-h-j}|}$$

$$\ddot{a}_{x+j:\overline{n-j}|} = \ddot{a}_{x+j:\overline{h}|} + {}_hE_{x+j}\ddot{a}_{x+h+j:\overline{n-h-j}|}$$

将上述关系式代入 ${}_jV_{x:\overline{n}|}$ 的未来法公式，可得

$$\begin{aligned}{}_jV_{x:\overline{n}|} &= A_{x+j:\overline{n-j}|} - P_{x:\overline{n}|}\ddot{a}_{x+j:\overline{n-j}|} \\ &= A^{1}_{x+j:\overline{h}|} + {}_hE_{x+j}A_{x+h+j:\overline{n-h-j}|} \\ &\quad - P_{x:\overline{n}|}(\ddot{a}_{x+j:\overline{h}|} + {}_hE_{x+j}\ddot{a}_{x+h+j:\overline{n-h-j}|}) \\ &= A^{1}_{x+j:\overline{h}|} - P_{x:\overline{n}|}\ddot{a}_{x+j:\overline{h}|}\end{aligned} \tag{7.2.6}$$

$$
\begin{aligned}
&+{}_hE_{x+j}(A_{x+h+j:\overline{n-h-j}|}-P_{x:\overline{n}|}\,\ddot{a}_{x+h+j:\overline{n-h-j}|})\\
&=A^{1}_{x+j:\overline{h}|}-P_{x:\overline{n}|}\,\ddot{a}_{x+j:\overline{h}|}+{}_hE_{x+j}\,{}_{j+h}V_{x:\overline{n}|}
\end{aligned}
$$

当 $j=0$ 时，由于${}_0V_{x:\overline{n}|}=0$，所以过去法公式为

$$
\begin{aligned}
{}_hV_{x:\overline{n}|}&=\frac{P_{x:\overline{n}|}\,\ddot{a}_{x:\overline{h}|}-A^{1}_{x:\overline{h}|}}{{}_hE_x}\\
&=P_{x:\overline{n}|}\,\ddot{s}_{x:\overline{h}|}-{}_hk_x
\end{aligned}
\tag{7.2.7}
$$

这里，保险成本精算积累值为${}_hk_x=\dfrac{A^{1}_{x:\overline{h}|}}{{}_hE_x}$。它可解释为生存组在年龄 x 与 $x+t$ 间的死亡给付积累值按 l_{x+t}个生存者时每人的估价。这样，责任准备金可以看做纯保费的精算积累值（按利息累积并在 $x+t$ 岁的生存者中间分摊）与保险成本的精算积累值之差。

从上面责任准备金的过去法公式还可得出一些有趣的关系。考虑（x）购买的两份不同保单，在开始的 h 年中保险金额都是 1 个单位，这里 h 小于或等于每个保单的缴费期。两者的责任准备金的过去法公式分别为

$$
\begin{aligned}
{}_hV_1&=P_1\ddot{s}_{x:\overline{h}|}-{}_hk_x\\
{}_hV_2&=P_2\ddot{s}_{x:\overline{h}|}-{}_hk_x
\end{aligned}
$$

于是

$$
{}_hV_1-{}_hV_2=(P_1-P_2)\ddot{s}_{x:\overline{h}|}
\tag{7.2.8}
$$

即两者的责任准备金之差等于纯保费之差的精算积累值。

因为

$$
\frac{1}{\ddot{s}_{x:\overline{h}|}}=\frac{{}_hE_x}{\ddot{a}_{x:\overline{h}|}}=P_{x:\overline{h}|}^{\ \ 1}
$$

故式（7.2.8）可整理为

$$
P_1-P_2=P_{x:\overline{h}|}^{\ \ 1}({}_hV_1-{}_hV_2)
\tag{7.2.9}
$$

此时，年纯保费之差可表示成以第 h 年年末的责任准备金之差为保额的 h 年期生存保险的年纯保费。另外，根据${}_nV^{\,1}_{x:\overline{n}|}=0$ 并利用式（7.2.9），可得

$$
P_x=P^{1}_{x:\overline{n}|}+P_{x:\overline{n}|}^{\ \ 1}\,{}_nV_x
\tag{7.2.10}
$$

与完全连续情形相似，完全离散型终身寿险与两全保险的责任准备金也有一

些特殊公式。例如，对于终身寿险，根据关系式 $P_y=\frac{1}{\ddot{a}_y}-d$ 及 $A_y=1-d\ddot{a}_y$，可得

$$\begin{aligned}{}_kV_x &= A_{x+k}-P_x\ddot{a}_{x+k}\\ &=1-d\ddot{a}_{x+k}-\left(\frac{1}{\ddot{a}_x}-d\right)\ddot{a}_{x+k}\\ &=1-\frac{\ddot{a}_{x+k}}{\ddot{a}_x}\end{aligned}\tag{7.2.11}$$

或

$$\begin{aligned}{}_kV_x &=1-\frac{\ddot{a}_{x+k}}{\ddot{a}_x}=1-\frac{1-A_{x+k}}{1-A_x}\\ &=\frac{A_{x+k}-A_x}{1-A_x}\end{aligned}\tag{7.2.12}$$

利用类似保费差公式（7.2.4），得

$$\begin{aligned}{}_kV_x &=(P_{x+k}-P_x)\ddot{a}_{x+k}\\ &=\frac{P_{x+k}-P_x}{P_{x+k}+d}\end{aligned}\tag{7.2.13}$$

类似地，对于两全保险的责任准备金有关系式

$$\begin{aligned}{}_kV_{x:\overline{n}|} &=A_{x+k:\overline{n-k}|}-P_{x:\overline{n}|}\ddot{a}_{x+k:\overline{n-k}|}\\ &=1-d\ddot{a}_{x+k:\overline{n-k}|}-\left(\frac{1}{\ddot{a}_{x:\overline{n}|}}-d\right)\ddot{a}_{x+k:\overline{n-k}|}\\ &=1-\frac{\ddot{a}_{x+k:\overline{n-k}|}}{\ddot{a}_{x:\overline{n}|}}\end{aligned}\tag{7.2.14}$$

或

$$\begin{aligned}{}_kV_{x:\overline{n}|} &=1-\frac{\ddot{a}_{x+k:\overline{n-k}|}}{\ddot{a}_{x:\overline{n}|}}=1-\frac{1-A_{x+k:\overline{n-k}|}}{1-A_{x:\overline{n}|}}\\ &=\frac{A_{x+k:\overline{n-k}|}-A_{x:\overline{n}|}}{1-A_{x:\overline{n}|}}\end{aligned}\tag{7.2.15}$$

或

$$
\begin{aligned}
{}_kV_{x:\overline{n}|} &= (P_{x+k:\overline{n-k}|} - P_{x:\overline{n}|})\ddot{a}_{x+k:\overline{n-k}|} \\
&= \frac{P_{x+k:\overline{n-k}|} - P_{x:\overline{n}|}}{P_{x+k:\overline{n-k}|} + d}
\end{aligned}
\tag{7.2.16}
$$

【例 7.2.2】 一种完全离散的保额为 1 000 元的 3 年期两全保险，已知：

（1）$i=6\%$

（2）

y	l_y
x	1 000
$x+1$	900
$x+2$	810

（3）$1\,000P_{x:\overline{3}|}=332.51$

试计算 $1\,000({}_2V_{x:\overline{3}|}-{}_1V_{x:\overline{3}|})$。

解 由过去法公式，有

$$
\begin{aligned}
1\,000\ {}_1V_{x:\overline{3}|} &= 1\,000\times(P_{x:\overline{3}|}\ddot{s}_{x:\overline{1}|} - {}_1k_x) \\
&= \frac{1\,000\times[l_x\cdot P_{x:\overline{3}|}(1+i)-d_x]}{l_{x+1}} \\
&= \frac{1\,000\times[332.51\times1.06-(1\,000-900)]}{900} \\
&= 280.51\ (\text{元})
\end{aligned}
$$

$$
\begin{aligned}
1\,000\ {}_2V_{x:\overline{3}|} &= \frac{l_{x+1}(1\,000P_{x:\overline{3}|}+1\,000\ {}_1V_{x:\overline{3}|})(1+i)-1\,000d_{x+1}}{l_{x+2}} \\
&= \frac{900\times(332.51+280.51)\times1.06-1\,000\times(900-810)}{810} \\
&= 610.89\ (\text{元})
\end{aligned}
$$

$$1\,000({}_2V_{x:\overline{3}|}-{}_1V_{x:\overline{3}|})=610.89-280.51=330.38\ (\text{元})$$

【例 7.2.3】 已知 $P_x=0.012\,12$，${}_{20}P_x=0.015\,08$，$P_{x:\overline{10}|}^{\ \ 1}=0.069\,42$，${}_{10}V_x=0.114\,30$。计算 ${}_{10}^{20}V_x$。

解 由式（7.2.9），得

$$P_x-{}_{20}P_x=P_{x:\overline{10}|}^{\ \ 1}({}_{10}V_x-{}_{10}^{20}V_x)$$

所以

$${}_{10}^{20}V_x={}_{10}V_x-\frac{P_x-{}_{20}P_x}{P_{x:\overline{10}|}^{\ \ 1}}=0.156\,94$$

【例 7.2.4】 已知${}_{10}V_{25}=0.1$，${}_{10}V_{35}=0.2$，计算${}_{20}V_{25}$。

解 根据式（7.2.11），可得

$$ {}_{10}V_{25}=1-\frac{\ddot{a}_{35}}{\ddot{a}_{25}} \qquad {}_{10}V_{35}=1-\frac{\ddot{a}_{45}}{\ddot{a}_{35}} $$

所以

$$ \begin{aligned} {}_{20}V_{25} &= 1-\frac{\ddot{a}_{45}}{\ddot{a}_{25}}=1-\frac{\ddot{a}_{35}}{\ddot{a}_{25}}\cdot\frac{\ddot{a}_{45}}{\ddot{a}_{35}} \\ &= 1-(1-{}_{10}V_{25})\times(1-{}_{10}V_{35}) \\ &= 1-0.9\times 0.8 \\ &= 0.28 \end{aligned} $$

【例 7.2.5】 已知 $i=4\%$，${}^{20}_{30}V_{15}=0.585$，${}^{20}_{24}V_{15}=0.600$，求 p_{38}。

解 由未来法公式，有

$$ {}^{20}_{23}V_{15}=A_{38} \qquad {}^{20}_{24}V_{15}=A_{39} $$

$$ \begin{aligned} 0.585 &= {}^{20}_{23}V_{15}=A_{38}=vq_{38}+vp_{38}A_{39} \\ &= 1.04^{-1}\times(1-p_{38}+0.6p_{38}) \end{aligned} $$

$$ p_{38}=0.979 $$

7.3 半连续型寿险的责任准备金

在保险实务中，通常死亡即刻给付保险金，而保费多为分期缴付。因此，我们有必要考虑死亡即刻给付的半连续型纯保费 $P(\bar{A}_x)$，$P(\bar{A}^{\;1}_{x:\overline{n}|})$，$P(\bar{A}_{x:\overline{n}|})$，${}_hP(\bar{A}_x)$，${}_hP(\bar{A}_{x:\overline{n}|})$。此时，第 7.2 节给出的责任准备金公式中，需要将 A 改为 $\bar{A}$，P 改为 $P(\bar{A})$。例如，h 年限期缴费 n 年期两全保险的半连续纯保费责任准备金为

$$ {}^{h}_{k}V(\bar{A}_{x:\overline{n}|})=\begin{cases} \bar{A}_{x+k:\overline{n-k}|}-{}_hP(\bar{A}_{x:\overline{n}|})\ddot{a}_{x+k:\overline{n-k}|}, & k<h \\ \bar{A}_{x+k:\overline{n-k}|}, & h\leqslant k<n \\ 1, & k=n \end{cases} \tag{7.3.1} $$

假设在每一年龄内的死亡服从均匀分布，则由于

$$ \bar{A}^{\;1}_{x:\overline{n}|}=\frac{i}{\delta}A^{\;1}_{x:\overline{n}|}，P(\bar{A}^{\;1}_{x:\overline{n}|})=\frac{i}{\delta}P^{\;1}_{x:\overline{n}|} $$

所以

$$
{}_{k}^{h}V(\overline{A}_{x:\overline{n}|}) = \frac{i}{\delta}\,{}_{k}^{h}V_{x:\overline{n}|}^{1} + {}_{k}^{h}V_{x:\overline{n}|}^{\ \ 1} \tag{7.3.2}
$$

于是，这种情形的半连续纯保费责任准备金很容易通过相应的完全离散纯保费责任准备金来计算。

7.4 责任准备金的递推公式

考虑 x 岁开始投保的一般保险：第 $j+1$ 个保单年度末给付死亡保险金 b_{j+1}，保单年度初缴纳年纯保费 $\pi_j(j=0, 1, \cdots)$。第 $h-1$ 个保单年度末的纯保费责任准备金为

$$
{}_{h-1}V = \sum_{j=0}^{\infty} b_{h+j} v^{j+1}\ {}_{j}p_{x+h-1} q_{x+h+j-1} - \sum_{j=0}^{\infty} \pi_{h+j-1} v^{j}\ {}_{j}p_{x+h-1} \tag{7.4.1}
$$

将上面公式中的第一项（$j=0$）分离出来，可得

$$
\begin{aligned}
{}_{h-1}V = {} & b_h v q_{x+h-1} - \pi_{h-1} + v p_{x+h-1} \Big(\sum_{j=1}^{\infty} b_{h+j} v^{j}\ {}_{j-1}p_{x+h} q_{x+h+j-1} \\
& - \sum_{j=1}^{\infty} \pi_{h+j-1} v^{j-1}\ {}_{j-1}p_{x+h} \Big)
\end{aligned}
$$

上面公式中括号内的项等于${}_{h}V$，于是有

$$
{}_{h-1}V + \pi_{h-1} = b_h v q_{x+h-1} + v \cdot p_{x+h-1} \cdot {}_{h}V \tag{7.4.2}
$$

即期初保费与期初准备金之和等于期内死亡给付与期末准备金的精算现值。

式（7.4.2）可整理为

$$
\pi_{h-1} = b_h v q_{x+h-1} + (v \cdot p_{x+h-1} \cdot {}_{h}V - {}_{h-1}V) \tag{7.4.3}
$$

式中右端第一项为保额为 b_h 的一年定期寿险纯保费；第二项所代表的金额，在年初加上${}_{h-1}V$ 后，经一年按利息与生存积累，在年末将成为${}_{h}V$。

为了与完全连续情形相比较，式（7.4.3）的两边分别乘以 $1+i$，并稍作整理，可得

$$
\pi_{h-1} + ({}_{h-1}V + \pi_{h-1})i + {}_{h}V \cdot q_{x+h-1} = b_h q_{x+h-1} + \Delta({}_{h-1}V) \tag{7.4.4}
$$

为了明确${}_{h-1}V$ 与${}_{h}V$ 是年末责任准备金，通常称之为期末责任准备金，而${}_{h-1}V+\pi_{h-1}$称为第 h 个保单年度的期初责任准备金。式（7.4.4）的左端代表第 h

个保单年度初的保费、期初责任准备金的利息、因死亡而消除的期末责任准备金三项之和。公式（7.4.4）的右端则由年末预期死亡给付与责任准备金增量 ${}_hV-{}_{h-1}V$ 组成。

另一种不同的分析考虑到责任准备金 ${}_hV$ 可以抵销部分死亡给付 b_h，而只有风险净值 $b_h-{}_hV$ 在一年中需要保险。在式（7.4.2）中以 $1-q_{x+h-1}$ 取代 p_{x+h-1}，并在等式两边都乘以 $1+i$，可得

$$({}_{h-1}V+\pi_{h-1})(1+i)=(b_h-{}_hV)q_{x+h-1}+{}_hV$$
$${}_hV=({}_{h-1}V+\pi_{h-1})(1+i)-(b_h-{}_hV)q_{x+h-1} \tag{7.4.5}$$

根据式（7.4.3），有

$$\pi_{h-1}=(b_h-{}_hV)vq_{x+h-1}+(v\cdot{}_hV-{}_{h-1}V) \tag{7.4.6}$$

式中，右端第一项是保险金额等于风险净值的 1 年定期寿险的纯保费；第二项在年初加上 ${}_{h-1}V$ 后，到年末只按利息积累将成为 ${}_hV$。这里 ${}_hV$ 已经部分用于抵销死亡给付，因此，责任准备金只是像储蓄金一样累积。这一点还可以从下面对应于式（7.4.4）的公式中得到证明

$$\pi_{h-1}+({}_{h-1}V+\pi_{h-1})i=(b_h-{}_hV)q_{x+h-1}+\Delta({}_{h-1}V) \tag{7.4.7}$$

【例 7.4.1】 一份完全离散型均衡缴费 10 年的 20 年期两全保险的保单规定，若被保险人在保险期内死亡，则保险人将在其死亡的年末给付死亡保险金，且保险金额等于死亡年末的纯保费准备金；若被保险人生存到保险期满，则保险人给付的生存保险金为 1 000 元。设年利率为 6%，计算均衡纯保费 π 及第 5 年年末的纯保费准备金 ${}_5V$。

解 根据题意，有

$$b_h={}_hV,\quad h=1,2,\cdots,20$$
$${}_{20}V=1\,000$$

由公式（7.4.6）可得

$$\pi_k=(b_{k+1}-{}_{k+1}V)vq_{x+k}+v\cdot{}_{k+1}V-{}_kV,\quad k=0,1,\cdots,9$$

由于 $b_{k+1}={}_{k+1}V$，上式变为

$$\pi_k=v\cdot{}_{k+1}V-{}_kV,\quad k=0,1,\cdots,9$$

公式两边均乘以 v^k，可得

$$\pi_k\cdot v^k=v^{k+1}\cdot{}_{k+1}V-v^k\cdot{}_kV,\quad k=0,1,\cdots,9 \tag{7.4.8}$$

对 $k=0,1,\cdots,19$ 求和，并利用 $\pi_{10}=\pi_{11}=\cdots=\pi_{19}=0$ 且 ${}_0V=0$，有

$$\sum_{k=0}^{9}\pi_k \cdot v^k = \sum_{k=0}^{19}(v^{k+1} \cdot {}_{k+1}V - v^k \cdot {}_kV) = v^{20} \cdot {}_{20}V$$

$$\pi\sum_{k=0}^{9}v^k = v^{20} \cdot {}_{20}V$$

$$\pi = \frac{v^{20} \cdot {}_{20}V}{\sum\limits_{k=0}^{9}v^k} = \frac{v^{20} \cdot {}_{20}V}{\ddot{a}_{\overline{10|}}} = \frac{{}_{20}V}{\ddot{s}_{\overline{10|}} \cdot 1.06^{10}} = 39.97(\text{元})$$

式（7.4.8）的两边均对 $k=0$，1，…，4 求和，可得

$$\pi\sum_{k=0}^{4}v^k = v^5 \cdot {}_5V$$

$${}_5V = \frac{\pi\sum\limits_{k=0}^{4}v^k}{v^5} = \pi\ddot{s}_{\overline{5|}} = 238.83(\text{元})$$

【例 7.4.2】 已知 35 岁的人购买了一种完全离散寿险，该保险在第 10 年年末的死亡给付额为 2 500 元，准备金按利率 $i=6\%$计算，年缴纯保费为 P，且假定${}_9V+P={}_{10}V=500$，求 q_{44}。

解 由式（7.4.2），有

$$\begin{aligned}({}_9V+P)(1+i) &= 2\,500q_{35+9}+{}_{10}Vp_{35+9}\\ &= 2\,500q_{44}+{}_{10}V(1-q_{44})\\ &= (2\,500-{}_{10}V)q_{44}+{}_{10}V\end{aligned}$$

于是

$$\begin{aligned}q_{44} &= \frac{({}_9V+P)(1+i)-{}_{10}V}{2\,500-{}_{10}V}\\ &= \frac{{}_{10}V(1+i)-{}_{10}V}{2\,500-{}_{10}V}\\ &= \frac{i \cdot {}_{10}V}{2\,500-{}_{10}V}\\ &= \frac{0.06\times500}{2\,500-500}\\ &= 0.015\end{aligned}$$

【例 7.4.3】 某种 x 岁投保、按年均衡缴费 n 年，从 $x+n$ 岁开始每年领取 1 元的延期年金，该保单规定，若年金领取人在 $x+n$ 岁前死亡，保险人将于其死亡的年末给付的金额等于那时的纯保费准备金的保险金。求该年金的年缴均衡

纯保费 π 以及第 k 年年末的纯保费责任准备金的数额。

解 根据式（7.4.6）及 $b_h={}_hV(h=1,2,\cdots,n)$ 年缴均衡纯保费 π 满足

$$\pi=v\cdot{}_hV-{}_{h-1}V,\quad h=1,2,\cdots,n$$

上式两边同乘以 v^{h-1}，可得

$$\pi v^{h-1}=v^h\cdot{}_hV-v^{h-1}\cdot{}_{h-1}V=\Delta(v^{h-1}\cdot{}_{h-1}V)\tag{7.4.9}$$

对 $h=1,2,\cdots,n$ 求和，有

$$v^n\cdot{}_nV-v^0\cdot{}_0V=\pi\sum_{h=1}^{n}v^{h-1}=\pi\ddot{a}_{\overline{n}|}$$

由于 $\quad {}_0V=0,\ {}_nV=\ddot{a}_{x+n}$

所以

$$\pi=\frac{v^n\cdot{}_nV}{\ddot{a}_{\overline{n}|}}=\frac{\ddot{a}_{x+n}}{\ddot{s}_{\overline{n}|}}$$

为所求的年缴均衡纯保费。

再利用式（7.4.9），对 $h=1,2,\cdots,k$ 求和，可得

$$v^k\cdot{}_kV-v^0\cdot{}_0V=\pi\sum_{h=1}^{k}v^{h-1}=\pi\ddot{a}_{\overline{k}|}$$

$${}_kV=\pi\ddot{s}_{\overline{k}|},\quad 1\leqslant k\leqslant n$$

7.5 修正准备金方法

纯保费责任准备金是以年缴均衡纯保费为依据计算的，它不考虑保险公司在实际业务中所支出的各项费用在时间上如何摊提，而仅以每年的均衡纯保费与实际支出的保险金额为基础，计算应提存的责任准备金。但是，在实际业务中，保险公司的费用分布是不均衡的，特别是第一年，新合同签订的第一年需要大量的初始费用（如广告宣传费用、代理人佣金、体检费等），这些费用常常远大于第一年收取的均衡保费中的附加费用。因此，若仍用理论上的均衡纯保费与应支付保险金的差额为基础来提存责任准备金，则第一年所收取的纯保费扣除当年要提存的纯保费责任准备金以后，所剩余的保费余额将不足以应付当年的保险金支出。所以，在实际业务中提存责任准备金时，必须对纯保费准备金的计算基础加以修正。最为常用的方法是使得修正以后的第一年纯保费小于均衡纯保费，附加

费大于均衡附加费；而此后各年的纯保费大于均衡纯保费，附加费小于均衡附加费。这种根据修正以后的各年纯保费与应付保险金的差额提存的责任准备金，即为修正责任准备金。

这样，每张保单在修正期满之前，各年的修正准备金与纯保费准备金的数额不同，实际提存的准备金要小于纯保费准备金，两者的差额随时间的延长而逐步缩小，直到修正期满时，两者的差额缩小至零。

用修正准备金方法确定责任准备金时，从未来应付保险金的精算现值里减去的项不直接采用一组均衡纯保费的精算现值，而是采用阶梯保费制。尽管理论上可允许使用多个阶梯，但常常包含的不同保费水平有三个。这三个保费水平分别记为 α，β，P，其中 α 为第 1 年的纯保费；β 为第 $j-1$ 年的年缴纯保费；P 为 j 个保单年度之后的均衡纯保费，即原纯保费。这组保费需满足如下条件：

$$\begin{aligned}&\alpha+\beta a_{x:\overline{j-1}|}+P\cdot{}_{j|}\ddot{a}_{x:\overline{h-j}|}=P\ddot{a}_{x:\overline{h}|}\\&\alpha+\beta a_{x:\overline{j-1}|}=P\ddot{a}_{x:\overline{j}|}\end{aligned}\qquad(7.5.1)$$

式中，h 为缴费年限；j 为保费修正期。于是，这组保费的精算现值与均衡纯保费的精算现值相当。

由式（7.5.1）可得

$$\begin{aligned}&\alpha+\beta a_{x:\overline{j-1}|}=P(a_{x:\overline{j-1}|}+1)\\&\beta=P+\frac{P-\alpha}{a_{x:\overline{j-1}|}}\end{aligned}\qquad(7.5.2)$$

另一个可以从式（7.5.1）获得的表达式为

$$\begin{aligned}&\alpha+\beta(\ddot{a}_{x:\overline{j}|}-1)=P\ddot{a}_{x:\overline{j}|}\\&\beta=P+\frac{\beta-\alpha}{\ddot{a}_{x:\overline{j}|}}\end{aligned}\qquad(7.5.3)$$

这样，修正责任准备金方法可以通过确定修正期年限 j 以及修正期间的第 1 年保费 α 或续年保费 β 或差额 $\beta-\alpha$ 三者之一而得到体现。图 7.5.1 表示了这些关系式，其中阴影部分 A 与 B 所代表的保费的精算现值相等，与之对应的关系式可由式（7.5.2）得出

$$P-\alpha=(\beta-P)a_{x:\overline{j-1}|}$$

式中，α 与 β 分别为 j 年修正期的责任准备金方法中的第 1 年保费与续年保费，用一般符号 P 表示均衡纯保费。与此相对应，符号 V^{Mod} 表示根据修正准备金方法

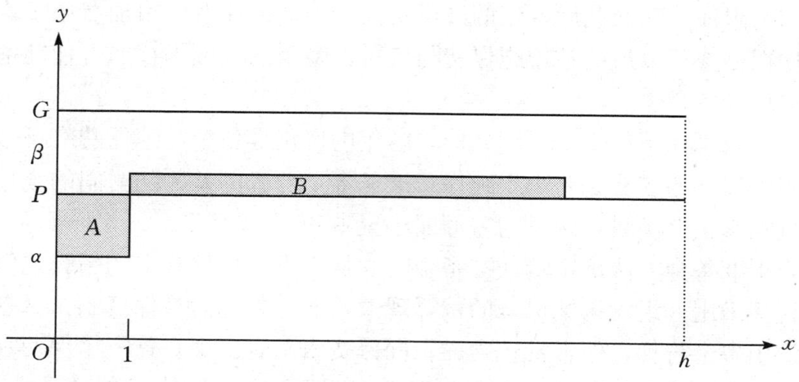

图 7.5.1　修正责任准备金中的三种关系

计算出的期末责任准备金。

对于 h 年限期缴费 n 年期两全保险，当采用 j 年修正期的修正责任准备金方法时，下列公式可用于计算对应的期末责任准备金。在修正期内，即 $k<j$ 时，有

$$\begin{aligned}{}_{k}^{h}V_{x:\overline{n}|}^{\mathrm{Mod}} &= A_{x+k:\overline{n-k}|} - \beta \cdot \ddot{a}_{x+k:\overline{j-k}|} - {}_{h}P_{x:\overline{n}|} \cdot {}_{j-k|}\ddot{a}_{x+k:\overline{h-j}|} \\ &= A_{x+k:\overline{n-k}|} - {}_{h}P_{x:\overline{n}|}\ddot{a}_{x+k:\overline{j-k}|} \\ &\quad - (\beta - {}_{h}P_{x:\overline{n}|})\ddot{a}_{x+k:\overline{h-k}|} \\ &= {}_{k}^{h}V_{x:\overline{n}|} - (\beta - {}_{h}P_{x:\overline{n}|})\ddot{a}_{x+k:\overline{j-k}|} \end{aligned} \tag{7.5.4}$$

在修正期之后，修正方法下的责任准备金与均衡纯保费方法下的责任准备金相同，即

$${}_{k}^{h}V_{x:\overline{n}|}^{\mathrm{Mod}} = {}_{k}^{h}V_{x:\overline{n}|}, \ k \geqslant j$$

【例 7.5.1】　对于一种 30 年限期缴费的完全离散型 50 年期两全保险应用修正准备金方法，已知：

（1）修正年限为 20 年。

（2）第 2 年至第 20 年的修正年纯保费为 9.56。

（3）$1\,000\,{}_{8}^{35}V_{30:\overline{50}|} = 74.42$。

（4）死亡服从经验生命表。

（5）利率 $i=6\%$。

试计算 $1\,000\,{}_{8}^{35}V_{30:\overline{50}|}^{\mathrm{Mod}}$。

解　这里修正年限为 $j=20$ 年，根据式（7.5.4），有

$$
\begin{aligned}
1\,000\,{}_{8}^{35}V_{30:\overline{50|}}^{\text{Mod}} &= 1\,000[{}_{8}^{35}V_{30:\overline{50|}} - (\beta - {}_{35}P_{30:\overline{50|}})\ddot{a}_{38:\overline{20-8|}}] \\
&= 74.42 - (9.56 - 1\,000 \times 0.006\,36) \times 8.805 \\
&= 46.24\ (\text{元})
\end{aligned}
$$

上面介绍了修正准备金的一般方法。但是，实用的责任准备金修正制应避免第一个保单年度末出现负的责任准备金。这意味着对于完全离散、定额给付保单，α 的最小可能是 $A_{x:\overline{1|}}^{1}$ 。此结果的推导如下：

$$
\begin{aligned}
&{}_{1}V \geqslant 0 \\
\Rightarrow\ &\alpha \ddot{s}_{x:\overline{1|}} - {}_{1}k_{x} \geqslant 0 \\
\Rightarrow\ &\alpha \geqslant A_{x:\overline{1|}}^{1}
\end{aligned}
\tag{7.5.5}
$$

当 α 取最低水平且修正期为整个保费缴付期时，相应的修正准备金方法称为一年定期（FPT）修正法。在 FPT 修正制下，第一个保单年度末的责任准备金为零。

在完全离散情况下，续年保费 β 可以利用类似于式（7.5.1）获得。用 A 表示趸缴纯保费，$A(1)$ 表示始于 $x+1$ 岁的剩余期限保险的趸缴纯保费，则

$$
\begin{aligned}
A_{x:\overline{1|}}^{1} + \beta\, {}_{1|}\ddot{a}_{x:\overline{h-1|}} &= P\ddot{a}_{x:\overline{h|}} = A \\
&= A_{x:\overline{1|}}^{1} + {}_{1}E_{x}A(1)
\end{aligned}
\tag{7.5.6}
$$

或

$$
\beta = \frac{{}_{1}E_{x}A(1)}{{}_{1|}\ddot{a}_{x:\overline{h-1|}}} = \frac{A(1)}{\ddot{a}_{x+1:\overline{h-1|}}}
$$

换言之，β 是年龄增加一岁的同类保险的年缴纯保费。在限期缴费的情况下，调整后续年保费的缴付期少一年，满期年龄与原保险相同。

在完全连续的情况下，第一年保费（率）$\bar{\alpha}$ 的最小可能值为 $\frac{\bar{A}_{x:\overline{1|}}^{1}}{\bar{a}_{x:\overline{1|}}}$，此结果仍是基于第一年年末的责任准备金为非负，即

$$
\begin{aligned}
{}_{1}\bar{V}(\bar{A}_{x}) \geqslant 0 \Rightarrow\ &\bar{\alpha}\frac{\bar{a}_{x:\overline{1|}}}{{}_{1}E_{x}} - {}_{1}\bar{k}_{x} \geqslant 0 \\
\Rightarrow\ &\bar{\alpha} \geqslant \frac{\bar{A}_{x:\overline{1|}}^{1}}{\bar{a}_{x:\overline{1|}}}
\end{aligned}
\tag{7.5.7}
$$

对于续年保费（年率）$\bar{\beta}$，类似于式（7.5.6），有

$$\bar{A}^1_{x:\overline{1}|}+\bar{\beta}\,{}_{1|}\bar{a}_{x:\overline{h-1}|}=\bar{P}(\bar{A})\bar{a}_{x:\overline{h}|}=\bar{A}$$
$$=\bar{A}^1_{x:\overline{1}|}+{}_1E_x\bar{A}(1) \tag{7.5.8}$$

或

$$\bar{\beta}=\frac{{}_1E_x\bar{A}(1)}{{}_{1|}\bar{a}_{x:\overline{h-1}|}}=\frac{\bar{A}(1)}{\bar{a}_{x+1:\overline{h-1}|}}$$

【例 7.5.2】 一种完全离散的保险金额为 1 000 元的 30 年期两全保险，已知：

$1\,000A_{17:\overline{28}|}=265.070$

$1\,000A^1_{15:\overline{1}|}=0.867$

$\ddot{a}_{15:\overline{30}|}=15.924$

$\ddot{a}_{17:\overline{28}|}=15.434$

$1\,000P_{15:\overline{30}|}=15.178$

$1\,000P_{16:\overline{29}|}=16.137$

设投保年龄为 15 岁，求：

(1) 用一年定期修正法计算第 2 年年末的责任准备金。

(2) 采用修正年限 $j=30$ 年，$\alpha^{\text{Mod}}=5\alpha^{\text{FPT}}$，计算第 2 年年末的责任准备金。

解 (1) 首先计算续年保费，由式 (7.5.2) 可得

$$\beta^{\text{FPT}}=P_{15:\overline{30}|}+\frac{P_{15:\overline{30}|}-A^1_{15:\overline{1}|}}{a_{15:\overline{29}|}}$$
$$=P_{15:\overline{30}|}+\frac{P_{15:\overline{30}|}-A^1_{15:\overline{1}|}}{\ddot{a}_{15:\overline{30}|}-1}$$
$$=0.016\,137$$

再求第 2 年年末的 FPT 修正准备金：

$$1\,000\,{}_2V^{\text{FPT}}_{15:\overline{30}|}=1\,000(A_{17:\overline{28}|}-\beta^{\text{FPT}}\ddot{a}_{17:\overline{28}|})$$
$$=265.07-16.137\times15.434$$
$$=16.01$$

(2) 首先计算续年保费，由式 (7.5.2) 可得

$$\beta^{\text{Mod}}=P_{15:\overline{30}|}+\frac{P_{15:\overline{30}|}-5A^1_{15:\overline{1}|}}{a_{15:\overline{29}|}}$$
$$=P_{15:\overline{30}|}+\frac{P_{15:\overline{30}|}-5A^1_{15:\overline{1}|}}{\ddot{a}_{15:\overline{30}|}-1}$$

$=0.015\,905$

再求第 2 年年末的 FPT 修正准备金：

$$1\,000\,{}_2V^{\text{Mod}}_{15:\overline{30}|}=1\,000(A_{17:\overline{28}|}-\beta^{\text{Mod}}\ddot{a}_{17:\overline{28}|})$$
$$=265.07-1\,000\times0.015\,905\times15.434$$
$$=19.59$$

【例 7.5.3】 已知 $i=6\%$，$\ddot{a}_{52}=12.887\,85$，$A^{1}_{51:\overline{1}|}=0.006\,06$，计算$1\,000\,{}_2V^{\text{FPT}}_{50}$。

解 由于对于（50）购买的终身寿险，其修正续年保费 $\beta^{\text{FPT}}=P_{51}$，故应用未来法公式，所求的准备金为

$$1\,000\,{}_2V^{\text{FPT}}_{50}=1\,000\times(A_{52}-P_{51}\cdot\ddot{a}_{52})$$
$$=1\,000\,{}_1V_{51}$$
$$=1\,000\times\left(1-\frac{\ddot{a}_{52}}{\ddot{a}_{51}}\right)$$

又由于

$$A^{1}_{51:\overline{1}|}=vq_{51}=0.006\,06$$
$$\ddot{a}_{51}=1+vp_{51}\ddot{a}_{52}=1+(v-vq_{51})\ddot{a}_{52}=13.080\,249$$

所以

$$1\,000\,{}_2V^{\text{FPT}}_{50}=1\,000\times\left(1-\frac{\ddot{a}_{52}}{\ddot{a}_{51}}\right)$$
$$=1\,000\times\left(1-\frac{12.887\,85}{13.080\,249}\right)$$
$$=14.71$$

【例 7.5.4】 已知如表 7.5.1。

表 7.5.1

$a_{x:\overline{t}|}$	$t=19$	20	29	30
$x=70$	—	—	9.328	9.339
$x=71$	—	—	9.020	9.028
⋮	⋮	⋮	⋮	⋮
$x=79$	6.433	6.464	—	—
$x=80$	6.158	6.184	—	—
$x=81$	5.885	5.906	—	—

计算 $1\,000\ {}_{10}V^{\mathrm{FPT}}_{70:\overline{30}|}$。

解 $1\,000\ {}_{10}V^{\mathrm{FPT}}_{70:\overline{30}|}=1\,000\ {}_{9}V_{71:\overline{29}|}$

$$=1\,000\left(1-\frac{\ddot{a}_{80:\overline{20}|}}{\ddot{a}_{71:\overline{29}|}}\right)$$

而

$$\ddot{a}_{80:\overline{20}|}=1+a_{80:\overline{19}|}=1+6.158=7.158$$

$$a_{70:\overline{30}|}=v\cdot p_{70}+v\cdot p_{70}a_{71:\overline{29}|}$$

$$v\cdot p_{70}=\frac{a_{70:\overline{30}|}}{1+a_{71:\overline{29}|}}=\frac{9.339}{1+9.020}=0.932\,036$$

$$\ddot{a}_{71:\overline{29}|}=\frac{1}{v\cdot p_{70}}a_{70:\overline{29}|}=\frac{9.328}{0.932\,036}=10.008$$

于是

$$1\,000\ {}_{10}V^{\mathrm{FPT}}_{70:\overline{30}|}=1\,000\left(1-\frac{\ddot{a}_{80:\overline{20}|}}{\ddot{a}_{71:\overline{29}|}}\right)$$

$$=1\,000\times\left(1-\frac{7.158}{10.008}\right)$$

$$=285\ (\text{元})$$

7.6 IBNR 准备金的估计方法

7.6.1 已发生未报告准备金

赔款准备金包括已报告赔案的赔款准备金和已发生赔案但尚未报告的赔款准备金。我们将后者称为已发生未报告（incurred but not reported）赔款准备金，简称 IBNR 准备金。

本节主要介绍时下较流行的 IBNR 准备金的两种估计方法：平均法与保费和损失结合法。

7.6.2 平均法

IBNR 赔案的赔款总额取决于三个因素：延迟报告赔案的个数（N）、每个赔案的赔款金额（X）和延迟时间（T）（从案发到赔款支付的时间）。

平均法就是用这三个因素的平均数来估计未来 IBNR 赔款总额，即 IBNR 准备金。假设准备金在未来的年通货膨胀率和投资收益率分别为 r 和 f，那么，用平均法估计的 IBNR 准备金可由下式表示：

$$\text{IBNR 准备金}=E(N)\times E(X)\times(1+r)/(1+f)^{E(T)}$$

通常简记为：

$$\text{IBNR 准备金}=\overline{N}\times\overline{X}\times(1+r)/(1+f)^{T} \tag{7.6.1}$$

下面，我们就来讨论这三个平均数的估计方法。

(1) $\overline{N}$ 的估计。

报案延迟的规律可由延迟函数来表示。假设在日历月 j 发生的 N_j 个赔案中，在案发后 t 个月内已报告的赔案有 N_{jt} 个，其所占的比例记为 $u(j, t)=N_{jt}/N_j$。根据以往的数据，我们可以对不同 j 的（N_j，N_{jt}）求平均，得到与 j 无关的函数 $u(t)$，$u(t)=\sum_j N_{jt}/\sum_j N_j$，我们称 $u(t)$ 为延迟函数。延迟函数常用表格表示（如表 7.6.1），修匀后的延迟函数也可用曲线表示。延迟函数通常由精算师综合经验数据，并根据自身的经验和其他因素确定。

表 7.6.1　　延迟函数表

t	$u(t)$
0	0.000
1	0.556
2	0.840
3	0.893
4	0.930
5	0.958
6	0.973
7	0.983
8	0.990
9	0.996
10	1.000

利用延迟函数，就可以从已接到报告的赔案个数推算出全部赔案个数：

$$\text{全部赔案个数}=t\text{ 个月前已报告赔案个数}\times\frac{1}{u(t)} \tag{7.6.2}$$

再将全部赔案个数减去已报告的赔案个数，就是已发生未报告赔案个数。

【例 7.6.1】　利用表 7.6.1 表示的延迟函数，由 2007 年各月发生的在 2007 年末已接到报告的赔案个数（数据见表 7.6.2 的第 2 列），推算各月 IBNR 赔案个数（结果见表 7.6.2 的最后一列）。

表 7.6.2　　　　2007 年各月的 IBNR 赔案个数的估计

案发月 (1)	2007 年末已报告的赔案个数 (2)	延迟月数 t (3)	延迟函数值 $u(t)$ (4)	全部赔案个数 (5)=(2)/(4)	IBNR 赔案个数 (6)=(5)-(2)
1	974	11.5	1.000	974	0
2	964	10.5	1.000	964	0
3	955	9.5	0.998	957	2
4	1 040	8.5	0.993	1 047	7
5	1 023	7.5	0.986	1 038	15
6	969	6.5	0.978	991	22
7	937	5.5	0.965	971	34
8	989	4.5	0.944	1 048	59
9	965	3.5	0.911	1 059	94
10	893	2.5	0.866	1 031	138
11	880	1.5	0.698	1 261	381
12	335	0.5	0.278	1 205	870
合计	10 924	—	—	12 546	1 622

表 7.6.2 第四列中的某些延迟函数值，是根据表 7.6.1（延迟函数表），通过线性插值得到的。

（2）$\overline{X}$ 的估计。

一般来说，IBNR 赔案的平均赔款额不同于已报告赔案的平均赔款额，它们之间的比值我们称为经验比率。经验比率常用 r 表示，即：

$$r = \text{IBNR 赔案平均赔款额}/\text{已报告赔案平均赔款额} \qquad (7.6.3)$$

经验比率 r 可以用以往的经验数据来估计。常见险种的经验比率见表 7.6.3。

表 7.6.3　　　　常见险种的经验比率 r　　　　单位：%

险种	最低	最高	平均
火灾保险	5	19	12
锅炉与机器保险	0	255	48
忠诚保证保险	35	109	76
一般责任保险	44	148	85
汽车责任保险	12	41	25

利用经验比率和已报告赔案的平均赔款额，不难得到 IBNR 赔案的平均赔款额。不过在具体计算时，精算师还应从本公司的实际经验出发选取适当的 r。

（3）$\overline{T}$ 的估计。

IBNR 赔案从案发到结案的平均时间有两种计算方法：一种方法是每个赔案延迟时间的简单算术平均数；另一种方法是以赔款额为权重的加权算术平均数。在实际运用中，后者更易被接受。

【例 7.6.2】 现有三个赔案：第一个在 1 年后结案，赔款额 1 000 元；第二个在 2 年后结案，赔款额 2 000 元；第三个在 6 年后结案，赔款额 10 000 元。试分别用上述两种方法估计平均延迟时间。

解 用简单算术平均数：$\overline{T}=\frac{1+2+6}{3}=3$（年）

用加权算术平均数：$\overline{T}=\frac{1\times1\,000+2\times2\,000+6\times10\,000}{1\,000+2\,000+10\,000}=5$（年）

【例 7.6.3】 假设所有的 IBNR 赔案的延迟时间和赔款额都包括在上例的三种类型中，每类各占 1/3，并且年通货膨胀率为 10%，年投资收益率为 8%，试按上例算得的平均延迟时间，估计每一个 IBNR 赔案的准备金。

解 由假设算得所有 IBNR 赔案的每个赔案的平均赔款额为：

$$\overline{X}=\frac{1\,000+2\,000+10\,000}{3}=4\,333.33(\text{元})$$

如果用简单算术平均数法，平均延迟时间为 3 年，则 IBNR 每案准备金的估计值为

$$4\,333.33\times(1.10/1.08)^3=4\,579(\text{元})$$

如果用加权算术平均数法，平均延迟时间为 5 年，则 IBNR 每案准备金的估计值为

$$4\,333.33\times(1.10/1.08)^5=4\,750(\text{元})$$

7.6.3 保费和损失结合法

保费和损失结合法（premium and loss combination）是根据各年的满期保险费以及预期的赔付率和 IBNR 赔款占总赔款额的比率，来估计 IBNR 损失，进而得到 IBNR 准备金的一种方法。保费和损失结合法也称修正 IBNR 法（budgeted IBNR）。保费和损失结合法适用于损失数据波动较大且在右边有长“尾巴”分布的场合。

如果用 I_{ij} 表示案发年 i、进展年 j 的 IBNR 准备金的估计，用 P_i 表示案发年 i 的实收保险费，用 R_i 表示案发年 j 的年赔付率，用 F_j 表示进展年 j 的 IBNR 赔款占总赔款额的比率（简称 IBNR 因子），那么保费和损失结合法的数学模型为：

$$I_{ij}=P_i \cdot R_i \cdot F_j \tag{7.6.4}$$

年赔付率 P_i 和 IBNR 赔款占总赔款额的比率（即 IBNR 因子）F_j 通常是由精算师综合经验数据，并根据自身的经验、公司的实际情况和其他因素确定。

下面用一个简化的实例说明这种方法的基本思想。

【例 7.6.4】 表 7.6.4 的第 2 列为各案发年的实收保费，第 3 列为各案发年年赔付率的估计，第 4 列为各案发年截至估计日的 IBNR 因子，第 4 列就是利用式（7.6.4）估计的 IBNR 准备金。

表 7.6.4　　用保费和损失结合法估计的 IBNR 准备金　　单位：千元

案发年 (1)	实收保费 (2)	年赔付率 (3)	IBNR 因子 (4)	IBNR 准备金 (5)=(2)×(3)×(4)
1998	100	0.6	0.03	2
1999	110	0.6	0.05	3
2000	121	0.62	0.09	7
2001	133	0.65	0.10	9
2002	146	0.70	0.11	11
2003	161	0.65	0.12	13
2004	177	0.65	0.14	16
2005	195	0.65	0.17	22
2006	215	0.65	0.24	34
2007	237	0.65	0.43	66
合计	—	—	—	183

关键词

责任准备金　全连续型寿险的责任准备金　未来法　全离散型寿险的责任准备金　定期保险　终身寿险　延期终身生存年金　生存保险　两全保险　半连续型寿险的责任准备金　保费差公式　缴清保险公式　过去法　限期缴费　全期缴费　递推公式　修正准备金　一年定期修正法（FPT）　已发生未报告（IBNR）准备金　平均法　保费和损失结合法

练习题

1. 对于 (x) 购买的趸缴保费、每年给付 1 元的连续定期年金，t 时保险人的未来亏损随机变量为

$$ {}_tL=\begin{cases}\bar{a}_{\overline{U}|}, & 0\leqslant U<n-t\\ \bar{a}_{\overline{n-t}|}, & U\geqslant n-t\end{cases} $$

计算 $E({}_tL)$，$\mathrm{Var}({}_tL)$。

2. 当 $k<\dfrac{n}{2}$ 时，${}_kV_{x:\overline{n}|}=\dfrac{1}{6}$，$\ddot{a}_{x:\overline{n}|}+\ddot{a}_{x+2k:\overline{n-2k}|}=2\ddot{a}_{x+k:\overline{n-k}|}$，计算${}_kV_{x+k:\overline{n-k}|}$。

3. 已知$\dfrac{\bar{P}(\bar{A}_x)}{\delta}=0.474$，${}_tV(\bar{A}_x)=0.510$，${}_tV_x=0.500$，计算${}_t\bar{V}(\bar{A}_x)$。

4. 假设在每一年龄内的死亡服从均匀分布，判断下列等式的正确性：

(1) ${}_kV(\bar{A}_{x:\overline{n}|})=\dfrac{i}{\delta}{}_kV_{x:\overline{n}|}$

(2) ${}_kV(\bar{A}_x)=\dfrac{i}{\delta}{}_kV_x$

(3) ${}_kV(\bar{A}^1_{x:\overline{n}|})=\dfrac{i}{\delta}{}_kV^1_{x:\overline{n}|}$

5. 假设在每一年龄内的死亡服从均匀分布，且 $\beta(4)=0.40$，$P_{35:\overline{20}|}=0.039$，$\ddot{a}_{35:\overline{20}|}=12.00$，${}_{10}V_{35:\overline{20}|}=0.30$，${}_{10}V_{35:\overline{20}|}^{\ \ \ 1}=0.20$，$\ddot{a}^{(4)}_{35:\overline{20}|}=11.70$。求${}_{10}V^{(4)}_{35:\overline{20}|}-{}_{10}V_{35:\overline{20}|}$。

6. 已知 (1) $P_x=0.012\,12$，(2) ${}_{20}P_x=0.015\,08$，(3) $P_{x:\overline{10}|}^{\ \ \ 1}=0.069\,42$，(4) ${}_{10}V_x=0.114\,30$，计算${}^{20}_{10}V_x$。

7. 一种完全离散型 2 年期两全保险保单的生存给付为 1 000 元，每年的死亡给付为 1 000 元加上该年年末的纯保费责任准备金，且利率 $i=6\%$，$q_{x+k}=0.1\times 1.1^k$ ($k=0$，1)。计算年缴均衡纯保费 P。

8. 已知 $P_{45:\overline{20}|}=0.03$，$A^1_{45:\overline{15}|}=0.06$，$d=0.054$，${}_{15}k_{45}=0.15$，求${}_{15}V_{45:\overline{20}|}$。

9. 25 岁投保的完全连续终身寿险，L 为该保单签发时的保险人亏损随机变量，已知 $\mathrm{Var}(L)=0.20$，$\bar{A}_{45}=0.70$，${}^2\bar{A}_{25}=0.30$，计算${}_{20}\bar{V}(\bar{A}_{25})$。

10. 已知${}_t\bar{k}_x=0.30$，${}_tE_x=0.45$，$\bar{A}_{x+t}=0.52$，计算${}_t\bar{V}(\bar{A}_x)$。

11. 已知 $A_{x:\overline{n}|}=0.20$，$d=0.08$，计算${}_{n-1}V_{x:\overline{n}|}$。

12. 已知 $\ddot{a}_{x+t}=10.0$，${}_tV_x=0.100$，${}_{t+1}V_x=0.127$，$P_{x+t+1}=0.043$，求 d 的值。

13. 对 30 岁投保、保额 1 元的完全连续终身寿险，L 为保单签发时的保险人亏损随机变量，且 $\bar{A}_{50}=0.7$，${}^2\bar{A}_{30}=0.3$，$\mathrm{Var}(L)=0.2$，计算${}_{20}\bar{V}(\bar{A}_{30})$。

14. 一种完全连续型 20 年期的 1 单位生存年金，已知死亡服从分布：$l_x=75-x$（$0\leqslant x\leqslant 75$），利率 $i=0$，且保费连续支付 20 年。设投保年龄为 35 岁，计算此年金在第 10 年年末的纯保费准备金。

15. 已知 $q_{31}=0.002$，$\ddot{a}_{32:\overline{13}|}=9$，$i=5\%$，计算 ${}_2V^{\mathrm{FPT}}_{30:\overline{15}|}$。

16. 对于完全离散型保额，1 单位的 2 年期定期寿险应用某种修正准备金方法，已知 $\alpha=v^2\cdot p_x\cdot q_{x+1}$，求 β。

17. 个体（x）缴费期为 10 年的完全离散终身寿险保单，保额为 1 000 元，已知 $i=0.06$，$q_{x+9}=0.012\,62$，年均衡净保费为 32.88 元，第 9 年底的净准备金为 322.87 元，则 $1\,000P_{x+10}=$（　　）。

A. 31.52　　B. 31.92　　C. 33.12　　D. 34.32

18. 已知 $1\,000\,{}_t\bar{V}(\bar{A}_x)=100$，$1\,000\bar{P}(\bar{A}_x)=10.50$，$\delta=0.03$，则 $\bar{a}_{x+t}=$（　　）。

A. 21　　B. 22　　C. 23　　D. 24

第8章

保单现金价值与红利

保单现金价值和红利是非常重要的概念，为了维护保单持有人的利益，保险公司在销售保单时都给出保单现金价值表（即退保金表）和红利计算的基本方法及红利选择权。本章对保单现金价值和红利的基本计算方法进行介绍。

8.1 保单现金价值

8.1.1 保单现金价值的概念

在实际中，有些投保人由于各种原因会终止缴费而提出退保，这就产生了如何调和保单各方的利益问题。通过责任准备金的计算可看出其来源于投保人过去缴纳保费的积累值与过去保险成本积累值之间的差额，是属于保单持有人的，这部分金额不会因保单效力的改变而丧失。因此，保单持有人提出退保时，保险人按规定支付一定的退保金，看做保单持有人的退保收益，也可称为不丧失保单利益，即不会因为投保人停止缴纳保费而丧失这部分收益。

虽然不丧失保单利益来源于责任准备金，但考虑到退保对保险人在财务上造成的风险，且初始费用尚未从附加保费中收回，因此，现金价值数额的一种近似方法是根据公式

$$ {}_{k}CV={}_{k}V-{}_{k}SC，k=1，2，3，\cdots \tag{8.1.1} $$

来确定的。式中，${}_{k}CV$ 为保单签发后时间 k 时不丧失保单利益的现金价值，也可称为退保金或解约金；${}_{k}V$ 为第 k 期期末责任准备金；${}_{k}SC$ 为解约费用。在实践中，负的${}_{k}CV$ 是不存在的，因为不可能向退保人收取任何费用，所以对于任何 k，都有${}_{k}CV\geqslant 0$。

一般而言，现金价值不大于责任准备金，其主要原因是费用在营业保费中重新调整造成的。同时还存在其他原因，主要有：(1) 财务风险。过多的退保会造成保险人财务的稳定性下降，一般情况下，保险人要准备多于必要储备的流动资金用于保单持有人随时可能提出的退保或贷款要求，而在经济不景气时期，保单持有人更有可能退保或申请贷款。过多的流动资金必然使投保人总体收益率有所下降。(2) 死亡率风险。一般投保人认为，如果退保金太高，达到责任准备金的数额，会促使大量身体较好、风险较低的人解约，而将高风险人群留给保险人。(3) 效益风险。保险人认为，每一个保单都能为公司带来利润，而退保会使公司丧失部分利润，因此应扣除一定数额。(4) 退保成本。投保人提出退保后，保险公司必将发生一定的费用支出。

在实际操作中，大多数个人寿险在约定的缴费期结束前发生停缴保费而提供不丧失保单利益的现金价值时，往往同时将终止时间和终止原因作为随机变量纳入相应的保险损失模型中。与分析死亡（或生存）随机变量相似，可定义二重随机变量模型，其中一个变量表示死亡（或生存），另一个变量表示退保。保险公司可以根据经验数据构造经验生命表和生存函数，也可以根据经验计算保单各年度的退保率以及构造退保分布模型。

用${}_{t}q_{x}^{(1)}$ 表示 x 岁的人在 t 年内死亡的概率；${}_{t}q_{x}^{(2)}$ 表示 x 岁的人在 t 年内退保的概率；用${}_{t}q_{x}^{(\tau)}$ 表示 x 岁的人在 t 年内死亡或退保的概率；${}_{t}p_{x}^{(\tau)}$ 表示 x 岁的人在到达 $x+t$ 岁之前既没有死亡也没有退保的概率，则有关系式

$$ {}_{t}q_{x}^{(\tau)}={}_{t}q_{x}^{(1)}+{}_{t}q_{x}^{(2)} \tag{8.1.2} $$

$$ {}_{t}p_{x}^{(\tau)}=1-{}_{t}q_{x}^{(\tau)} \tag{8.1.3} $$

如果用${}_{n}d_{x}^{(1)}$ 表示 x 岁到 $x+n$ 岁之间死亡的人数，则可用${}_{n}d_{x}^{(2)}$ 表示 x 岁到$x+n$

岁之间退保的人数，用${}_nd_x^{(\tau)}$ 表示 x 岁到 $x+n$ 岁之间死亡和退保人数总和，则有

$$ {}_nd_x^{(\tau)}={}_nd_x^{(1)}+{}_nd_x^{(2)} \tag{8.1.4}$$

用 $l_x^{(\tau)}$ 表示在 x 岁时的残存人数（既没有死亡也没有退保的人数），则有

$$ l_{x+n}^{(\tau)}=l_x^{(\tau)}-{}_nd_x^{(\tau)} \tag{8.1.5}$$

决定保费及责任准备金必须采纳某种指导原则。类似地，决定不会因为提前终止缴付保费而丧失保单利益也需要一个指导原则。一般都采用一种简单的操作原则，那就是，退出的被保险人所获金额应使得用单重损失模型建立的收益、保费与责任准备金结构在二重损失模型中仍保持适宜。

决定以上原则的动机是关于两类保单持有者对等权益的一种特定概念，这两类分别是那些在保险合同期满前终止的与不中断的保单持有人。很明显，构成对等权益概念可能存在各种不同含义，从提前终止的保单持有人因未履约而不应享有不丧失保单利益的观点，到应该偿还其所有保费的精算值（当然要扣掉适当的成本费用）这类观点，应有尽有。普遍采用的原则是介于上述两个极端之间的权益概念，即退保的寿险保单持有人应享有不丧失保单利益，但这些收益不应引起其他保单持有者的定价——保险责任结构的改变。

为说明上述原则，我们对完全连续支付基础的终身保单，建立一个包含死亡给付与退保给付的模型。将退保引入模型后不改变死力，该效力在单重与二重损失模型中都记为 $\mu_{x+t}^{(1)}$，退保力记为 $\mu_{x+t}^{(2)}$，则

$$ \mu_{x+t}^{(\tau)}=\mu_{x+t}^{(1)}+\mu_{x+t}^{(2)} \tag{8.1.6}$$

${}_t\overline{V}(\overline{A}_x)$ 表示终身寿险第 t 年年末的责任准备金；${}_t\overline{V}(\overline{A}_x)^2$表示责任准备金基于二重模型；$\overline{P}(\overline{A}_x)$ 表示终身寿险的均衡保费，$\overline{P}(\overline{A}_x)^2$表示保费是基于二重模型；如果退保的给付为责任准备金${}_t\overline{V}(\overline{A}_x)$，则可以推导出

$$ \overline{P}(\overline{A}_x)^2=\overline{P}(\overline{A}_x) \tag{8.1.7}$$

$$ {}_s\overline{V}(\overline{A}_x)^2={}_s\overline{V}(\overline{A}_x),\qquad S\geqslant 0 \tag{8.1.8}$$

因此，如果在完全连续终身寿险的双重损失模型中，退保收益是单重损失模型下的责任准备金，那么双重损失模型中的保费及责任准备金与单重损失模型中的保费与责任准备金相等。这个结果虽不直接应用于实际决定不丧失保单利益问题，却为如何最小化退保或不丧失保单利益（单重损失模型中决定的）对保费及责任准备金的影响提供了基本的思路。

8.1.2 保单现金价值的计算

各个国家的保险管理机关对不丧失保单利益的计算都有较为详细的法律规定，这一规定的中心是限定最低不丧失保单利益的数额（或是限定${}_kSC$ 的最大值），以保证保单持有人的利益。

在不丧失保单利益现金价值的法则中，一个持久的主题是直接确认数额以及费用负担。与此相符的一个思路是确定单位保险的最低解约金

$$\begin{aligned}{}_kCV &= A(k) - P^{\alpha}\ddot{a}(k) \\ &= A(k) - P^{\alpha}\ddot{a}(k) + P\ddot{a}(k) - P\ddot{a}(k) \\ &= A(k) - P\ddot{a}(k) - (P^{\alpha} - P)\ddot{a}(k) \\ &= {}_kV - (P^{\alpha} - P)\ddot{a}(k), \quad k = 1,2,3,\cdots \end{aligned} \tag{8.1.9}$$

式中，$A(k)$ 与 $\ddot{a}(k)$ 分别为在时间 k 的一般趸缴纯保费与年金精算现值符号；${}_kV$ 为时间 k 的期末责任准备金；P 为年缴纯保费；P^{α} 为调整保费。这样，问题就归结为确定调整保费。

调整保费由用于支付保险责任的均衡纯保费以及与费用有关的均衡因素组合而成。调整保费法是计算保单现金价值的最主要方法，这种方法主要受年度初费用补贴最高额的限制，各个国家都有较为详细的规定。同时，也还有其他因素影响保单现金价值的计算，主要有利率、死亡率和计算技术等的改变。从有关现金价值法规的历史看，计算技术的变动很少，而更新退保金的利率与死亡率基础的法定变化则较为频繁。美国 1980 年法规所采用的修订最高利率很大程度上依赖于保单签发前一段时期的一个平均市场利率指标。在年度初费用补贴不变的前提下，调整利率或者生命表则会计算出不同的保单现金价值。

表 8.1.1 和表 8.1.2 说明了利率和死亡率对保单现金价值的影响。

表 8.1.1 **利率对保单现金价值的影响** 单位：元

保单年度	利率			
	3%	5%	7.5%	9%
1	0	0	0	0
2	0	0	0	0
3	13.33	5.78	0	0
4	27.92	16.20	6.70	2.89
5	42.79	26.97	14.04	8.81
10	121.05	86.02	56.02	43.04
15	205.63	154.21	108.01	87.82

续前表

保单年度	利率			
	3%	5%	7.5%	9%
20	295.66	231.63	171.28	143.81
25	388.53	316.33	245.01	211.21
30	482.45	407.03	329.03	290.58

说明：此表是35岁男性，保险金额为1 000元的终身寿险，根据美国1980年法则计算得出。

表 8.1.2 不同生命表对保单现金价值的影响 单位：元

保单年度	1941CSO	1958CSO	1980CSO
1	0	0	0
2	0	0	0
3	6.51	6.51	5.78
4	18.90	18.90	16.20
5	31.64	30.62	26.97
10	100.64	95.60	86.02
15	178.05	169.71	154.21
20	262.63	251.62	231.63
25	352.29	339.45	316.33
30	444.11	429.98	407.03

说明：此表是35岁男性，保险金额为1 000元的终身寿险，根据美国1980年法则当利率为5%时计算得出。

下面重点介绍北美精算学会（SOA）和美国保险监督官协会（NAIC）关于保单现金价值的计算方法。

北美精算学会研究不丧失保单利益及相关事务的委员会在1975年的报告中确定了调整保费的两类费用：一类是每单位保险在整个缴费期内每年分摊的均衡费用，记为E；另一类是第1年额外费用补偿，记为E_1。假定毛保费G是由调整保费与均衡年费用E组成，假定第1年的费用部分E_1是由调整保费提供的，于是

$$G=P^{a}+E \tag{8.1.10}$$

$$G\ddot{a}=(P^{a}+E)\ddot{a}=A+E_1+E\ddot{a} \tag{8.1.11}$$

从式（8.1.11）可得

$$P^{a}=\frac{A+E_1}{\ddot{a}} \tag{8.1.12}$$

利用 $\ddot{a}=a+1$，式（8.1.12）可改写成

$$P^{a}-E_1+P^{a}a=A \tag{8.1.13}$$

式中，A 和 $\ddot{a}$ 分别表示 $A(0)$ 和 $\ddot{a}(0)$；$P^{a}-E_1$ 可看做修正责任准备金制中的第1年纯保费 α；P^{a} 可看做其中的续年纯保费 β，一旦每单位保险的第1年费用补偿 E_1 确定，调整保费也就随之决定。

美国保险监督官协会的1941年规则中对每单位保险的第1年费用补偿 E_1 做了明确规定，即

$$E_1=0.4\min(P^{\alpha},0.04)+0.25\min(P^{\alpha},P_x^{\alpha},0.04)+0.02$$

式中，P^{α} 为对应保单的调整保费；P 为该保单的纯保险费率；P_x^{α} 为（x）的终身寿险保单的调整保险费率。

由此式得出的调整保费如表8.1.3所示。

表8.1.3　　美国1941年报告中的调整保费

险种	终身	调整保费范围	每单位保险的调整保费公式
终身	<0.04	<0.04	$(A_x+0.02)/(\ddot{a}_x-0.65)$
	⩾0.04	⩾0.04	$(A_x+0.046)/\ddot{a}_x$
其他	<0.04	<0.04 且 $\leqslant P_x^{\alpha}$	$(A+0.02)/(\ddot{a}-0.65)$
		<0.04 但 $>P_x^{\alpha}$	$(A+0.02+0.25P_x^{\alpha})/(\ddot{a}-0.4)$
	⩾0.04	<0.04	$(A_x+0.02)/(\ddot{a}-0.65)$
	<0.04	⩾0.04	$(A+0.036+0.25P_x^{\alpha})/\ddot{a}$
	⩾0.04	⩾0.04	$(A+0.046)/\ddot{a}$

为实施1941年美国保险监督官协会规则，必须先计算 P_x^{α}，根据

$$P_x^{\alpha}=\frac{A_x+E_1}{\ddot{a}_x} \tag{8.1.14}$$

以及

$$E_1=\begin{cases}0.4P_x^{\alpha}+0.25P_x^{\alpha}+0.02=0.65P_x^{\alpha}+0.02, & P_x^{\alpha}<0.04\\ 0.016+0.01+0.02=0.046, & P_x^{\alpha}\geqslant 0.04\end{cases} \tag{8.1.15}$$

可得出

$$P_x^{\alpha}=\begin{cases}\dfrac{A_x+0.02}{\ddot{a}_x-0.65}, & P_x^{\alpha}<0.04\\ \dfrac{A_x+0.046}{\ddot{a}_x}, & P_x^{\alpha}\geqslant 0.04\end{cases} \tag{8.1.16}$$

由于1941年规则太复杂，1980年，美国保险监督官协会对 E_1 进行了简化。由式（8.1.14）和式（8.1.15）可以看出，P_x^{α}、E_1 循环使用。简化过程是通过去掉1941年规则中的循环定义而实现的，其中直接利用纯保费而不是调整保费的百分比来确定第1年的费用补偿，即

$$E_1=1.25\min(P,\ 0.04)+0.01$$

则其调整保费如表8.1.4所示。

表8.1.4　　美国1980年规则中的调整保费

险　种	纯保费范围	调整保费公式
任何险种	<0.04	$(A+1.25P+0.01)/\ddot{a}$
	$\geqslant 0.04$	$(A+0.06)/\ddot{a}$

根据1941年或1980年规则计算出调整保费后，就可以根据公式计算保单的法定最低现金价值 ${}_kCV$，而更高的现金价值是允许的。

【例8.1.1】　(30)的20年期两全保险，假设 $P_{30:\overline{20|}}\geqslant 0.04$，利用1941年和1980年规则分别计算调整保费的公式。

解　(1) 如果 $P_{30}^{\alpha}<0.04$，$P_{30:\overline{20|}}\geqslant 0.04$

1941年规则：$P_{30:\overline{20|}}^{\alpha}=\dfrac{A_{30:\overline{20|}}+0.036+0.25P_{30}^{\alpha}}{\ddot{a}_{30:\overline{20|}}}$

1980年规则：$P_{30:\overline{20|}}^{\alpha}=\dfrac{A_{30:\overline{20|}}+0.06}{\ddot{a}_{30:\overline{20|}}}$

(2) 如果 $p_{30}^{\alpha}\geqslant 0.04$，$P_{30:\overline{20|}}\geqslant 0.04$

1941年规则：$P_{30:\overline{20|}}^{\alpha}=\dfrac{A_{30:\overline{20|}}+0.046}{\ddot{a}_{30:\overline{20|}}}$

1980年规则：$P_{30:\overline{20|}}^{\alpha}=\dfrac{A_{30:\overline{20|}}+0.06}{\ddot{a}_{30:\overline{20|}}}$

8.2　保单选择权

不丧失价值不仅可以用现金方式直接支付给保单持有人，也可以用与精算现值相当的保险受益方式进行，主要是购买缴清保险和展期保险。同时，不丧失价值的存在成为保单自动垫缴保费条款的基础。

8.2.1　缴清保险

把原保险单改为缴清保险，即原保险单的保险责任、保险期限均不改变，依据原保单解约时的现金价值用平衡原理计算出保险金额减少的保险形式。这种处理方法实际上是以保单现金价值作为趸缴保费，投保与原保险单责任相同的保险，保险期限与原保单相同，保险金额由现金价值的大小决定。

用 b_k 表示时间 k 的缴清保险的保险金额，则

$$_kCV=b_kA(k)$$

$$b_k=\frac{_kCV}{A(k)} \tag{8.2.1}$$

式中，$_kCV$ 为保单在时间 k 的现金价值；$A(k)$ 为单位保额保险在时间 k 的趸缴纯保费。如果保单持有人在时间 k 提出停止缴纳保费并表示愿意改买缴清保险，则其可获得 $\frac{_kCV}{A(k)}$ 的保险金额。

对于单位保额保险，如果采用 $_kCV={}_kV$ 的特殊情况，一般用 $_kW=\frac{_kV}{A(k)}$ 表示缴清保险的保额。

以终身寿险为例，根据式（8.2.1），有

$$b_k=\frac{_kCV}{A_{x+k}}$$

当 $_kCV={}_kV$ 时，有

全连续模型：
$$\begin{aligned}{}_k\overline{W}(\overline{A}_x) &=\frac{_k\overline{V}(\overline{A}_x)}{\overline{A}_{x+k}}\\ &=\frac{\overline{A}_{x+k}-\overline{P}(\overline{A}_x)\bar{a}_{x+k}}{\overline{A}_{x+k}}\\ &=1-\frac{\overline{P}(\overline{A}_x)}{\overline{P}(\overline{A}_{x+k})}\end{aligned}$$

全离散模型：$_kW(A_x)=\dfrac{_kV(A_x)}{A_{x+k}}$

$$=\frac{A_{x+k}-P(A_x)\ddot{a}_{x+k}}{A_{x+k}}$$

$$=1-\frac{P(A_x)}{P(A_{x+k})}$$

半连续模型：$_kW(\overline{A}_x)=\dfrac{_kV(\overline{A}_x)}{\overline{A}_{x+k}}$

$$=\frac{\overline{A}_{x+k}-P(\overline{A}_x)\ddot{a}_{x+k}}{\overline{A}_{x+k}}$$

$$=1-\frac{P(\overline{A}_x)}{P(\overline{A}_{x+k})}$$

对于 1 单位全离散终身寿险，$x+k$ 岁时的纯年缴保费为 P_{x+k}，于是从 $x+k$ 岁开始的年缴费 P_x 只够提供 $\dfrac{P_x}{P_{x+k}}$ 个单位的保险。由于 P_x 是实际每年缴付的纯保费，则 $1-\dfrac{P_x}{P_{x+k}}$ 就是在时间 k 责任准备金所提供的未来保险的保额。这一解释也适用于其他保险。

表 8.2.1 是特殊情况下 $_kW=\dfrac{_kV}{A(k)}$ 缴清保险金额一览表。

8.2.2 展期保险

将原保单变为展期保险，是将原保单变为与原保险单保险金额相同的死亡保险，保险期限相应缩短。这种处理方法实际上是以保单现金价值作为趸缴保费，购买的保险金额是与原保单相同的死亡保险（不管原保单是何种类型），保险期限则由保单现金价值的数额而定。原保单改为展期保险后，保险期限不能超过原保险单的剩余期限，如果保单现金价值仍有剩余，则把剩余部分以现金返还保单持有人或者购买与原保单期限相同的生存保险，生存保险的保险金额由剩余的数额决定。

$_kCV$ 表示时间 k 的保单现金价值，用 s 表示购买展期保险的期限，对于单位保额保险，则有

$$_kCV=\overline{A}^{\,1}_{x+k:\overline{s}|} \tag{8.2.2}$$

在实际中，往往用线性插值法计算 s。

在两全保险情况下，很有可能出现展期保险的期限 s 大于原保单剩余期限 $n-k$ 的情况，一般在处理展期保险时可利用式(8.2.2)估计 s（可采用查表方法）。

表 8.2.1 特殊情况下 ${}_kW={}_kV/A(k)$ 缴清保险金额一览表

保单类型	完全连续模型	完全离散模型	半连续模型
终身死亡保险	${}_k\overline{W}(\overline{A}_x)=\dfrac{\overline{A}_{x+k}-{}_t\overline{P}(\overline{A}_x)\overline{a}_{x+k}}{\overline{A}_{x+k}}$ $=1-\overline{P}(\overline{A}_{x:\overline{n}\rvert})/\overline{P}(\overline{A}_{x+k})$	${}_kW(A_x)=\dfrac{A_{x+k}-{}_tP(A_x)\ddot{a}_{x+k}}{A_{x+k}}$ $=1-P(A_{x:\overline{n}\rvert})/P(A_{x+k})$	${}_kW(\overline{A}_x)=\dfrac{\overline{A}_{x+k}-{}_tP(\overline{A}_x)\ddot{a}_{x+k}}{\overline{A}_{x+k}}$ $=1-P(\overline{A}_{x:\overline{n}\rvert})/P(\overline{A}_{x+k})$
t 年缴费终身保险($k<t$)	${}_k^t\overline{W}(\overline{A}_x)=\dfrac{\overline{A}_{x+k}-{}_t\overline{P}(\overline{A}_x)\overline{a}_{x+k:\overline{t-k}\rvert}}{\overline{A}_{x+k}}$ $=1-\overline{P}_t(\overline{A}_{x:\overline{n}\rvert})/{}_{t-k}\overline{P}(\overline{A}_{x+k})$	${}_k^tW(A_x)=\dfrac{A_{x+k}-{}_tP(A_x)\ddot{a}_{x+k:\overline{t-k}\rvert}}{A_{x+k}}$ $=1-{}_tP(A_{x:\overline{n}\rvert})/{}_{t-k}P(A_{x+k})$	${}_k^tW(\overline{A}_x)=\dfrac{\overline{A}_{x+k}-{}_tP(\overline{A}_x)\ddot{a}_{x+k:\overline{t-k}\rvert}}{\overline{A}_{x+k}}$ $=1-P(\overline{A}_{x:\overline{n}\rvert})/{}_{t-k}P(\overline{A}_{x+k})$
($k\geqslant t$)	${}_k^t\overline{W}(\overline{A}_x)=\left(\dfrac{\overline{A}_{x+k}}{\overline{A}_{x+k}}\right)=1$	${}_k^tW(A_x)=\left(\dfrac{A_{x+k}}{A_{x+k}}\right)=1$	${}_k^tW(\overline{A}_x)=\left(\dfrac{\overline{A}_{x+k}}{\overline{A}_{x+k}}\right)=1$
n年期两全保险	${}_k\overline{W}(\overline{A}_{x:\overline{n}\rvert})=\dfrac{\overline{A}_{x+k:\overline{n-k}\rvert}-\overline{P}(\overline{A}_{x:\overline{n}\rvert})\overline{a}_{x+k:\overline{n-k}\rvert}}{\overline{A}_{x+k:\overline{n-k}\rvert}}$ $=1-\overline{P}(\overline{A}_{x:\overline{n}\rvert})/\overline{P}(\overline{A}_{x+k:\overline{n-k}\rvert})$	${}_kW(A_{x:\overline{n}\rvert})=\dfrac{A_{x+k:\overline{n-k}\rvert}-P(A_{x:\overline{n}\rvert})\ddot{a}_{x+k:\overline{n-k}\rvert}}{A_{x+k:\overline{n-k}\rvert}}$ $=1-P(A_{x:\overline{n}\rvert})/P(A_{x+k:\overline{n-k}\rvert})$	${}_kW(\overline{A}_{x:\overline{n}\rvert})=\dfrac{\overline{A}_{x+k:\overline{n-k}\rvert}-P(\overline{A}_{x:\overline{n}\rvert})\ddot{a}_{x+k:\overline{n-k}\rvert}}{\overline{A}_{x+k:\overline{n-k}\rvert}}$ $=1-P(\overline{A}_{x:\overline{n}\rvert})/P(\overline{A}_{x+k:\overline{n-k}\rvert})$
n 年期生存保险	${}_k\overline{W}(A_{x:\overset{1}{\overline{n}\rvert}})=\dfrac{A_{x+k:\overset{1}{\overline{n-k}\rvert}}-\overline{P}(A_{x:\overset{1}{\overline{n}\rvert}})\overline{a}_{x+k:\overline{n-k}\rvert}}{A_{x+k:\overset{1}{\overline{n-k}\rvert}}}$ $=1-\overline{P}(A_{x:\overset{1}{\overline{n}\rvert}})/\overline{P}(A_{x+k:\overset{1}{\overline{n-k}\rvert}})$	${}_kW(A_{x:\overset{1}{\overline{n}\rvert}})=\dfrac{\overline{A}_{x+k:\overset{1}{\overline{n-k}\rvert}}-P(A_{x:\overset{1}{\overline{n}\rvert}})\ddot{a}_{x+k:\overline{n-k}\rvert}}{A_{x+k:\overset{1}{\overline{n-k}\rvert}}}$ $=1-P(A_{x:\overset{1}{\overline{n}\rvert}})/P(A_{x+k:\overset{1}{\overline{n-k}\rvert}})$	${}_kW(A_{x:\overset{1}{\overline{n}\rvert}})=\dfrac{A_{x+k:\overset{1}{\overline{n-k}\rvert}}-P(A_{x:\overset{1}{\overline{n}\rvert}})\ddot{a}_{x+k:\overline{n-k}\rvert}}{A_{x+k:\overset{1}{\overline{n-k}\rvert}}}$ $=1-P(A_{x:\overset{1}{\overline{n}\rvert}})/P(A_{x+k:\overset{1}{\overline{n-k}\rvert}})$
n 年期定期保险	${}_k\overline{W}(\overline{A}^1_{x:\overline{n}\rvert})=\dfrac{\overline{A}^1_{x+k:\overline{n-k}\rvert}-\overline{P}(\overline{A}^1_{x:\overline{n}\rvert})\overline{a}_{x+k:\overline{n-k}\rvert}}{\overline{A}^1_{x+k:\overline{n-k}\rvert}}$ $=1-\overline{P}(\overline{A}^1_{x:\overline{n}\rvert})/\overline{P}(\overline{A}^1_{x+k:\overline{n-k}\rvert})$	${}_kW(A^1_{x:\overline{n}\rvert})=\dfrac{A^1_{x+k:\overline{n-k}\rvert}-P(A^1_{x:\overline{n}\rvert})\ddot{a}_{x+k:\overline{n-k}\rvert}}{A^1_{x+k:\overline{n-k}\rvert}}$ $=1-P(A^1_{x:\overline{n}\rvert})/P(A^1_{x+k:\overline{n-k}\rvert})$	${}_kW(\overline{A}^1_{x:\overline{n}\rvert})=\dfrac{\overline{A}^1_{x+k:\overline{n-k}\rvert}-P(\overline{A}^1_{x:\overline{n}\rvert})\ddot{a}_{x+k:\overline{n-k}\rvert}}{\overline{A}^1_{x+k:\overline{n-k}\rvert}}$ $=1-P(\overline{A}^1_{x:\overline{n}\rvert})/P(\overline{A}^1_{x+k:\overline{n-k}\rvert})$

如果 $s \leqslant n-k$，则用线性插值法求出 s。

如果 $s>n-k$，则展期保险的期限为 $n-k$，用于购买这一保险的趸缴保费为 $\bar{A}^{1}_{x+k:\overline{n-k}|}$，保单现金价值余额为 ${}_kCV-\bar{A}^{1}_{x+k:\overline{n-k}|}$，用这一部分的余额购买期限为 $n-k$ 的生存保险，生存保险的保险金额等于

$$\frac{{}_kCV-\bar{A}^{1}_{x+k:\overline{n-k}|}}{A_{x+k:\overline{n-k}|}^{\ \ 1}} \tag{8.2.3}$$

当保险金额为 b 时，式（8.2.2）不变，而式（8.2.3）则需要乘以系数 b，即

$$b\cdot\frac{{}_kCV-\bar{A}^{1}_{x+k:\overline{n-k}|}}{A_{x+k:\overline{n-k}|}^{\ \ 1}} \tag{8.2.4}$$

如果金额为 b 的保单在解约时还欠额度为 L 的保单贷款，那么，展期保险通常提供的保险金额为 $b-L$。若无此条款，则借款 L 的保单持有人就可通过解约使原本的死亡收益 $b-L$ 增加到 b。在未偿还保单贷款的情况下，将式（8,2.2）改写为

$$b\,{}_kCV-L=(b-L)\bar{A}^{1}_{x+k:\overline{s}|} \tag{8.2.5}$$

【例 8.2.1】 （30）岁人购买的保险金额为 10 000 元的终身寿险，假设为全离散模型，利率 $i=6\%$，当 $k=10$ 时，求：

（1）根据 1980 年规则求最低不丧失保单利益的现金价值。

（2）假设现金价值为 448 元，求展期保险的期限。

（3）如果原保单有 300 元的贷款，求展期保险的期限。

在求（2）和（3）时，假设为离散模型，s 取近似整数。

解 （1）$P(A_{30})=\dfrac{A_{30}}{\ddot{a}_{30}}=\dfrac{0.086\,628\,9}{16.136\,22}=0.005\,4$

$E_1=1.25\min[0.005\,4, 0.04]+0.01=0.017$

$P^{\alpha}=P(A_{30})+\dfrac{E}{\ddot{a}_{30}}=0.005\,4+\dfrac{0.017}{16.136\,22}=0.006\,5$

$${}_{10}CV_{30}=(A_{40}-P^{\alpha}\ddot{a}_{40})\times 10\,000$$
$$=(0.143\,187\,1-0.006\,5\times 15.137\,02)\times 10\,000$$
$$=447.965$$

（2）根据式（8.2.2），有

$$448=10\,000\cdot A^{1}_{40:\overline{s}|}$$

$A^1_{40:\overline{s}|}=0.0448$

$s\approx 20$

(3) 根据式(8.2.5),有

$448-300=(10\,000-300)A^1_{40:\overline{s}|}$

$A^1_{40:\overline{s}|}=0.0153$

$s\approx 9$

8.2.3 自动垫缴保费

如果投保人不按期缴纳保费,但也没有提出退保申请,保险人则可以保单的现金价值垫缴保费,当保费发生拖欠时,该条款将以垫缴保费的方式使保单继续有效,直到解约金正好能够抵付垫缴保费所形成的贷款余额时为止,其中保费贷款余额因利息以及垫缴保费的加入而不断增加。因此,在垫缴保费期间,如果发生保险事故,保险人要从应给付的保险金中扣除垫缴的保费和利息,当垫缴保费利息达到保单现金价值的数额时,保险合同即行终止。

设保费发生拖欠的时间为 k,对于单位金额的完全连续保单,保费贷款期的最长时间 t 由以下方程决定:

$$G\bar{s}_{\overline{t}|j}={}_{k+t}CV \tag{8.2.6}$$

式中,G 为单位保额保险的(年)毛保费;${}_{k+t}CV$ 为单位保额保险在时间 $k+t$ 时的现金价值;i 为保单贷款利率。

在实际中,t 有时取整数,满足

$G\ddot{s}_{\overline{t}|i}\leqslant {}_{k+t}CV$

$G\ddot{s}_{\overline{t+1}|i}>{}_{k+t+1}CV$

剩余的现金价值${}_{k+t}CV-G\ddot{s}_{\overline{t}|i}$用于购买展期保险。

8.3 资产份额

(1) 人寿保险单是一项长期的契约,保险人的收入来自保费及投资收益,支出则由死亡与退保给付及费用开支组成。资产份额方法是分析寿险公司盈余状况非常有效的办法。资产份额计算并不是过去结果的历史概括,而是一种预测性计算,目的在于把握影响保单财务状况的主要原因。

考虑公式

$$
\begin{aligned}
{}_{k+1}AS\cdot p_{x+k}^{(\tau)}=&[{}_kAS+G(1-c_k)-e_k](1+i)\\
&-q_{x+k}^{(1)}-q_{x+k}^{(2)}\cdot{}_{k+1}CV,\ k=0,\ 1,\ 2,\ 3,\ \cdots
\end{aligned}
\tag{8.3.1}
$$

式中，${}_kAS$ 为保单签发后 k 年、保单年度 $k+1$ 开始在即的期望资产份额；G 为毛保费；c_k 为时间 k 用于支付费用的营业保费比例；e_k 为时间 k 用于支付每份保单费用的金额；$q_{x+k}^{(1)}$ 为现龄 $x+k$ 岁的被保险人在达到 $x+k+1$ 岁之前死亡发生的概率；$q_{x+k}^{(2)}$ 为现龄 $x+k$ 岁的被保险人在达到 $x+k+1$ 岁之前退保发生的概率；${}_{k+1}CV$ 为在退保年末支付的退保金额，即现金价值。

类似于责任准备金方程的整理，式（8.3.1）两边同时乘以 $v^{k+1}\cdot l_{x+k}^{(\tau)}$，则有

$$
\begin{aligned}
\Delta[l_{x+k}^{(\tau)}v^k\ {}_kAS]=&[G(1-c_k)-e_k]l_{x+k}^{(\tau)}v^k-(d_{x+k}^{(1)}\\
&+d_{x+k}^{(2)}\cdot{}_{k+1}CV)v^{k+1},k=0,\ 1,\ 2,\ 3\cdots
\end{aligned}
\tag{8.3.2}
$$

于是

$$
\begin{aligned}
l_{x+n}^{(\tau)}\cdot v^n\cdot{}_nAS-l_x^{(\tau)}\cdot{}_0AS=&\sum_{k=0}^{n-1}\{[G(1-c_k)-e_k]l_{x+k}^{(\tau)}v^k\\
&-[d_{x+k}^{(1)}+d_{x+k}^{(2)}\cdot{}_{k+1}CV]v^{k+1}\}
\end{aligned}
\tag{8.3.3}
$$

若${}_0AS=0$，则

$$
\begin{aligned}
{}_nAS=\frac{1}{l_{x+n}^{(\tau)}}\sum_{k=0}^{n-1}\{&[G(1-c_k)-e_k]l_{x+k}^{(\tau)}(1+i)^{n-k}\\
&-[d_{x+k}^{(1)}+d_{x+k}^{(2)}\cdot{}_{k+1}CV](1+i)^{n-k-1}\}
\end{aligned}
\tag{8.3.4}
$$

对于终身寿险，令 $n=\omega-x$ 并重新整理，有

$$
\begin{aligned}
G\ddot{a}_x^{(\tau)}=&A_x^{(1)}+\sum_{k=0}^{\omega-x-1}[Gc_k+e_k]v^k\cdot{}_kp_x^{(\tau)}\\
&+\sum_{k=0}^{\omega-x-1}{}_kp_x^{(\tau)}\cdot q_{x+k}^{(2)}\cdot v^{k+1}\cdot{}_{k+1}CV
\end{aligned}
\tag{8.3.5}
$$

将公式

$$
\begin{aligned}
p_{x+k}^{(\tau)}&=1-q_{x+k}^{(\tau)}\\
&=1-q_{x+k}^{(1)}-q_{x+k}^{(2)}
\end{aligned}
$$

代入式（8.3.1），可得

$$
\begin{aligned}
{}_{k+1}AS=&[{}_kAS+G(1-c_k)-e_k](1+i)-q_{x+k}^{(1)}(1-{}_{k+1}AS)\\
&-q_{x+k}^{(2)}({}_{k+1}CV-{}_{k+1}AS)
\end{aligned}
\tag{8.3.6}
$$

（2）资产份额方法是一种非常有效的分析方法，它对固定的营业保费、费用承担额及现金价值的计算可用来核查定价与保险责任结构各种成分的平衡，计算的目的在于确定除了最初的保单年度外，是否有${}_kAS \geqslant {}_kV$，即盈余大于零。令

$$ {}_kAS = {}_kV + u(k) $$

式中，${}_kV$ 为第 k 期的期末责任准备金；$u(k)$ 为年度 k 期末每个有效保单的目标盈余。$u(k)$ 在年初有可能为负值。假设负债的一般递推公式为

$$ {}_kV \cdot p_{x+k-1}^{(\tau)} = ({}_{k-1}V + P)(1+i) - q_{x+k-1}^{(1)} - q_{x+k-1}^{(2)} \cdot {}_kCV \tag{8.3.7} $$

将式（8.3.1）和式（8.3.7）乘以${}_{k-1}p_x^{(\tau)}$ 并进行整理，则有

$$ u(k) \cdot {}_kp_x^{(\tau)} = [u(k-1) + G(1-c_{k-1}) - e_{k-1} - P](1+i) \cdot {}_{k-1}p_x^{(\tau)} \quad k=1,2,\cdots \tag{8.3.8} $$

令 $G=P+c$，且 $Gc_{k-1}+e_{k-1}=E_{k-1}$，则式（8.3.8）变为

$$ u(k) \cdot {}_kp_x^{(\tau)} = [u(k-1) + c - E_{k-1}](1+i) \cdot {}_{k-1}p_x^{(\tau)} \tag{8.3.9} $$

两边乘以 v^k，整理得

$$ \Delta v^{k-1} \cdot {}_{k-1}p_x^{(\tau)} \cdot u(k-1) = v^{k-1} \cdot {}_{k-1}p_x^{(\tau)}(c - E_{k-1}) $$

类似可得出

$$ {}_kp_x^{(\tau)} \cdot u(k) = \sum_{j=1}^{k} (1+i)^{k-j+1} \cdot {}_{j-1}p_x^{(\tau)}(c - E_{j-1}) \tag{8.3.10} $$

【例 8.3.1】 已知 3 年期两全保险，保险金额为 1 000，$G=350$，$i=15\%$，见表 8.3.1。

表 8.3.1

K	$p_{x+k}^{(\tau)}$	$q_{x+k}^{(\tau)}$	$q_{x+k}^{(1)}$	$q_{x+k}^{(2)}$	c_k	e_k	${}_{k+1}CV$
0	0.5	0.5	0.1	0.4	0.2	8	230
1	0.6	0.4	0.15	0.25	0.06	2	560
2	0.5	0.5	0.5	0	0.06	2	1 000

求各年的资产份额。

解 根据式（8.3.1），有

$$
{}_{k+1}AS=\frac{1}{p_{x+k}^{(\tau)}}[{}_{k}AS+G(1-c_{k})-e_{k}](1+i)-1\,000q_{x+k}^{(1)}
$$

$$
-{}_{k+1}CV\cdot q_{x+k}^{(2)}
$$

$$
{}_{0}AS=0
$$

$$
{}_{1}AS=\frac{1}{0.5}\times\{[0+350\times(1-0.2)-8]\times(1+0.15)
$$

$$
-1\,000\times0.1-230\times0.4\}
$$

$$
=241.6
$$

$$
{}_{2}AS=\frac{1}{0.6}\times\{[241.6+350\times(1-0.06)-2]\times(1+0.15)
$$

$$
-1\,000\times0.15-560\times0.25\}
$$

$$
=606.5
$$

$$
{}_{3}AS=\frac{1}{0.5}\times\{[606.5+350\times(1-0.06)-2]\times(1+0.15)
$$

$$
-1\,000\times0.5\}
$$

$$
=1\,147
$$

8.4 保单红利

前面讨论盈余时假设已确定了红利的大小，实际上当红利假设为零时可先计算出分红前盈余。盈余分配的主要途径有：（1）提留准备金。此部分分配主要是为了稳定经营，降低企业风险，保证企业的偿付能力。（2）股东收益。（3）保单红利。其中保单红利是最主要的部分。

寿险业务的实践证明，寿险公司的盈余主要来源于分红性保单，因为这种保单的保费已含有这种盈余假设。分红性保单的持有人购买分红保险的主要原因是寻求公司优良的经营和投资业绩，他们与寿险公司的股东共同分享业绩成果，从所缴纳的保险费看，其费率比一般非分红保单的费率更高。

计算保单红利的方法主要有两种。

8.4.1 经验调整法

在上一节中，我们主要讨论了资产份额方法，在保险实务中，预期资产份额不会恰好等于每份有效保单的经验资产额。用${}_{k+1}\widehat{AS}$表示由于经验数据的改变而

计算出的经验资产份额，它是由 k 年期末资产份额按经验成本要素计算得出，即

$$ {}_{k+1}\widehat{AS}=[{}_{k}AS+G(1-\hat{c}_k)-\hat{e}_k](1+\hat{i}_{k+1})-\hat{q}^{(1)}_{x+k}(1-{}_{k+1}\widehat{AS})-\hat{q}^{(2)}_{x+k}({}_{k+1}CV-{}_{k+1}\widehat{AS}) \tag{8.4.1} $$

用式（8.4.1）减去式（8.3.6），得

$$ \begin{aligned} {}_{k+1}\widehat{AS}-{}_{k+1}AS =& ({}_{k}AS+G)(\hat{i}_{k+1}-i) & ① \\ &+[(Gc_k+e_k)(1+i)-G(\hat{c}_k+\hat{e}_k)(1+\hat{i}_{k+1})] & ② \\ &+[q^{(1)}_{x+k}(1-{}_{k+1}AS)-\hat{q}^{(1)}_{x+k}(1-{}_{k+1}\widehat{AS})] & ③ \\ &+[q^{(2)}_{x+k}({}_{k+1}CV-{}_{k+1}AS)-\hat{q}^{(2)}_{x+k}({}_{k+1}CV-{}_{k+1}\widehat{AS})] & ④ \end{aligned} \tag{8.4.2} $$

在式（8.4.2）中，经验资产份额与期望资产份额之差可分解成四个部分：①是经验利率与预定利率的偏差；②是经验费用与预定费用之差，并按利率调整；③是预定死亡成本与经验死亡成本之差；④则是预定退保成本与经验退保成本之差。

人寿保险的组织基于以下原则：对于销售的一批保单所承诺的保险金给付及担负的费用开销，保费及其投资收入不足抵付的概率应该非常小，并据此决定保费水平。按照这个原理（代替平衡原理），亏损变量的期望值应为负值，以便产生一个安全边际，应付可能发生的不利偏差。由于不确定性随着时间的推移而消除，原定价与保险责任结构中为应付不利偏差而设置的保障额可随之发放并返还给保单持有人，后者通过缴付高额保费承受了风险。这些不再需要的超出应付未来风险部分的余额就是红利，式（8.4.1）的一个简化形式常被用于决定红利的分析。

对式（8.3.6）进行调整，用符号${}_{k}F$ 表示基金份额，代替资产份额${}_{k}AS$，基金份额${}_{k}F$ 不再是期望运行结果，而是事先设定的数额，以使所考虑的一组保单的未来保费与投资收入能以较高的概率保证满足其保险责任与费用开支。于是

$$ {}_{k+1}F=[{}_{k}F+G(1-c_k)-e_k](1+i)-q^{(1)}_{x+k}(1-{}_{k+1}F)-q^{(2)}_{x+k}({}_{k+1}CV-{}_{k+1}F) \tag{8.4.3} $$

式中，c_k，e_k，$q^{(1)}_{x+k}$与 $q^{(2)}_{x+k}$通常设置得比预期值高；i 的水平设置得比预期值低，以便提供填补不利偏差的保障额，这种安全边际使得动用外部基金的概率较低。

式（8.4.4）描述了1单位保险的基金份额的递进关系，其中带有"帽子"的量是经验成本要素

$$
\begin{aligned}
{}_{k+1}F+{}_{k+1}D=&[{}_kF+G(1-\hat{c}_k)-\hat{e}_k](1+\hat{i}_{k+1})\\
&-\hat{q}_{x+k}^{(1)}(1-{}_{k+1}F-{}_{k+1}D)\\
&-\hat{q}_{x+k}^{(2)}({}_{k+1}CV-{}_{k+1}F-{}_{k+1}D)
\end{aligned}
\tag{8.4.4}
$$

在式（8.4.4）中，红利${}_{k+1}D$是经验基金份额与预先设定的基金份额目标${}_{k+1}F$之差。式（8.4.4）减去式（8.4.3），得

$$
\begin{aligned}
{}_{k+1}D=&({}_kF+G)(\hat{i}_{k+1}-i) && ①\\
&+[(Gc_k+e_k)(1+i)-(G\hat{c}_k+\hat{e}_k)(1+\hat{i}_{k+1})] && ②\\
&+(1-{}_{k+1}F)(q_{x+k}^{(1)}-\hat{q}_{x+k}^{(1)}) && ③\\
&+({}_{k+1}CV-{}_{k+1}F)(q_{x+k}^{(2)}-\hat{q}_{x+k}^{(2)}) && ④\\
&+{}_{k+1}D(\hat{q}_{x+k}^{(1)}+\hat{q}_{x+k}^{(2)}) && ⑤
\end{aligned}
\tag{8.4.5}
$$

式（8.4.5）中各部分与以下经验要素相关：①利息；②费用；③死亡情况；④退保；⑤红利（只支付给期末生存者）。如果${}_{k+1}CV={}_{k+1}F$，且红利也支付给死亡或退保的被保险人，并且将Gc_k+e_k记为E_k，$G\hat{c}_k+\hat{e}_k$记为$\hat{E}_k$，那么式（8.4.5）的右端可写成三项形式

$$
\begin{aligned}
{}_{k+1}D=&({}_kF+G)(\hat{i}_{k+1}-i)\\
&+[E_k(1+i)-\hat{E}_k(1+\hat{i}_{k+1})]\\
&+(1-{}_{k+1}F)(q_{x+k}^{(1)}-\hat{q}_{x+k}^{(1)})
\end{aligned}
\tag{8.4.6}
$$

【例 8.4.1】 在例 8.3.1 的基础上，如果红利分配给死亡和退保的被保险人，计算${}_1D$和${}_2D$。假设${}_0F={}_0AS=0$，${}_1F={}_1AS=241.6$，${}_2F={}_2AS=606.5$；$\hat{i}_1=0.15$，$\hat{i}_2=0.16$；$\hat{q}_{x+1}^{(1)}=0.1$，$\hat{q}_{x+k}^{(2)}=0.2\hat{q}_x^{(1)}=0.09$，$\hat{q}_x^{(2)}=0.5$；$c_k=\hat{c}_k$（$k=0, 1, 2$）；$\hat{e}_0=10$，$\hat{e}_1=1$。

解 见表 8.4.1。

表 8.4.1

	${}_1D(k=0)$	${}_2D(k=1)$
① 利息 $({}_kF+G)(\hat{i}_{k+1}-i)$	$(0+350)\times(0.15-0.15)=0$	$(241.6+350)\times(0.16-0.15)$ $=5.916$

续前表

	${}_1D(k=0)$	${}_2D(k=1)$
② 费用 $(Gc_k+e_k)(1+i)-(G\hat{c}_k+\hat{e}_k)(1+\hat{i}_{k+1})$	$(350\times0.2+8)\times1.15$ $-(350\times0.2+10)\times1.15=-2.3$	$(350\times0.06+2)\times1.15$ $-(350\times0.06+1)\times1.16=0.93$
③ 死亡 $(1\,000-{}_{k+1}F)(q_{x+k}^{(1)}-\hat{q}_{x+k}^{(1)})$	$(1\,000-241.6)\times(0.1-0.09)$ $=7.584$	$(1\,000-606.5)\times(0.15-0.1)$ $=19.675$
④ 退保 $({}_{k+1}CV-{}_{k+1}F)(q_{x+k}^{(2)}-\hat{q}_{x+k}^{(2)})$	$(230-241.6)\times(0.4-0.5)$ $=1.16$	$(560-606.5)\times(0.25-0.2)$ $=-2.325$

则

$${}_1D=0+(-2.3)+7.584+1.16=6.444$$

$${}_2D=5.916+0.93+19.675-2.325=24.196$$

8.4.2 三元素法

由前面分析可知，盈余（或红利）是由很多因素决定的，但最主要的因素是利差益、死差益和费差益。三元素法就是基于这种考虑而用于计算红利的一种方法。其基本公式为

$$D_t=I_t+M_t+E_t \tag{8.4.7}$$

式中，D_t 为保单第 t 年年末的红利；I_t 为保单第 t 年的利差益因素；M_t 为保单第 t 年的死差益因素；E_t 为保单第 t 年的费差益因素。

I_t，M_t和 E_t 可由下列公式给出：

$$I_t=(i_t'-i_t)({}_{t-1}V_x+{}_tP_x) \tag{8.4.8}$$

$$M_t=(q_{x+t-1}-q_{x+t-1}')(R-{}_tV_x) \tag{8.4.9}$$

$$E_t=({}_tG_x-{}_tP_x-{}_te_x)(1+i_t') \tag{8.4.10}$$

式中，x 为保单签发年龄；i_t' 为保单第 t 年的红利利率；i_t 为保单第 t 年的预定利率（计算责任准备金时所采用的利率）；${}_tV_x$ 为保单第 t 年的期末责任准备金；${}_tP_x$ 为保单第 t 年的估计纯保费；q_x 为 x 岁时的预定死亡率（计算责任准备金时所采用的死亡率）；q_x' 为 x 岁时的红利死亡率；${}_tG_x$ 为保单第 t 年的营业保费；${}_te_x$ 为保单第 t 年的费用支出；R 为保险金额。

【例 8.4.2】 保险金额为 10 000 元的终身死亡保险，发行年龄为 25 岁，营业保费为 180 元，估计纯保费为 120 元，保单年度 14 和 15 的责任准备金分别为 1 700 元和 1 800 元。根据下述条件求 D_{15}。

解 （1）如果 $i'_{15}=8\%$，$i_{15}=5\%$，则

$$I_t=(i'_t-i_t)({}_{t-1}V_x+{}_tP_x)$$
$$=(i'_{15}-i_{15})({}_{14}V_{25}+{}_{15}P_{25})$$
$$I_{15}=(0.08-0.05)\times(1\,700+120)$$
$$=54.6$$

（2）如果 $q_{39}=0.003$，$q'_{39}=0.002$，则

$$M_t=(q_{x+t-1}-q'_{x+t-1})(R-{}_tV_x)$$
$$=(q_{39}-q'_{39})(10\,000-{}_{15}V_{25})$$
$$M_{15}=(0.003-0.002)\times(10\,000-1\,800)$$
$$=8.2$$

（3）如果 ${}_{15}e_{25}=50$，则

$$E_t=({}_tG_x-{}_tP_x-{}_te_x)(1+i'_t)$$
$$E_{15}=({}_{15}G_{25}-{}_{15}P_{25}-{}_{15}e_{25})(1+i'_{25})$$
$$=(180-120-50)\times(1+0.08)$$
$$=10.8$$

则其红利为

$$D_{15}=I_{15}+M_{15}+E_{15}$$
$$=54.6+8.2+10.8$$
$$=73.6$$

8.4.3 经验保费法

设 $\hat{G}$ 是根据实际死亡与费用假定确定的经验保费，则

$$\hat{G}=v_{k+1}F-{}_kF+\hat{g}+v\hat{q}^{(1)}_{x+k}(1-{}_{k+1}F) \qquad (8.4.11)$$

其中，$\hat{g}=G\hat{c}_k+\hat{e}_k(k=0,1,2,\cdots)$，另外，设 ${}_{k+1}CV={}_{k+1}F(k=0,1,2,\cdots)$，在这些假设下有

$${}_{k+1}F=({}_kF+\hat{G}-\hat{g})(1+i)-\hat{q}^{(1)}_{x+k}(1-{}_{k+1}F) \qquad (8.4.12)$$

如果红利也向死亡或退保的被保险人支付，那么式（8.4.4）可写成

$${}_{k+1}F+{}_{k+1}D=({}_kF+G-\hat{g})(1+\hat{i}_{k+1})-\hat{q}^{(1)}_{x+k}(1-{}_{k+1}F) \qquad (8.4.13)$$

$${}_{k+1}D=(G-\hat{G})(1+\hat{i}_{k+1})+({}_kF+\hat{G}-\hat{g})(\hat{i}_{k+1}-i) \qquad (8.4.14)$$

式（8.4.14）即是计算红利的经验保费法的公式。

关键词

保单现金价值　保单红利　保单选择权　缴清保险　展期保险　自动垫缴保费　资产份额　　经验调整法　三元素法　经验保费法

练习题

1. 证明式（8.1.7）和式（8.1.8）。

2. 证明表 8.1.3 和表 8.1.4 中的调整保费表达式。

3. 根据表 8.1.3 和表 8.1.4 中的各种情况，计算第 1 年的费用补贴 E_1。

4. （x）的单位保额完全连续终身寿险在 k 年末转为不丧失现金价值。设${}_kCV={}_k\bar{V}(\bar{A}_x)$，分别按缴清保险与展期保险给出刚改变后的保险的未来损失方差与原保险在时间 k 的未来损失方差之比。

5. 已知 $A_x=0.320\,8$，$\ddot{a}_x=12$，$A_{x:\overline{n}|}=0.547\,2$，$\ddot{a}_{x:\overline{n}|}=8$，用 1941 年规则计算 $P^a_{x:\overline{n}|}$。

6. 向（30）发行的 1 单位完全连续 20 年期两全保险，在第 10 年年末中止，并且那时还有一笔以${}_{10}CV$ 为抵押的贷款额 L 尚未清偿，用趸缴纯保费表达：

（1）在保额为 $1-L$ 的展期保险可展延到原期满时的情况下，期满时的生存给付金额 E。

（2）转为第（1）小题中展期保险与生存保险后 5 年时的责任准备金。

7. 考虑（x）投保的缴费期为 n 的 n 年期两全保险，保险金为 1 单位，支付基础为完全离散的。在拖欠保费的情况下，被保险人可选择：

（1）减额缴清终身寿险。

（2）期限不超过原两全保险的展期定期保险以及 $x+n$ 岁时支付的减额生存保险。在时间 t 的解约金为${}_tV_{x:\overline{n}|}$，它可用来购买金额为 b 的缴清终身寿险，或用于购买金额为 1 的展期保险以及 $x+n$ 岁时的生存支付 f。设 $A_{x+t:\overline{n-t}|}=2A_{x+t}$，用 b，$A^{\;1}_{x+t:\overline{n-t}|}$ 及${}_{n-t}E_{x+t}$表示 f。

8. 设${}_{k+t}CV={}_{k+t}\bar{V}(\bar{A}_x)$。

证明：决定自动垫缴保费贷款期长短的方程可写成 $H(t)=0$，其中 $H(t)=\bar{a}_xG\bar{S}_{\overline{1}|i}+\bar{a}_{x+k+1}-\bar{a}_x$。

9. 在人寿保险的早期，一家保险公司的解约金定为

$$ {}_kCV=h(G_{x+h}-G_x)\ddot{a}(k),\quad k=1,2,\cdots $$

式中，G 为相应年龄的毛保费；$\ddot{a}(k)$ 为始于 $x+k$ 岁并到缴费期结束为止的期初生存年金值，h 在实际中取 $\frac{2}{3}$。如果终身寿险保单的毛保费按 1980 年规则取为调整保费，并且 P_x 与 P_{x+k} 都小于 0.04，$h=0.9$，证明解约金为

$$_kCV=(0.909+1.125P_x)_kV_x+1.125(P_{x+k}-P_x)$$

10. 生存年金递推关系为

$$(\ddot{a}_{x+h}-1)(1+i)=p_{x+h}\ddot{a}_{x+h+1}, \quad h=0,1,2\cdots$$

（1）如果实际的经验利率是 $\hat{i}_{h+1}$，经验生存概率是 $\hat{p}_{x+h}$，则年金的递推关系为

$$(\ddot{a}_{x+h}-1)(1+\hat{i}_{h+1})=\hat{p}_{x+h}(\ddot{a}_{x+h+1}+\Delta_{h+1})$$

式中，Δ_{h+1} 为生存者份额的变化。证明并解释

$$\Delta_{h+1}=\frac{(\hat{i}_{h+1})(\ddot{a}_{x+h}-1)+(p_{x+h}-\hat{p}_{x+h})\ddot{a}_{x+h+1}}{\hat{p}_{x+h}}$$

（2）如果年末的年金收入调整为年初的 r_{h+1} 倍，其中

$$(\ddot{a}_{x+h}-1)(1+\hat{i}_{h+1})=\hat{p}_{x+h}\cdot r_{h+1}\cdot \ddot{a}_{x+h+1}$$

用 i，$\hat{i}$，p_{x+h} 及 $\hat{p}_{x+h}$ 表示 r_{h+1}。

11. 证明式（8.4.12）、式（8.4.13）和式（8.4.14）。

12. 在 1941 年法则中，若 $P_x^2>0.04$，$P^2>0.04$，则 $E_1=$（　　）。

A. 0.036　　B. 0.046　　C. 0.051　　D. 0.053

13. （30）投保 20 年期生死两全保险，若 $P_{30:\overline{20}|}=0.08$，$d=0.01$，利用 1941 年法则求得 $P_{30}^2=0.01$ 时的调整保费为（　　）。

A. 0.062 0　　B. 0.062 6　　C. 0.063 8　　D. 0.071 5

第9章

现代寿险的负债评估

本章对于现代寿险的负债评估进行简单的介绍。

9.1 利率敏感型寿险的评估

传统的寿险产品一般都是在一定费率下提供一个保证未来现金价值和死亡的给付。即使是分红保单也可以用传统的评估技术很容易地进行评估，这是因为红利一般可采用以下方法进行分配：现金支付；购买附加定期保险；购买缴清保险或者抵缴保费。在任何情况下，红利在整个保险期间都不会影响基本的保障水平，也就是说，分红保单的红利不会影响保单原定的保障水平。

总之，在传统寿险中，分红或不分红寿险保单的评估都可采用传统的评估方法较为容易地进行。

但是，目前在世界上许多国家比较流行的是利率敏感型寿险，这种寿险将退保现金价值定义为过去保费积累（保费可能是固定的也可能是变动的）与过去死亡成本和费用开支积累值的差额，其积累利率是由公司公布的或是基于某些指标。这些性质与传统寿险的评估过程是不同的。

9.1.1 可变动保费万能寿险

可变动保费万能寿险对于未来保费一些假设的要求使得其评估过程更为特殊，传统寿险保单所使用的"未来保险给付现值与未来保费收入现值的差额"公式不能应用于可变动保费万能寿险，很显然，这是因为可变动保费万能寿险的未来保费和未来保险金给付都是未知的。刚刚开始承保万能寿险时，许多保险公司经常采用的关于退保现金价值及准备金价值的方法有：(1) 现金价值的公式采用过去法准备金计算公式；(2) 保单销售采用永久保障的方法，保单持有人可以通过其缴费水平改变其未来保险金给付水平；(3) 第一年的费用和退保费用对于永久计划一般小于 CRVM 中的费用补贴。早期，还有一些保险公司将万能寿险看成是一个缴清保险保单，因为公司对未来保费没有任何要求。在这种情况下，对于预先费用保单，如果保单的保证死亡率和利率与评估基础一致，则现金价值即为未来保证保险金给付的合适的准备金。

随着万能寿险的不断发展，其后期费用只估价退保价值，这就成为保单积累基金、退保现金价值或者一些中间价值是否应为适当准备金问题讨论的因素之一。

1. 最小准备金

对于万能寿险确定最小准备金的方法一般可利用传统的评估方法，但需要对未来保费收入进行假设，同时假设一个因素用于调整真正保单的运行，计算可变动保费万能寿险的 CRVM 必须具备下列要求：

(1) 计算保证期满保费（GMP）。GMP 是在保单最后到期日提供一个两全给付所对应的均衡毛保费。GMP 是在保单承保日利用死亡成本、费用成本和利率等保证计算而得的，如果保单持有人改变保单的保险责任结构，则重新计算 GMP。

(2) 计算保证期满基金（GMF's）。GMF's 是在承保日利用保单的各种保证和 GMP 假设计算而得的。同样，如果保单持有人改变保单的保险责任结构，则须重新计算 GMF's。

(3) 必须知道在评估日的实际基金数额。

(4) 实际基金值与 GMF 的比率 r，r 的值不能超过 1。

(5) 从评估日开始，在保证的基础上，利用实际基金和 GMF 中较大者和

GMP 的假设向前规划保单基金，这个规划过程则产生一个评估日的保证死亡给付和保证期满给付。这些给付的现值计算是评估基础。

（6）计算均衡纯保费准备金，其计算方法是 r 乘以未来给付现值（上面提到的）与未来均衡纯保费现值的差。这些均衡纯保费是在保证的基础上假设 GMP 的情况下根据保单计划在承保日计算而得，具体而言就是用上述计算方法，只是将评估日改为承保日而已。

（7）CRVM 准备金是由上面确定的均衡纯保费准备金与 r 乘以未摊回 CRVM 费用补贴之间的差额。CRVM 费用补贴是保险计划在保证基础上和 GMP 的假设下在保单承保日的值。

实质上，所有的要求和规定都假设在承保日全部保单都是永久性计划，因子 r 试图测定保单作为永久计划是否是正常运行的。对于所有人寿保险单，现金价值超过准备金的部分都必须看做是负债项目。

2. 选择最小准备金

对于可变动保费万能寿险，如果 GMP 小于评估纯保费则要求计算选择最小准备金（AMR's）。如果 GMP 小于用最低标准的死亡率和利率计算而得的评估纯保费准备金时，准备金数额应是（1）和（2）中的较大者：（1）用保单实际使用的死亡率基础、评估利率，根据准备金方法计算而得的准备金；（2）使用实际准备金方法，但利用保费不足准备金的最低标准死亡率和利率，用 GMP 代替评估纯保费计算而得的准备金。

与传统寿险保单不同，万能寿险中评估纯保费并没有明确给出。为了计算 AMR's，许多公司计算评估纯保费的公式为

$$VNP = P^{NL} + \frac{EA}{\ddot{a}} \tag{9.1.1}$$

式中，VNP 为评估纯保费；P^{NL} 为均衡纯保费；EA 为初始延期费用。

（1）如果死亡率和利率的保证基础与评估基础十分相似，则无附加费用保单可以利用 AMR's。

（2）保险费率的保证成本若低于评估死亡率，特别是如果保证利率等于评估利率且预先附加费用水平很低，则会导致使用 AMR's。

（3）保证利率高于评估利率，特别是保险费率保证成本等于评估死亡率，且费用水平较低，则可利用 AMR's。

（4）任何保单计划如果产生较小数额的 GMP，则可能会导致使用 AMR's。

一旦计算出 GMP，GMF 和均衡纯保费，则对任何期间都可以确定其期末准备金，为了检验评估过程，假设每年支付 GMP，对于期间 t，选择 t 期间中

GMF 和每个保单评价的实际基金两者中较大者，并将其积累到保单期满日。为了计算均衡纯保费准备金，则需确定期间 t 的死亡给付和到期给付的现值，这个现值的计算则采用评估基础的利率和生命表。期间 t 的均衡纯保费准备金是 r 乘以未来保险金给付现值与未来保费收入现值的差额，其中，r 表示期间 t 的实际基金与保证期满基金 GMF 的比率，用公式可表示为

$$_tV^{NL}=r(PVFB_t-P^{NL}\cdot\ddot{a}_{x+t}) \tag{9.1.2}$$

式中，$_tV^{NL}$ 为均衡纯保费准备金；$PVFB_t$ 为未来保险金给付运用评估计算基础（即评估利率、评估生命表等）在期间 t 的现值，这个现值是利用保单的基本保证，假设在以后期间缴费数额为 GMP，由实际基金与 GMP 两者中最大者开始而规划出的结果；$\ddot{a}_{x+t}$ 为保单剩余期间的年金；r 为期间 t 的实际基金与 GMF_t 的比率，且 $r\leqslant1$。

保单的 CRVM 准备金可写成

$$CRVM={}_tV^{NL}-r\cdot EA^{CRVM}\frac{\ddot{a}_{x+t}}{\ddot{a}_x} \tag{9.1.3}$$

式中，EA^{CRVM} 为第一年的 CRVM 费用补贴，此保单计划定义为保费 GMP 且满足所有的保单保证项目；$\ddot{a}_x$ 为在承保日的年金现值。

【例 9.1.1】 设某保单的预先附加费用是保费的 3%，保证利率为 4%，承保年龄为 35 岁，GMP 是到 95 岁的两全保险、保额为1 000元的保费，则 GMP 为 14.49。在实务中，由于万能寿险积累和保证的死亡给付是以月为基础的，而现值的计算是以年为基础的，所以在计算准备金时出现了困难，它须将以月为单位变化的一系列死亡给付折现到评估日。有些方法可以解决这个问题，在本例中，则是利用连续型公式将年平均死亡给付折现。在承保日，以承保日的保证为基础，假设年费率为 GMP，则产生均衡死亡给付和到 95 岁时与死亡给付相等的两全给付，假设死亡给付在死亡当时发生，年保费的利率为 4.5%，则可得到，$P^{CRVM}=13.80$，$P^{NL}=13.16$。

假设在第 10 年年末的实际基金为 195.75 元，计算第 10 年年末的期末准备金，在保证基础上，通过积累 GMP 到第 10 年年末而得到 $GMF_{10}=136.7$ 元，在此例中，由于实际基金大于 GMF_{10}，则 $r=1$。下一步则是在保证基础上将实际基金规划至 95 岁且确定保险给付的现值，则 $\overline{A}=381.65$ 元。未来均衡纯保费的现值为

$$P^{NL}\cdot\ddot{a}_{45:\overline{50|}}=13.16\times15.6193=205.55\text{（元）}$$

则未摊回 CRVM 补贴为

$$r(P^{CRVM}-P^{NL})\cdot \ddot{a}_{45:\overline{50}|} \tag{9.1.4}$$

即 $(13.8-13.16)\times 15.6193=10$(元)

所以，以 4.5%和 58 年 CSO 为基础的期末准备金为

$$\begin{aligned}{}_{10}V&=\overline{A}_{45}-P^{NL}\cdot \ddot{a}_{45:\overline{50}|}-(P^{CRVM}-P^{NL})\cdot \ddot{a}_{45:\overline{50}|} \qquad (9.1.5)\\&=381.65-205.55-10\\&=166.1\text{（元）}\end{aligned}$$

这个结果小于基金余额 195.75 元。然而，现金价值为 187.99 元，则此值为总负债。

【例 9.1.2】 在例 9.1.1 中，如果 10 年期的实际基金为 57.74 元，小于 GMF_{10}，则

$$r=\frac{57.75}{136.70}=0.4224$$

在保证基础上规划 GMF_{10} 得到均衡死亡给付1 000元和 95 岁的两全给付1 000元。假设基金等于 GMF_{10} 时未来保险金给付的现值为 334.68 元，未来均衡纯保费和未摊回费用补贴的现值不变，则期末准备金为

$$\begin{aligned}{}_{10}V&=r[\overline{A}-P^{NL}\cdot \ddot{a}_{45:\overline{50}|}-(P^{CRVM}-P^{NL})\ddot{a}_{45:\overline{50}|}] \qquad (9.1.6)\\&=0.4224\times(334.68-205.55-10)\\&=50.32\text{(元)}\end{aligned}$$

【例 9.1.3】 在例 9.1.1 的基础上，去掉 3%的预先附加费用，保证利率变为 4.5%，则 AMR 应该提高，在本例中，我们得到 GMP＝13.04 和 GMF_{10}＝127.59，假设第 10 年的实际基金为 177.63 元，评估保费没变，则

$$P^{CRVM}=P^{NL}+\frac{EA}{\ddot{a}_x}=13.80>\text{GMP} \tag{9.1.7}$$

假设评估基础同样用于计算保费不足准备金，则期末准备金的计算必须用 GMP 代替 P^{NL} 且使用费用补贴。期间 10 的未来保险给付的现值为 382.69 元，所以期末准备金为

$$382.69-13.04\times 15.6193=179.01\text{（元）}$$

此结果与 177.63 元非常接近。

【例 9.1.4】 在例 9.1.3 中，假设费用附加为 3%。减少 AMR 的有效方法

是加入费用附加，在例 9.1.3 中，如果加入 3%的费用附加，所有数字都保持不变，只有 GMP 变为 13.44 元。因为 $P^{CRVM}>P^{GMP}$，则计算出 AMR 的值为

$$382.69-13.44\times15.6193=172.77\text{（元）}$$

如果加入更大的费用附加，则可能全部消除 AMR。

上述例题中都是定义期末均衡纯保费准备金，如果计算平均准备金则需要适当调整。

9.1.2 固定保费万能寿险

许多国家寿险市场上流行的某些产品是根据万能寿险的积累过程计算出的现金价值，但保费支付是固定不变的。这些产品中的部分种类同样给保单持有人提供一个二级保证。这个二级保证为被保险人提供现金价值、死亡给付和到期给付等一系列保证，且不受保单运行状况的影响。实务中，在这些保单刚签发的时候，许多公司将以下两者中较大者作为法定准备金：(1) 提供二级保证的保险计划用传统方法计算的 CRVM 准备金；(2) 实际的现金价值。

这种产品比可变保费万能寿险更容易也能更好地符合法定评估规则的要求，在任何时点上，未来给付的现值（PVFB's）可以很容易地确定，且未来的保费支付是固定的。在固定保费万能寿险的评估过程中的不同点主要包括：(1) GMP等于毛保费；(2) 费用补贴和未摊回的比例由保单在承保时的保证计划中决定；(3) r 一般等于 1。

给出上述参数后，对于固定保费万能寿险计算的 CRVM 的过程可简化为：(1) 在保证基础上规划未来的保险给付，将一级保证代入必要的计算中；(2) 利用评估生命表和利率评价上述的保险给付；(3) 减去保险保证计划的未来 CRVM 纯保费在承保时的现值。

在实际基金价值基础上，规划未来保险给付使得准备金的计算尽管在有计算机的条件下也显得很麻烦，有时则省略保证准备金达到最低水平的这个过程。在这样的条件下，用前面的方法，即选择承保日期的 CRVM 准备金和实际现金价值的较大者是适当的。

在前面的模型中主要讲述了期末准备金的计算方法，但没有介绍非整数年的准备金的计算。目前在国际上使用的方法有很多，关于非整数年准备金计算的讨论，主要包括：

(1) 如何计算 r，是否按照评估日期来计算 r，还是在评估日期的上一个或下一个整数年度来计算 r。

（2）如果 r 是按评估日计算的，如何在评估日计算 GMF。

（3）是按照基本原理计算评估日的准备金因子，还是计算平均准备金、期中准备金或插值准备金。

尽管用上一年或下一年的整数年计算出来的 r 来计算非整数年准备金可能是不合理的，但一般认为这种方法比在评估日计算出来的 r 更为精确。这样，如何在评估日计算 GMF 是一个问题。特别是使用年 GMP，还是使用与保单计划的保费形式相一致的 GMP。使用与准备金方法相一致的选择是非常重要的，例如，如果在计算 GMP 时假设年 GMP 和使用平均准备金因子，则不需要延期保费。如果不是这样，GMP 的计算是利用与保单计划缴费方式相同的 GMP 且利用平均准备金因子，则对于月缴保费的保单延期纯保费是必要的，且延期纯保费需要乘以 r。不管是要求延期纯保费还是未满期保费都是以 GMF 为基础的，而不是以实际保单基金为基础的。这样，如果 GMF 是以月 GMP 和平均准备金因子为基础，则延期纯保费是必要的。如果 GMF 是根据年 GMP 和期中准备金因子，则必须使用未满期保费。

利用评估日直接计算准备金因子可以避免使用延期纯保费和未满期保费，然而使用平均准备金或者期中准备金则更容易检验评估项目，图 9.1.1 中的 x 和 $x+1$ 是保单整数年的年龄，图中的实线是在年 GMP 假设下的 GMF，虚线是在季 GMP 假设下的 GMF。

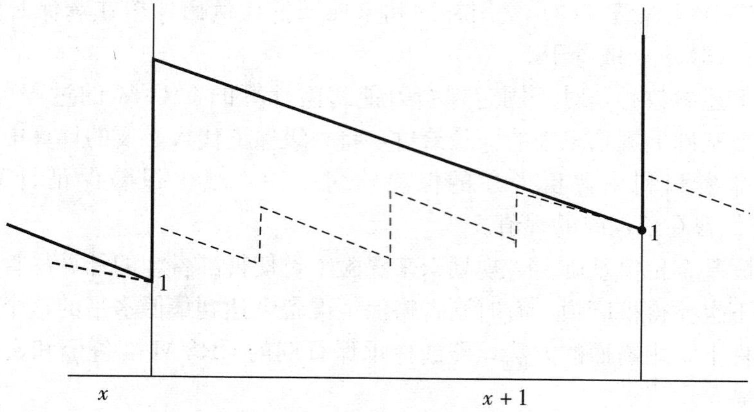

图 9.1.1 GMP 假设下的 GMF

9.1.3 可能的变化

对于万能寿险使用 CRVM 方法是比较复杂的，另外，让人担忧的是在确定条件下，准备金可能是不充分的，因此，对于万能寿险可采取其他的方法。万能寿险的税收准备金是按一般法规确定的，因此为了税收报告目的，保险公司不得不采用两种不同的技术计算万能寿险的准备金，这种方法叫做保证到期保费方法(GMPM)。

在 GMP 方法中，保险公司应计算保证期满保费和保证期满基金，然而在评估日的未来保证给付的规划过程则不再必要，因子 r 和传统的 CRVM 准备金用于计算万能寿险 CRVM 准备金，这里传统的 CRVM 准备金是基于永久的寿险计划，其到期日是在万能寿险计划下尽可能晚的到期日。如果 t 时刻基金小于或等于 GMF_t，则

$$ {}_tV^{GMPM} = r \cdot {}_tV^{CRVM} \tag{9.1.8}$$

如果 t 时刻基金大于 GMF_t，则

$$ {}_tV^{GMPM} = {}_tV^{CRVM} + F_t - GMF_t \tag{9.1.9}$$

式中，${}_tV^{CRVM}$ 为传统 CRVM 准备金；F_t 为实际基金数额。

当因子 $r<1$ 时，式（9.1.8）产生的结果与前面的方法是一致的，当保单的实际基金大于保证到期基金时，式（9.1.9）对于大多数保单产生的结果是一种非常合理的近似。

对于万能寿险评估利率的选择是极其重要的，如果评估利率发生变动则会对评估结果产生极大的影响。最为保守的规定是评估利率不得高于保单的保证利率，这就使得最低准备金标准比任何其他假设都要高，而一般的保险公司都是采用比保证利率高的评估利率进行评估计算的。例如，如果保单的保证利率为 5%，则评估利率为 6%或 6.5%等。有些国家和地区允许保险公司的准备金等于现金价值和基金的平均值，在这种情况下，准备金的数值与前面介绍的方法计算出来的结果有可能不同。例如，对于预先附加费用的万能保单，这种方法产生的准备金往往等于现金价值，而小于前述方法计算的结果，但一般的国家都要求公司的准备金至少不能小于国家规定的最低标准，因此各公司还必须计算法律规定的准备金，特别是满足税收的要求。

9.1.4 充足准备金最小值

使用现金价值作为准备金对于可变动保费万能寿险保单来说，可能会对晚期的延期损失产生影响，万能寿险的 CRVM 尽管有所改进，但也可能在某些情况下造成不充分准备金的结果，特别是事后附加费用的保险公司。

对于许多具有退保费用的万能寿险，当不再考虑退保费用的现金价值将大于

CRVM 准备金，如果对于万能寿险采取标准的方法而不进行任何修正，在毛保费不能再支撑现金价值增长的情况下则可能造成续年损失。表 9.1.1 给出一个典型的这种保单的法定利润分布。

表 9.1.1 **保单法定利润分布**

年度	法定账面利润	未来利润现值
0	—	0.63
1	(2.993 0)	3.70
2	5.528 0	(1.30)
3	(0.234 2)	(1.24)
4	(0.510 0)	(0.91)
5	(0.604 0)	(0.44)
6	(1.013 6)	0.51

由表 9.1.1 的最后一列可以看出，在某些期间，准备金与未来保费之和及其投资不足以支付费用和保单持有人的预期给付。在这个例子中，第 2 年的法定利润很大，使得当退保费用忽略时产生续年损失。这个计划在承保时是可获利的，但法定准备金基础使得收益获得太早。尽管这个例子不是很典型，但它的确描述了当保单（包括传统寿险保单）的现金价值超过准备金时可能产生的问题。万能寿险的评估结果对于假设的投资回报水平非常敏感，因此，多检验几种方法是非常必要的。

9.2 年金评估

在寿险业发展的早期，年金并不占有重要的位置，且最早的年金都是固定给付的年金种类。后来，随着利率的不断增长和波动，许多保险公司开始承保趸缴或者可变动保费延期年金。随着年金的不断发展，年金准备金数额也大规模增长，许多国家纷纷出台关于最小年金准备金的各种规定，美国的保险监督官年金准备金评估方法（CARVM）在法规中给出了明确的表述。年金保单或者生存保险保单的准备金是在评估日的每年末支付的未来保证给付（包括保证不丧失保单利益）的现值与在年末前发生的未来评估保费收入现值差额的最大值。这里的未来保证给付是利用明确规定的生命表和利率确定的。

9.2.1 趸缴纯保费延期年金的评估

1. 评估方法及实例

对于这类年金的评估，首先是在保单保证基础上对年金基金余额提前规划，然后再利用规划的基金余额计算保单的未来保证给付，包括年金给付、死亡给付和不丧失现金价值。对于每个未来保证给付，都有必要利用评估生命表和评估利率计算未来给付现值与“未来评估保费”收入现值的差额，年金准备金就是这样计算出来的净现值的最大值。这种计算准备金的方法要注意：(1) 这种准备金的计算要求明确未来不丧失的现金价值，这与一般寿险评估有所不同，后者在评估中只需明确死亡给付和到期给付；(2) 为了计算某个保单的准备金，有必要确定在每年末的每个可能的未来给付，包括死亡给付、年金支付和不丧失现金价值，然后计算每个给付的现值。因为一个典型的年金保单至少有 5～6 种选择权利，且有许多可能的年金支付次数。因此，为了计算某一个保单的准备金都必须计算数以百计的现值。幸运的是，许多保单的设计使得马上就能确定哪次支付能产生最大现值，因此，只需计算很少的未来给付而省略了全部计算过程。

在评估过程中，精算师可能会对积累利率和评估利率及生命表的选择产生困惑，在确定准备金时，一般有两个独立的过程：第一，计算未来保证给付，这可能需要积累保单基金，同时需要在不同时间将这个基金按照保证年金购买率购买年金给付，当用这种方法积累时，则使用包括任何保证的保证基金积累值。当应用基金确定年金给付时，则采用保证年金购买率。第二，将在上一个步骤中得到的给付进行折现，在这个过程中则使用适当的评估生命表和评估利率。我们必须认识到积累基础和评估基础是独立的，但无论两者之间是何种关系，都是用来计算准备金的。一般而言，用于确定年金未来给付的保证利率不能超过用于税收评估目的的利率。

对于趸缴保费延期年金，准备金的计算过程可以用例 9.2.1 来描述。

【例 9.2.1】 趸缴保费数额为10 000元，没有预先附加费用，保证利率在 1 年～5 年为 10%，以后为 4%，退保费用见表 9.2.1。评估利率为 8%，死亡给付等于退保现金价值。

表 9.2.1

保单年度	基金的比例 (%)
1	7
2	6
3	5
4	4

续前表

保单年度	基金的比例（%）
5	3
6	2
7	1
8 年以后	0

表 9.2.2 给出了在保单前 10 年每年年末的保证基金积累值以及退保现金价值。

表 9.2.2　　保证基金积累值和退保现金价值　　单位：元

保单年度	基金	现金价值
0	10 000	9 300
1	11 000	10 230
2	12 100	11 374
3	13 310	12 645
4	14 641	14 055
5	16 105	15 622
6	16 749	16 414
7	17 419	17 245
8	18 116	18 116
9	18 841	18 841
10	19 594	19 594

假设基金没有得到更高的利率，表 9.2.3 给出了按照利率 8%计算出来的每个未来退保现金价值在承保日及前 5 年中每个整年数点的现值。

表 9.2.3　　未来退保现金价值的现值　　单位：元

保单年度	现金价值	各保单周年日					
		0	1	2	3	4	5
0	9 300	9 300					
1	10 230	9 472	10 230				
2	11 374	9 751	10 531	11 374			
3	12 645	10 038	10 841	11 708	12 645		
4	14 055	10 331	11 157	12 050	13 014	14 055	
5	15 622	<u>10 632</u>	<u>11 483</u>	<u>12 401</u>	<u>13 393</u>	<u>14 465</u>	<u>15 622</u>
6	16 414	10 344	11 171	12 065	13 030	14 072	15 198
7	17 245	10 062	10 867	11 737	12 676	13 690	14 785
8	18 116	9 788	10 571	11 416	12 329	13 316	14 381

续前表

保单年度	现金价值	各保单周年日					
		0	1	2	3	4	5
9	18 841	9 425	10 179	10 994	11 873	12 823	13 849
10	19 594	9 076	9 802	10 586	11 433	12 348	13 335

对于前 5 年中的每一年，画线的数字即是退保现金价值产生的最大现值。以第 3 年为例，第 3 年年末现金价值的现值为 12 645 元，在第 4 年年末现金价值的现值是13 014元，第 10 年年末现金价值的现值为11 433元。因为退保给付等于死亡给付，所以折现时只考虑利率，而不考虑死亡率因素。可以看出，第 5 年年末的退保现金价值在前 5 年的每年总是产生评估最大现值。这样，保单第 3 年年末的准备金为13 393元，等于第 5 个保单年度价值的现值。

以上计算说明了如何提前知道哪个期间将产生最大现值，一般而言，对于趸缴保费延期年金，应注意下列事项：

（1）如果保险年金购买率的计算基础比评估基础更为严格，或者如果利用退保现金价值来确定未来保证年金给付，则未来保证年金给付将不再进入准备金的计算，这是因为未来保证年金给付的现值通常小于在年金给付日时的现金价值。

（2）对于没有退保费用的保单，如果保证基金积累率小于评估利率，则产生最大现值的现金价值就是评估日的现金价值。如果这个保单的保证积累利率在评估日以后的数年内大于评估利率，而以后的利率等于或小于评估利率，则产生最大的现金价值是积累利率大于评估利率最后一年末的现金价值。如果保单的保证积累利率总是大于评估利率，则产生最大现值的现金价值是保单最可能晚的到期日的现金价值。

（3）对于具有退保费用的保单，如果保证积累利率与退保费用综合结果在 n 年内大于评估利率，则第 n 年年末的现金价值产生最大现值。如果保证积累利率与退保费用的综合结果有时高于评估利率，有时低于评估利率，则有必要计算许多时点现金价值的折现值，才能找到哪个将产生最大现值。

在上述计算中，为什么第 6 年现金价值的现值小于第 5 年现金价值的现值，我们可以计算第 5 年和第 6 年的实际利率。

$$i_5=\frac{CSV_5-CSV_4}{CSV_4}=\frac{15\ 622-14\ 055}{14\ 055}=11.15\%$$

$$i_6=\frac{CSV_6-CSV_5}{CSV_5}=\frac{16\ 414-15\ 622}{15\ 622}=5.07\%$$

因为第 5 年的实际利率大于评估利率 8%，第 1 年至第 4 年的实际利率分别为

10%，12.8%，11.2%和11.15%；而第6年的利率小于评估利率8%，第7年至第10年的实际利率为6.16%，5.05%，4%和4%，都小于评估利率8%，则在前5年内，第5年年末的现金价值产生了最大现值。而5年后，当年的现金价值将产生最大的现值。

【例9.2.2】 趸缴保费数额为10 000元，没有预先附加费用，保证利率在第1年至第4年为9%，以后为5%，退保费用见表9.2.4。

表9.2.4

保单年度	基金的比例（%）
1	7
2	6
3	5
4	4
5	3
6	2
7	1
8年以后	0

评估利率为8%，死亡给付等于退保现金价值。

表9.2.5给出了在保单前10年每年末的保证基金积累值以及退保现金价值。

表9.2.5　　保证基金积累值和退保现金价值　　单位：元

保单年度	基金	现金价值
0	10 000	9 300
1	10 900	10 137
2	11 881	11 168
3	12 950	12 303
4	14 116	13 551
5	14 822	14 377
6	15 563	15 252
7	16 341	16 178
8	17 158	17 158
9	18 016	18 016
10	18 917	18 917

假设基金没有得到更高的利率，表9.2.6给出了按照利率8%计算出来的每

个未来退保现金价值在承保日及前5年中每个整年数点的现值。

表9.2.6　　未来退保现金价值的现值　　单位：元

保单年度	现金价值	各保单周年日					
		0	1	2	3	4	5
0	9 300	9 300					
1	10 137	9 386	10 137				
2	11 168	9 575	10 341	11 168			
3	12 303	9 767	10 548	11 392	12 303		
4	13 551	9 960	10 757	11 618	12 547	13 551	
5	14 377	9 785	10 568	11 413	12 326	13 312	14 377
6	15 252	9 611	10 380	11 211	12 107	13 076	14 122
7	16 178	9 440	10 195	11 010	11 891	12 843	12 870
8	17 158	9 270	10 012	10 812	11 677	12 612	13 621
9	18 016	9 012	9 733	10 512	11 353	12 261	13 242
10	18 917	8 762	9 463	10 220	11 038	11 921	12 874

在许多情况下，用分析的方法确定哪个现金价值将产生最大现值是非常容易的，在设计保单时必须注意这个问题，但有些产品的性质使得分析方法非常困难或者根本不可能。

2. *产品的一般特点*

对于趸缴保费延期年金，许多保单的一般特点使准备金的计算复杂化，主要包括：

（1）死亡给付大于退保现金价值。许多趸缴保费延期年金在年金受领日前的死亡给付等于未扣除退保费用的基金值，有些保单则规定最小死亡给付等于已付保费数额。在实务中，为了简化计算过程，按照上述计算方法，现值计算忽略了死亡给付的影响且折现时只考虑利率因素，然后再计算死亡给付超过现金价值部分的现值（称为死亡给付准备金）。因为这部分死亡给付准备金的数额相对于其他准备金较小，其计算一般采用较为粗略的方法。通常使用的近似方法是让死亡给付准备金等于每个未来死亡给付超过现金价值的部分在评估利率和评估生命表基础上计算出来的现值总和。更为准确的方法是使死亡给付准备金等于在产生最大现值的年末死亡给付超过现金价值的部分利用评估利率和评估生命表计算而得的现值总和。

（2）保证储备。许多带有退保费用的延期年金，在目前不保证基金积累利率比初始利率低的某明确量的情况下含有一个储备，且全部或部分退保费用在有限期间内可以免除。这种储备设计用于减轻过去购买者的恐惧，否则这些人会感到保险公司在其资金被锁入某个有高退保费用的保单时，有可能试图降低具有吸引力的初始利率。显然，当保证储备在评估日有效时，就不再使用退保费用，计算目前现金价值在准备金等式中的贡献时也不再考虑退保费用。实务中，这种方法在多数时间产生的结果等于在这种条件下的当前基金。一般情况下，未来保证给付值不能因“重大”的偶然出现的退保费用而减少，尽管退保现金价值并没有此项要求。保证储备退保费用当使用的利率大于长期寿险（20 年或更长）最高利率时发生，即采用比 20 年或更长期限的寿险允许使用高于最高评估利率的利率时，这种情况下的退保费用是“重大”的。对于这样的保单，其准备金必须是用下面两种方法计算出的较大值：第一，评估日没有减去任何退保费用；第二，在确定未来现金价值时忽略退保费用。

【例 9.2.3】 已知保费收入为10 000元，保证利率前两年为 8%，以后为 4%，退保费用见表 9.2.7。

表 9.2.7

保单年度	基金的比例（%）
1	5
2	4
3	3
4	2
5	1
6 年以后	0

保证储备利率：7%

评估利率：6%

长期寿险利率：5.5%

表 9.2.8 给出了承保日与前 4 年中每年末的基金、现金价值和现金价值在承保日的现值，这里的现值是不考虑保证储备因素的现值。

表 9.2.8 **年末基金、现金价值和现金价值的现值** 单位：元

保单年度	基金	现金价值	现值
0	10 000	9 500	9 500
1	10 800	10 260	9 679
2	11 664	11 197	9 965
3	12 131	11 767	9 880
4	12 616	12 364	9 793

我们可以发现这里出现“重大”的问题，此问题只发生在第 3 年，因为前 2 年的保证利率为 8%而保证储备利率只有 7%，不会出现小于 7%的情况，应用上述第二种方法，即忽略未来的退保费用，我们可以得到表 9.2.9。

表 9.2.9　　现金价值、忽略退保费用的现金价值及其现值　　单位：元

保单年度	现金价值	现金价值忽略退保费用	现值
0	9 500	9 500	9 500
1	10 260	10 260	9 679
2	11 197	11 197	9 965
3	11 767	12 131	10 185
4	12 364	12 616	9 993

因此，第二种方法下承保时的准备金为 10.185 元。

根据第一种方法则可得出表 9.2.10，在此表中，承保时的准备金为 10.381 元。

表 9.2.10　　承保时的准备金与现值　　单位：元

保单年度	基金	现值
0	10 000	10 000
1	10 800	10 189
2	11 664	10 381
3	12 131	10 185
4	12 616	9 993

若取由两种方法计算出的较大值，则保单承保时的准备金为 10.381 元。

（3）部分退保的优惠。许多有退保费用的趸缴纯保费延期年金都包含部分退保的优惠，即保单持有人每年有权知道退保账户余额的一个明确比例而享受免收退保费用的优惠条件。通常，这种权利只允许在保单每个整数年后的一定期限内行使，如 30 天。保险公司控制免费部分退保的方法有：1）综合方法调整退保费用以反映这种优惠。如果保险公司允许基金的 10%享受免费退保的优惠，综合的方法则是将每年的退保费用降低 10%，即如果保单的退保费用为 5%，在这种情况下则变为 4.5%。2）连续方法。当保险公司考虑到每次可能发生的免费退保时，则对此保单规划出在下一年假设没有免费退保和假设发生免费退保的情

况，以此类推进而可勾画出“一棵树”，这棵树依赖于保单设计且在计算负债时通常不能使用团体的方法。因此在实务中，保险公司往往使用上述第一种方法，而不用第二种方法去检验，通常第一种方法产生的准备金小于第二种方法的结果。

（4）双轨利率资信。保险公司为了鼓励保单持有人能够尽可能不退保而等到领取年金，就将基金账户分为两个，一个用于确定不丧失价值和死亡给付，另一个则用于计算未来的年金给付。用于计算未来年金给付的利率高于用于确定不丧失价值和死亡给付的利率。为了评估这类保单，根据准备金计算的基本方法，对于未来退保和死亡给付基金，则是将其按照评估利率折现至评估日。而第二个基金账户则用于计算基金余额的积累，将来根据保证购买率来购买年金，这些年金按照评估利率和评估生命表折现至受领日开始，然后再按照评估利率折现至评估日。准备金是两者中较大的一个。第二个基金账户在准备金计算中是否很大的重要因素要看保证年金购买率与死亡率和利率评估基础之间的关系，如果保证年金购买率较大，则第二个基金账户将产生极大的给付水平，相反则较低。

趸缴保费延期年金有时也免除了在年金领取时的退保费用，这同样可能造成用于购买年金的基金超过当前现金价值，这种影响会比双利率制的影响小很多。在计算准备金时使用保守的保证年金购买率可以消除这种影响。如果保证年金购买率不充分保守，从理论上讲保单应该采用上述的双利率进行评估。在实务中，主要因为提前领取年金的情况很少，所以这个影响往往被忽视。

（5）利息指标。有些趸缴保费延期年金保证了一个最小利率，如4%或5%，同时也保证了资信利率不能小于基金标明的利率指标。对于利率指标年金保单的准备金的计算，通过假设未来利率资信率等于法定评估利率而消除了未来保证因素。这就是说，即使利率指标可能大于评估利率，准备金数额也不会相应提高。同时，如果某保单年度没有退保费用，或者基金余额与退保现金价值相同，准备金的数额则等于评估日的基金余额。

3. 准备金的实际测算

（1）日历年度评估。在前面的讨论中，都是假设评估是在保单年度的整数年进行的，实际上这是很少发生的。当我们讨论非整数年的评估时，也运用了相同的原理。当计算未来保证金时，评估日的基金余额是利用未来保证利率积累的评估日的余额。许多公司的当前保证利率是以保单年度为基础的，在这种情况下，对于其余小数部分的保单年度的当前保证利率是必须考虑的。同样，在前面基金余额积累至未来每个保险年度末以确定每个保单年度末的各种给付。一个普遍的错误是计算每个会计年度末的给付而不是保单年度末的给付。

在实务中，计算会计年度的准备金，一种最为简单的方法是计算下一个保险年度的准备金，然后再贴现到评估日。

（2）当前现金价值。尽管当评估日不是整数年时，准备金不使用当前现金价值，但保险公司的总准备金不能小于相应的现金价值，因此，当前现金价值较大的，则代替了准备金数额。

（3）团体方法。在实务中，用团体方法而不是连续方法计算准备金是一种传统的方法，一般情况下是可以被接受的。这种方法假设团体保单是在每一年的中点发生的，如果实际保单签发的分布偏差很多，则需考虑对近似的团体保单承保日进行调整，否则就认为是在年中发生的。对于趸缴保费延期年金，具有相同的保证积累利率的保单和承保年度用团体方法近似，平均承保日期假设是在期间的中点且这个保证利率仍然有效，在这种情况下，团体方法是有效的方法。然而，团体方法可能会受到一些设计较为复杂的保单的阻碍和牵制而不能被使用，如“双轨”利率保证等。

（4）基金变化评估基础。计算准备金时对于计算未来给付现值的基础可以是承保年基础，也可以是基金变化基础。虽然两者在技术上没有差异，但会影响到其计算结果。进一步讲，对于不同的基础可采用的恰当的利率是不同的。在承保年基础上，评估利率是在保单承保日确定的，这个利率用于折现所有的未来保证给付，且在整个保单期内是固定不变的（对于延期年金，在年金支付之前是固定不变的），在这种情况下，则假设是承保年基础。在基金变化基础上，未来给付的折现使用的是不同的利率，而利率依赖于由于基金的增长明确给付所发生的时间，即基金变化基础利用初始资金存入时的利率评估它的价值，后来基金的所有变化，包括初始基金利率的变化，其评估时利用的利率是其发生时的利率。

公司采用基金变化基础的优点是初始最大评估利率通常大于承保年方法使用的利率。然而，如果利率在承保日以后，则基金增长的最大利率可能小于承保年方法使用的利率。基金变化基础的计算技术在应用中有所不同，比较合理的方法是使用与会计年度相适应的基金变化基础评估利率来计算保单承保年的会计年度的准备金。在第 1 个会计年度利用承保会计年度的评估利率折现由所有基金余额决定给付，在第 2 个会计年度对于基金增长的数额决定的给付利用基金变化基础评估利率来计算准备金。在以后各年中，基金的任何增长都将使用基金变化基础评估利率进行评估。在这里，每项给付都独立进行贴现。这样，当计算第 2 年的准备金时，如果规划至第 3 年，则第 1 年基金可能产生最大现值，如果规划到第 7 年，则第 2 年基金可能产生最大现值。在这种情况下，这两个不同年份的现值之和就构成准备金。

【例 9.2.4】 趸缴保费延期寿险，没有预先附加费用，第 1 年退保费用为 5%，以后每年降低 1%则在第 6 年变为 0，第 1 年到第 3 年的保险利率为 10%，第 4 年到第 6 年的保险利率为 8.5%，以后的保险利率为 4%。假设基金变化评估利率最大值在 2004 年为 10%，2005 年为 9%。对于 2004 年 7 月 1 日承保的 10 000元的保单，可得到表 9.2.11。

表 9.2.11 单位：元

时间	基金	退保值
2004.7.1	10 000	9 500
2004.12.31	10 488	9 964
2005.12.31	11 537	11 076

在 2004 年 12 月 31 日，基金由两部分组成：2004 年部分为10 488元，2005 年部分为1 049元（11 537－10 488）。对于 2004 年，未来保证给付的最大现值是第 3 个保单整年度的现金价值的现值，即

$$10\,488\times\frac{(1.1)^{2.5}}{(1.1)^{2.5}}\times 0.97=10\,173\text{（元）}$$

即为 2004 年年末的准备金。

在 2005 年 12 月 31 日，基金由两部分组成：2004 年部分为10 488元，2005 年部分为1 049元（11 537－10 488）。对于 2004 年部分，未来保证给付的最大现值是第 3 个保单整年度的现金价值的现值，即

$$10\,488\times\frac{(1.1)^{1.5}}{(1.1)^{1.5}}\times 0.97=10\,173\text{（元）}$$

对于 2005 年部分，未来保证给付的最大现值是第 6 个保单整数年度的现金价值的现值，即

$$1\,049\times\frac{(1.1)^{1.5}(1.085)^{3}}{(1.09)^{4.5}}\times 1=1\,049\text{（元）}$$

则准备金为

$$10\,173+1\,049=11\,222\text{（元）}$$

9.2.2 年缴保费年金的评估

前面所讲的评估准备金的方法可以同样应用到年缴保费年金的评估中，唯一

的不同是，在每个未来给付现值中减去未来评估保费收入的现值，这个差额用来确定准备金，评估保费收入定义为未来保费毛收入的一部分。

【例 9.2.5】 某年金保单，已知：

年保费：1 000 元；

预先附加费用：保费的 5%并加上常数 25；

保证利率：第 1 年到第 5 年为 10%，以后为 4%；

退保费用：见表 9.2.12；

评估利率：8.75%；

死亡给付等于退保现金价值。

表 9.2.12

保单年度	基金的比例（%）
1～5	5
6	4
7	3
8	2
9	1
10 年以后	0

表 9.2.13 给出了保单前 10 年每年年末时，在支付下期保费前的保证基金积累值和退保现金价值。

表 9.2.13 **保证基金积累值和退保现金价值** 单位：元

保单年度	基金	现金价值
1	1 018	967
2	2 137	2 030
3	3 368	3 200
4	4 722	4 486
5	6 212	5 901
6	7 422	7 126
7	8 681	8 421
8	9 991	9 791
9	11 352	11 239
10	12 768	12 768

表 9.2.14 给出了保单前 10 年每年年末的期末现金价值的现值，未来保费收入的现值和两者之差。**黑体数字**表示每一评估年中差额最大值。

表 9.2.14 **现金价值的现值**

未来保单年度	现金价值	各保单周年日					
		0	1	2	3	4	5
1	967	889	967				
		925	0				
		(36)	**967**				
2	2 030	1 716	1 867	2 030			
		1 776	925	0			
		(59)	942	2 030			
3	3 200	2 488	2 705	2 942	3 200		
		2 558	1 776	925	0		
		(70)	930	2 017	3 200		
4	4 486	3 207	3 488	3 793	4 125	4 486	
		3 277	2 558	1 776	925	0	
		(70)	930	2 018	3 200	4 486	
5	5 901	3 880	4 219	4 588	4 990	5 427	5 901
		3 938	3 277	2 558	1 776	925	0
		(59)	942	**2 031**	**3 214**	**4 502**	**5 901**
6	7 126	4 308	4 685	5 094	5 540	6 025	6 552
		4 546	3 938	3 277	2 558	1 776	925
		(239)	746	1 818	2 983	4 249	5 627
7	8 421	4 681	5 091	5 536	6 021	6 547	7 120
		5 106	4 546	3 938	3 277	2 558	1 776
		(424)	544	1 598	2 744	3 990	5 345
8	9 791	5 005	5 443	5 919	6 437	7 000	7 613
		5 620	5 106	4 546	3 938	3 277	2 558
		(615)	337	1 373	2 499	3 723	5 055
9	11 239	5 283	5 745	6 248	6 794	7 389	8 035
		6 093	5 620	5 106	4 546	3 938	3 277
		(810)	125	1 142	2 248	3 450	4 758
10	12 768	5 519	6 002	6 527	7 098	7 719	8 394
		6 527	6 093	5 620	5 106	4 546	3 938
		(1 009)	(91)	907	1 992	3 173	4 456

考虑保险保单第 5 年年末的现金价值在第 2 年年末的现值

$$\frac{5\,901}{(1.087\,5)^3}=4\,588\text{（元）}$$

未来评估保费收入，即毛保费扣除预先附加费用后的纯保费的现值为

$$(1\,000\times 0.95-25)\ \ddot{a}_{\overline{3}|}=2\,558\text{（元）}$$

则两者之差为

$$4\,588-2\,558=2\,030\text{（元）}$$

对于年缴保费年金使用分析方法确定准备金比趸缴保费延期年金要困难得多。

9.2.3 可变动保费年金的准备金

年金准备金的评估要求将未来保费收入考虑到计算中去，由于可变动保费的年金一般对未来的保费支付不做任何要求，因此通常采用趸缴保费延期年金的方法计算准备金，在评估日假设未来不发生保费收入。在给定条件下，可变动保费年金的准备金可能大于或者小于相应的固定保费年金的准备金。当事后附加费用较高的产品的暂时保证利率大于评估利率时，会出现可变动保费年金的准备金大于相应的固定保费年金的准备金的情况，而没有事后附加费用的产品且利率相似时会出现小于的情况。

9.2.4 即期年金

在即期年金中，如果没有退保现金价值，准备金等于年金的现值，与前面讲述的方法一致。如果保单具有现金价值，很有可能这些年金现金价值中的一个现值大于年金给付的现值。一般来讲，即期年金的评估利率可以低于延期年金的评估利率，所以即期年金可定义为：（1）第一次年金支付期与年金承保日的距离不超过 13 个月；（2）以后的支付至少以年付的形式持续 5 年；（3）年金的支付方式规定，任何一年的支付不能大于前一年支付额的 115%。

在延期年金的情况下，如果已开始领取年金，大多数保险公司在年金领取日对应的评估日对一个新的即期年金进行评估。许多即期年金规定，无论年金受领人生存与否都提供一个明确期限的年金支付，这段确定期间的年金支付可看做一个确定年金，而后来的年金支付则看做一个延期年金，这种年金我们称为最低保证年金。例如，10 年保证给付终身年金的准备金应等于 $\ddot{a}_{\overline{10}|}+{}_{10|}\ddot{a}_x$，因为这种保单是一种即期年金保单，因此计算这两部分的利率都是即期年金的利率。

9.3 变额保险的评估

变额寿险和变额年金的现金价值与保险公司掌握的独立账户中的资产相互匹配。对于变额寿险或变额年金，由于保险公司对投资行为（不包括保证最低死亡给付）不做任何保证，保单持有人自然比较担心。利用传统的准备金方法来评估变额保单会出现一些问题，前面所讲到的CRVM准备金方法和年金的评估方法却是根据保单的未来保证用未来法确定最低准备金数额，而变额保险没有未来的投资保证。有些变额保险提供最低死亡给付保证，这部分同样需要相应的准备金负债。

有些变额保险提供了普通账户的选择权，在这种情况下准备金方法与不变额保单的方法极为相似。本节所讨论的是在比较明确的条件下的准备金方法，或许有些方法与正确的准备金方法有所不同。一般来讲，变额保单的准备金方法的选择依赖于不同产品的特性，讨论时都是按照不同类型保单而进行的，下面的讨论主要针对三个主要产品：年缴保费变额寿险、趸缴保费变额寿险和变额年金。在年缴保费变额寿险中，又有三种不同的形式，即固定保费、可变动保费以及两者的混合形式。

9.3.1 年缴保费变额寿险

1. 固定保费变额寿险

固定保费变额寿险是按期缴纳固定保费的变额寿险。这种保单都是预先附加费用保单，死亡给付根据投资收益状况进行调整。这里我们介绍两种方法。

（1）变额寿险的任何点的死亡给付额是用初始保单面值乘以实际现金价值与用假设利率（AIR）计算得出的现金价值的比率。如果保单具有保证最小死亡给付（GMDB），其值一般与保单面值相等。不考虑保证最小死亡给付时，对于某个具有一定当前死亡给付水平的变额寿险的准备金与具有相同当前死亡给付、承保年龄和期间的不变额保单的准备金相等，而对于保证最小死亡给付则需计算附加准备金。

（2）公平设计。在这种保单的设计中，任何超过AIR的投资净收入都以AIR为基础作为趸缴纯保费购买缴清变额保险，如果投资收益小于假设利率，附加缴清部分则被取消，且在这种情况下提供保证最小死亡给付。

对于上边两种固定保费变额寿险都可采用传统技术计算准备金，同时也要为保证最低死亡给付提留准备金。在国际寿险市场上，固定保费变额寿险的业务量不大，大多数新业务都是可变动保费或混合保费产品。

图 9.3.1 描述了这两种固定保费变额寿险的现金价值，图中阴影部分表示在 AIR 假设下的现金价值。

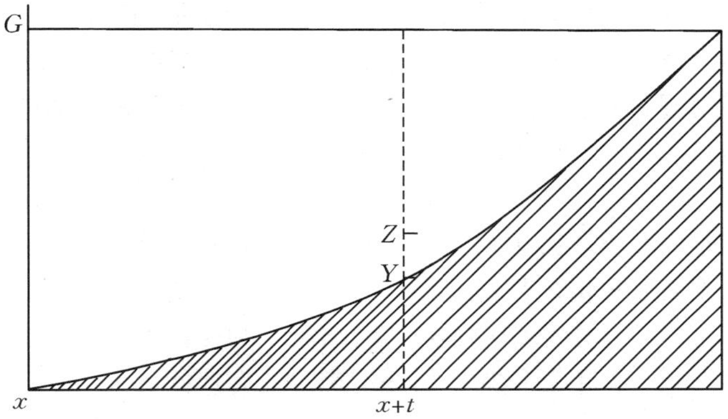

图 9.3.1　两种固定保费变额寿险现金价值

如果保证给付为 G，t 时刻的实际现金价值为 Z，AIR 假设下的传统现金价值为 Y。如果忽略保证最小死亡给付，对于第一种产品，其当前死亡给付为

$$G\times\frac{Z}{Y}$$

对于第二种产品，其当前死亡给付为

$$G+\frac{Z-Y}{A_{x+t}}$$

式中，A_{x+t}是根据 AIR 计算得出的。

2. 可变动保费和混合保费的变额寿险

目前在国际市场上比较流行的是变动保费变额寿险，或称为变额万能寿险（VUL）。这些保单与传统的万能寿险在许多方面非常相似，如死亡成本是定期计算且以实际风险净值为基础，从积累基金中扣除。这种保单的费用或者是从基金中扣除的预先附加费用或是事后附加费用，所以保单现金价值等于基金减去提前规定的退保费用。与固定保费变额寿险不同，死亡给付没有必要随着独立账户中的投资行为而变动。可变动保费变额万能寿险与传统万能寿险唯一的区别是 VUL 保单的积累基金参与投资并随独立账户的投资行为而变动，因此保单持有人比较担心保单的投资风险。

混合产品的运行非常类似，其准备金的计算与可变动保费产品是相同的。在混合产品中，采用的不是全部的可变动保费，而是定期保费概念，但保单持有人可以多缴保费或者少缴保费。

万能寿险的评估方法是将未来保证给付利用未来法技术进行规划，这种方法如果不进行修正就不适用于变额万能寿险。对于完全预先附加费用的变额万能寿险，因为没有未来死亡保证，其现金价值可以代表充足的准备金，且比评估基础更为自由。如果第一年的费用附加超过续年的费用附加且超过第一年的 CRVM 费用补贴，则用现金价值代表准备金有些不妥当。对于事后附加费用的保单，使用 CRVM 费用补贴方法是否恰当是值得讨论的，特别是当准备金小于积累基金时。

这种保单的保费收入减去预先附加费用后的余额必须投资于独立账户，独立账户的资产等于其账户值。然而，对于事后附加费用的变额产品，其法定准备金可能小于账户值。独立账户中的盈余至少等于所有变额万能寿险的费用补贴总和，否则保险人对于基本账户的任何递增都可能有风险。

9.3.2 趸缴保费变额寿险

趸缴保费变额寿险有两种基本类型。

（1）可变动趸缴保费变额寿险。可变动趸缴保费变额寿险可看做趸缴保费产品。这种产品给保单持有人的权利是可以在未来继续支付保费，这种保单与变额万能寿险相同，准备金也与其相同。

（2）固定趸缴保费变额寿险。固定趸缴保费变额寿险不允许保单持有人在缴纳初始保费以后再有保费发生。这种保单提供保证最小死亡给付，并利用假设利率计算毛保费。固定趸缴保费变额寿险可用固定年缴保费变额寿险或者万能寿险的方法计算现金价值。准备金的大小与同类型规则保费保单的准备金相等。

9.3.3 变额年金

上节讲到的年金准备金的计算方法是利用未来准备金方法计算未来保单保证的折现值，从而计算准备金的，不能用于变额年金。对于预先附加费用的变额年金，一般认为现金价值是较好且十分充分的准备金，而正如变额万能寿险一样，对于事后附加费用的保单如何考虑则是一个问题。在 VUL 中使用的方法同样可以用来确定在变额年金准备金方法中适当的利率。独立账户中的盈余至少应等于账户值与准备金的差额。

9.3.4 保证最小死亡给付准备金

1. 固定保费寿险保单

许多变额寿险，特别是固定保费变额寿险都包含一个保证最小死亡给付(GMDB)。典型的固定保费变额寿险的GMDB是与保单有效期一样长，死亡给付永远不低于保单的初始保额，这种保证与独立账户资金投资行为无关。凡是含有GMDB的保单都必须具备附加准备金，且要求是在保险公司的普通账户里。固定保费变额寿险的GMDB准备金的计算有一年定期法（OYT）和到达年龄法两种，准备金的最终值是两者中的较大者。

（1）一年定期准备金。固定保费变额寿险的一年定期准备金成本GMDB大于其他应付的死亡给付部分的定期成本，其覆盖期间为由评估日开始的一整年，假设独立账户中资产的当前价值即刻减少1/3，随后投资回报等于AIR。假设投资回报在立刻减少后等于AIR，简化了计算过程。对于公平设计产品，只有当投资回报超过AIR时才购买缴清附加费。类似地，只有当投资回报小于AIR时才购买负的缴清附加费。这样，如果投资回报等于AIR，则不包含GMDB的死亡给付额保持不变，这意味着GMDB超过其他应付的死亡给付的部分可以在评估日计算出来，且在一年内不需要对投资结果进行规划。因为死亡给付在投资回报恰好等于AIR时也可能变化，所以有必要在假设投资回报等于AIR的情况下规划下一年的其他应付死亡给付以确定评估日后的一年内该死亡给付超过GMDB部分的定期成本。

（2）到达年龄均衡准备金。到达年龄均衡准备金等于保单上一年到达年龄的均衡准备金加上（或减去）当前“支付”的“剩余”。到达年龄均衡准备金和“剩余”在任何年度都不能小于零。这里的“剩余”等于上一年到达年龄的均衡准备金的一个增加值或减少值，增加值是指上一年到达年龄均衡准备金在评估利率下的增加值，所谓减少值由以GMDB大于下一年其他应付的死亡给付部分为基础的评估死亡率构成，其结果再除以表中的生存概率。这里假设初始剩余为零。

上边提到的“支付”是均衡年保费，每年计算一次，或正或负，可用公式表示为

$$\frac{A_{x+t}^{GMDB}-A_{x+t}^{SADB}-\text{剩余}}{\ddot{a}_{x+t:\overline{n}|}} \tag{9.3.1}$$

这时的独立账户死亡给付（SADB）是指没有GMDB时应该支付的死亡给付。

n是指对于这种收取费用的未来年数，一般为未来保费缴付年数；SADB是

在假设独立账户的一个净回报的前提下计算得出的，这个净回报可以与假设投资利率不同，但在任何情况下不能超过允许的最大评估利率。

用于计算一年定期准备金与到达年龄准备金的评估利率和评估死亡率可以与计算基础准备金的假设不同，但必须确定这个标准是评估寿险保单所允许的标准。对于变额万能寿险，其GMDB准备金等于一年定期准备金，除非定期成本是在整个GMDB期内而不是在一年内测量的，而变额万能寿险产品没有到达年龄均衡准备金。在GMDB期间计算一年定期准备金可能产生极大的准备金数额(特别是趸缴保费保单)，同时使计算这些准备金变得极为困难。

2. 可变动保费寿险产品

典型的可变动保费变额寿险保单只对某些期间才具有GMDB，在此期间，保单项下的基金不足以支撑为保障有效而必须的扣除。可变动保费变额保单的GMDB准备金定义为GMDB所提供的假设独立账户中资产的当前值立即减少1/3且以后的净投资收益等于评估利率时的定期成本。对于可变动保费寿险保单没有到达年龄均衡准备金，且定期准备金也不一定限制在一年之内。

3. 变额年金

大部分变额年金都提供一个退保保费的死亡给付保证，这会给保险公司带来风险，这是因为当账户值下降时死亡给付可能会超过法定准备金。因此，保险公司都对变额年金的GMDB提留一定的准备金作为储备。准备金是计算亏空的一年定期成本，或者简单地表达为账户值的一个百分比，这个百分比随着基金类型的不同可能发生变化。或者每年拨款，其值等于依赖于期间改变的账户值的一个比例，在这种方法中，超过基础准备金的任何死亡给付都从GMDB准备金中扣除。

关键词

负债评估　利率敏感型寿险　可变动保费万能寿险　固定保费万能寿险　充足准备金最小值　年金　趸缴纯保费延期年金　年缴保费年金　可变动保费年金的准备金　即期年金　变额保险　年缴保费变额寿险　趸缴保费变额寿险　变额年金　保证最小死亡给付准备金　最小准备金　非整数年的准备金　退保现金价值　现值　退保费用　保证利率　保证基金积累值　固定保费变额寿险　变动保费变额寿险　混合保费变额寿险　万能寿险　可变动保费寿险产品　固定保费寿险保单

练习题

1. 在例9.2.1中将第1年到第5年的保证利率改为9%，求0到第10年的现金价值及第 4 年的准备金。

2. 在例 9.2.3 中将保证利率改为：前 3 年为 8%，3 年以后为 4%，重新计算表 9.2.8、表 9.2.9 和表 9.2.10。

3. 在例 9.2.5 中，若保证利率第 1 年到第 5 年为 9.5%，以后为 4%，求 0 到第 5 保单年度的准备金。

4. 考虑固定保费变额寿险，其设计是公平的且具有下列性质：

男性：35 岁；AIR＝4%；最大允许评估利率：6%；面值（即保额）：10 000元；在第 5 保单年度的实际现金价值为6 238元；在第 5 保单年度的表格现金价值为5 316元。且已知$1\,000q_{39}=2.79$，相关资料如下表。

单位：元

I（%）	x（岁）	$1\,000A_x$	$\ddot{a}_x$	$1\,000q_x$
4	35	246.82	19.582 6	2.11
4	36	255.13	19.366 7	2.24
4	40	290.81	18.438 9	3.02
6	35	139.51	15.202 1	2.11
6	36	146.08	15.086 0	2.24
6	40	175.31	14.569 5	3.02

求：(1) 第 5 保单年度的基础准备金；(2) 用一年定期准备金和到达年龄准备金求第 5 保单年度的 GMDB 准备金。

5. 已知某年金的年保费为 1 000 元；预先附加费用为 3%；保证利率为第 1 年到第 3 年 8%，以后 4%；退保费为 5/4/3/2/1/0%；评估利率为 7%。假设为年缴保费年金，第 1 年末的准备金为（　　）。

A. 1 005　　B. 1 015　　C. 1 025　　D. 1 035

6. 在上题中，如果本金为可变动保费年金，保单签发时缴费 1 000 元，第 2 年保费于第 1 年末尚未支付，则第 1 年年末的准备金为（　　）。

A. 1 005　　B. 1 015　　C. 1 025　　D. 1 035

第10章

风险投资和风险理论

10.1 引　言

财产保险公司的经营业务可以分为两个独立的部分：保险承保与投资。两部分有着密切联系。来自于保险业务的利润每年变动很大，相对来说，投资的净收益较为稳定，这是保险公司在经营中忽略投资的一个主要原因。在我国，投资的净收入更为稳定。这一方面是由于我国的金融市场还不够发达、完善，可供投资的产品不够丰富；另一方面，出于资金安全性的考虑，我国保险公司的资金常投资于一些安全性高的投资工具，因而获取的收入相对稳定。这种状况导致了在保险经营中对承保业务的密切关注，而忽略了投资业务。然而，随着我国金融市场的快速发展和投资工具的日益丰富，且由于保险市场竞争导致的费率过低，致使保险公司的保费收入呈现收不抵支的局面，由保险业务已不能获得丰厚的盈利，因此投资已成为保险公司盈利和发展的关键因素。

风险理论是精算科学的主要组成部分之一，它对保险公司的经营情况进行分析、管理和控制，从而为制定合理的保费及早期预测提供帮助。同时，通过保险行业而发展起来的风险理论也同样适用于其他经济领域。例如将保险公司作为一个投资者，其投资行为就可以用风险理论中的模型来描述。迄今为止，风险理论经历了个体风险理论、聚合风险理论和现代风险理论等几个发展阶段，已成为将概率论与数理统计用于保险的一门应用学科。本章后三节主要介绍了几种风险模型，其中包括短期个别风险模型、短期聚合风险模型和长期聚合风险模型，另外介绍了一些风险理论的应用。

10.2 投资工具

与其他产业不同，保险业是典型的负债经营，其可供投资的大部分资金来源于各项责任准备金，即保险人的负债。正是由于其资金构成的特殊性决定了保险资金的投资将受到更多的限制和监管。《中华人民共和国保险法》第105条规定："保险公司的资金运用，限于在银行存款、买卖政府债券、金融债券和国务院规定的其他资金运用形式。"并且在该条第3款明确规定："保险公司的资金不得用于设立证券经营机构，不得用于设立保险业以外的企业。"这在很大程度上限制了可供保险公司投资的资产运作。虽然它有效地保证了保险资金的安全性，却降低了资金的投资效益，影响了保险公司的利润，甚至影响了保险公司的偿付能力。但令人可喜的是，中国证监会和中国保监会已宣布，保险资金可通过购买证券投资基金间接进入证券市场。保险资金入市终于得以实施。今后，保险资金的投资渠道还有不断扩大的趋势，许多现在不允许的投资工具在将来都会有一席之地。本章将着眼于金融市场和保险市场都相对发达的美国，介绍美国保险公司可使用的部分投资工具。相信在不久的将来，随着我国保险市场和资本市场的发展，保险公司的投资渠道必将拓宽，这些投资工具定能发挥其各自的作用。

本节的最后一部分将介绍巨灾风险证券化产品。它是20世纪90年代以来，在全球非寿险业的承保能力日益短缺，且巨灾频繁发生形势下的证券化产品。它的出现打破了保险人只能利用再保险，将自己承保的巨灾风险部分（或全部）地转移给再保险人的传统做法，而是将风险转移到了广阔的资本市场上。保险公司通过使用巨灾风险证券化产品，扩大了自己的承保能力。这是一种在保险领域里进行的金融创新。

10.2.1 债券

债券（bond）是占财产保险公司投资比重最大的一部分，在保险公司的投资业务中有着举足轻重的作用，因而在本章介绍的投资工具中，首先介绍债券。

（1）债券的特征。

1）债券的组成部分。

①发行机构。

债券由于其发行机构（type of issuer）的不同而有着不同的特性。在美国的金融市场上，三大主要的发行机构是联邦政府、州政府和公司。这些不同发行机构的债券有着不同的收益率、资金的安全性、到期日、税收，以及一些重要的条款，如可赎回权利、可卖回条款、偿债基金条款等。对保险人来说，意识到这一点十分重要。事实上，即使是同样的发行机构，有时也会有非常明显的差别。例如，公司会出售不同类型的债券，有些债券能在公开市场上交易，而另一些债券则在私人市场上交易；一些债券是有抵押担保的，而另一些债券则是没有担保的。市政债券也有不同的类型："普通债务"债券（general obligation）完全由州政府的信用担保，而"收益债券"（revenue bond）则依赖于州政府发行债券期间某个市政项目（如医院、水利系统）的成功与否。

②到期日。

到期日（maturity）是债券的一个关键特征。它是指债券发行人通过支付面值或本金来赎回债券的日期，通常列于债券的契约中。它的重要性在于：首先，到期日显示了债券持有人可以获得息票支付的期数以及本金偿还的时间。其次，到期日对债券的收益有着实质性影响。一般来说，长期债券的收益率要高于短期债券，但也有例外的情况，有些短期债券的收益率高于长期债券。这通常是由于通货膨胀率的突然上升，而投资者又认为它在长期中会回落；有时也是由于经济扩张导致短期资金缺乏，或是由于货币供给的影响。总体来说，到期日对债券收益率的影响依赖于收益的变化趋势。最后，债券价格的波动程度与到期日有着密切的关系。与类似的短期债券相比，当市场利率水平发生变化时，长期债券的价格波动程度更大。

在考虑到期日时，保险人应该注意到那些能改变或允许发行机构改变到期日的条款，例如可赎回权利和偿债基金条款。许多公司和市政债券都会给予发行机构提前召回债券的权利，这使发行机构能在某种情况下先于预定到期日赎回债券。不少产业和公共事业发行的债券都附有偿债基金条款，它要求并允许发行公司在到期日或到期日之前按协定的计划逐步偿还债务。一般来说，这些条款的实施将会改变到期日并对投资者不利。

债券通常分为“短期债券”、“中期债券”和“长期债券”。一般将到期日在1年至5年的债券归为短期债券，5年至12年的债券归为中期债券，超过12年的债券为长期债券。

③息票。

债券的息票（coupon）是指在债券持有期间支付给债券持有人的周期性利息。在美国，大部分债券是每半年支付一次息票，而且对于不同的债券，其息票给付的方式及金额也存在很大的差异。下面就对这些债券做简单的介绍。

a. 收入债券。

收入债券（income bonds）允许在公司收益率非常低时，可以延迟或取消利息的支付。它们通常是在公司破产重组的情况下发行的。另一种类似的债券——可延期债券（deferrable bonds），允许公司在经济低迷时延迟息票支付的时间，最长可达5年。

b. 零息债券。

顾名思义，零息债券（zero-coupon bonds）是指在债券持有期中不支付利息的债券。一般来说，以面值购买的零息债券，只能在到期日一次性支付所有的本金和利息。

c. 通货膨胀率指数债券。

通货膨胀率指数债券（inflation-indexed bonds）的息票额与通货膨胀率指数相连。发行这种债券的目的在于保护债券持有人的息票收入不会由于通货膨胀率的上升而贬值，进而导致购买力的下降。息票支付额一般每年调整一次，调整公式为：

$$息票=息票率\times面值\times\frac{今年的消费价格指数}{去年的消费价格指数}$$

d. 浮动息票率债券。

与前面所述的那些固定息票率的债券不同，浮动息票率债券（floating-rate security or floater）的息票率在整个投资期中是变动的，它每隔一段固定的时间，就会根据一些已调整了利差的参考率（reference rate）值进行调整。例如：

$$息票率=\text{LIBOR}+0.45\% \qquad 每一季度调整一次$$

式中，LIBOR（London Inter-Bank Offered Rate）为伦敦银行同业拆借利率。

浮动息票率债券的某些与众不同之处值得一提。第一，浮动息票率债券的可调整息票率有一个最小、最大息票率的限制，它们通常称为上限（cap）和下限（floor）。第二，虽然大多数浮动息票率债券的参考率使用利率或利率指数，但也有不少浮动息票率债券使用汇率、商品价格指数、股票指数、债券指数作为参考率。第三，一般情况下，息票率与参考率正相关，即当参考率上升时，浮动息票率债券的息票率也随之上升。但有些浮动息票率债券的息票率与参考率呈负相关，这类债券称为逆浮动息票率债券（inverse floaters or reverse floaters）。举例来说，具有如下息票率形式的债券属于逆浮动息票率债券。

$$息票率=15\%-1.5\times LIBOR$$

上述这四种债券只是代表了一部分息票给付方式不同于固定息票给付方式的债券，还有相当多的债券拥有各异的息票支付方式，这里不再一一赘述。值得注意的是，虽然息票仅仅是投资者每期能获得的利息收入，但事实上，息票对债券价格的波动程度有很大的影响。息票额越大，相应于市场利率水平的变动，债券的价格波动程度就越小。

2）条款和权利。

①可赎回条款。

如果债券的契约中包含了可赎回条款（call provision），债券发行机构就能在预定的到期日之前部分或完全地赎回债券。可赎回条款对于发行机构来说是十分有利的。当市场利率水平下降时，发行机构可以赎回原债券进而发行利率成本更低的债券。然而，发行机构拥有的可赎回权利对于投资者来说却非常不利。一般情况下，发行机构只在市场利率下降时才会行使该权利，而在此时的市场环境下，投资者不仅失去了原有债券的高息票率，同时从发行机构获得的用于债券赎回的资金也面临着再投资收益的下降。因此，可赎回债券的收益率一般要高于不可赎回债券的收益率。为了保护投资者的利益，有些债券规定了赎回保护期（period of call protection）。在赎回保护期中，发行机构不能赎回债券，这在一定程度上降低了投资者的风险。

②可卖回条款。

可卖回条款（put provision）给予了投资者在一段时间后以面值将债券卖回给发行机构的权利。不同于可赎回条款，可卖回权利使投资者受益。当债券发行后，利率水平呈现上升趋势导致债券的市场价值降低，投资者即可要求发行机构以面值来购买已贬值的债券。发行机构为了避免损失，一些含有可卖回条款的债券限制了债券持有人可卖回债券的数额。

③可转换权。

可转换债券（convertible）与普通债券的不同之处在于，它能在契约规定的时间内转换成固定数目的普通股。可转换债券具有债券和股票的双重性质。相对于股票来说，可转换债券能提供更安全的本金保证和相对稳定的收入。在经济繁荣时期，股票价格的上升将促使可转换债券的持有人行使转换权进而获取高收益率；而在经济低迷时期，可转换债券可提供一个下限保障，这种双重优势使得可转换债券备受投资者的青睐。当然，由于它所具有的优势，其收益率一般低于不可转换债券。

（2）风险分析。

投资债券不可避免地要承担一定的风险。当然有一条原则是不变的，即风险越大，收益率越高。保险投资人在承担风险的同时要求获得与风险水平相一致的收益率。如果投资于低风险的债券（例如政府债券），就获得相对较低的收益率；而投资于长期债券获得的收益率一般要高于短期债券。识别和了解风险对保险投资来说十分重要。下面就简要地介绍一下利率风险、再投资风险、可赎回风险、信用风险和通货膨胀率风险，当然这并没有涵盖债券市场上的所有风险。

1）利率风险。

债券的价格与市场利率的变动呈逆相关。当市场利率水平上升（下降）时，债券的市场价值就下降（上升）。如果投资者不想持有债券至到期日，就面临着利率风险，利率的上升将意味着债券的资本损失。利率风险常被认为是债券投资者最大的风险。

2）再投资风险。

债券持有期中每期所获得的利息收入常用于再投资，再投资收益的变动程度取决于市场利率的变动程度。对于持有期较长和早期现金流较大的债券而言，其再投资收益的波动更大，因而相应的再投资风险也大。

值得注意的是，利率风险和再投资风险是相互对冲的。例如，利率风险是指利率上升后导致债券市场价值下降的风险，而利率上升推动了再投资率的上升，弥补了一部分债券的资本损失。反之，利率的下降提高了债券的市场价值，却降低了再投资率，抵冲了一部分资本利得。这正是本章下一部分所要阐述的免疫策略的核心思想。

3）可赎回风险。

可赎回风险是指当债券契约中包含可赎回条款时，发行机构能在预定的到期日之前部分或完全地赎回债券的风险。由于只有在市场利率水平下降的环境下，发行机构才会行使该赎回权，因此投资者不仅会损失原有债券的高收益率，同时也面临着再投资收益的下降，对投资者来说十分不利。

4）信用风险。

信用风险是指债券发行机构违约的风险，即发行机构不能及时按期支付本金和利息的风险。根据风险与收益率相匹配的原则，信用程度最好的甚至被认为是没有信用风险的政府债券，其收益率是最低的。公司债券的收益率要高于政府债券，信用等级低的公司债券往往需要通过支付高收益率来吸引投资者，而信用评级最低的债券［也被称为投机债券（speculative grade）或垃圾债券（junk bonds)］，其收益率相当高。保险人应关心所持债券信用风险的改变，这直接影响到债券的价值。

5）通货膨胀率风险。

通货膨胀率风险的产生是由于通货膨胀率的变动导致现金流价值发生变化，通常也称为购买力风险。对于保险人来说，通货膨胀率的增长不仅会使利率上升，从而使债券的市场价值降低，同时也会影响保险公司的业绩，这是因为保险人必须支付超出预设利率水平下的损失成本。因此，保险业务和投资这两方面都遭受通货膨胀率增长的影响。当然，它们也同时受益于通货膨胀率的降低。

（3）债券的定价。

投资者在发行日购买的债券，其价格通常接近于面值，息票率会产生与类似风险和到期日的其他投资接近的利息收入。债券发行后，市场利率的改变会影响债券的市场价格。在任何时间，债券的市场价值都能用下述现值公式决定：

$$PV = \sum_{t} CF_t/(1+r)^t$$

式中，PV 是债券的现值，CF_t 是投资的现金流（息票或本金），r 是现行收益率，t 是现金流支付时间。

例如，考虑一个五年期面值为1 000元的债券。其息票率为 5%，每年支付。又假定现行收益率为 8%，则此债券的市场价值为：

$$PV=\frac{50}{1.08}+\frac{50}{1.08^2}+\frac{50}{1.08^3}+\frac{50}{1.08^4}+\frac{1050}{1.08^5}=880.22$$

如果一年后市场利率上升至 10%（其余条件不变），那么一年后该债券的市场价值为：

$$PV_1=\frac{50}{1.10}+\frac{50}{1.10^2}+\frac{50}{1.10^3}+\frac{1050}{1.10^4}=841.51$$

如果一年后的市场利率保持不变，仍为 8%，其一年后的市场价值为：

$$PV_2=\frac{50}{1.08}+\frac{50}{1.08^2}+\frac{50}{1.08^3}+\frac{1050}{1.08^4}=900.64$$

从计算结果可以清楚地发现，市场利率水平的变动对债券的市场价值有着较大的影响。

虽然用这个公式计算债券的市场价值十分方便，但它却暗含了一个预设的利率结构，即任何投资时期都使用相同的利率水平。这个假定过度简化了金融市场的利率结构，因为在一般情况下，长期利率水平往往不同于短期利率水平。为了使该定价模型更具有现实意义，可对其做如下修正：

$$PV = \sum_t CF_t / X_t(1 + r_t)$$

式中，r_t 是第 t 年的利率水平。

我们举例来说明，同样是一个五年期的债券，息票率为 5%，每年支付，五年中的市场利率预测如下（见表 10.2.1）：

表 10.2.1

r_1	r_2	r_3	r_4	r_5
8%	6%	9%	7%	12%

则该债券的市场价值为：

$$PV=\frac{50}{1.08}+\frac{50}{1.06\times1.08}+\frac{50}{1.09\times1.06\times1.08}+\frac{50}{1.07\times1.09\times1.06\times1.08}$$
$$+\frac{1050}{1.12\times1.07\times1.09\times1.06\times1.08}=869.64$$

10.2.2 股票

保险公司投资的第二大部分是普通股票和优先股票，通常也称为所有者权益。不同于债券发行的借贷关系，股票代表了对公司股份的所有权。普通股是最基本的公司股份所有权形式，而优先股则具有债券和普通股的双重性质。

普通股有两个重要的特点：一是最后请求权（residual claim），二是有限责任（limited liability）。

最后请求权意味着普通股持有人对公司资产和收益的要求权是排在最后的。当公司破产时，只有在清偿完所有债务人（如税务机构、债券持有人、原材料供应商等）以及优先股股东的红利后，才能将剩余的资产支付给普通股持有人。即使在公司正常运营阶段，也只有在扣除利息、税收和优先股的红利后，普通股持有人才拥有请求权。公司可给予股东红利，也可将盈余资金用于再投资。

有限责任意味着当公司破产倒闭时，普通股投资者最多仅损失最初的投资额，仅负有限债务责任，不连带个人。

优先股提供预定的一个分红率，这使得优先股类似于永久性债券，而且与债券一样，优先股也没有选举权。有些优先股甚至具有可转换性，可在一个预设的利率下转换成一定数目的普通股。在没有可转换性时，优先股的价格波动类似于债券价格的波动，而不是股票价格的波动。但优先股毕竟不是债券，其股息可以延迟支付甚至不支付。但与债券不同，这并不意味着发行公司的违约。一般来说，优先股股息可以累积，而且只有在支付了优先股股东的所有股息之后，普通股股东才能获得股息。另外，类似于普通股，优先股股东的请求权也十分靠后，仅先于普通股。

普通股股息比优先股股息波动更大，其股息值可任意变大、变小甚至不支付。普通股的收益率由普通股的股息和股价收益两部分组成。

$$r=\frac{D_1+P_1-P_0}{P_0}$$

式中，P_1 是时刻 1 的股票价格，P_0 是时刻 0 的股票价格，D_1 是第一期的普通股股息，r 是普通股收益率。

一般来说，普通股的投资者都期望股价上升以获得更多的资本利得，从而产生超过债券的收益率。这是因为普通股的投资风险比债券更大，因而普通股投资的实际收益率比债券高，但其收益率变动程度也大。表 10.2.2 显示了 1926—1999 年美国金融市场上小公司股票、大公司股票、长期国债、中期国债和短期国债这五类资产的收益率。通过比较可以发现，股票的收益率远远大于债券的收益率，但股票收益的变动程度也远远大于债券收益。

表 10.2.2

单位：%

	小公司股票	大公司股票	长期国债	中期国债	短期国债
平均	18.81	13.11	5.36	5.19	3.82
标准差	39.68	20.21	8.12	6.38	3.29
最小值	−52.71	−45.56	−8.74	−5.81	−1.59
最大值	187.82	54.56	32.68	33.39	14.95

资料来源：（美）滋维·博迪、亚历克斯·凯恩、艾伦·J·马库斯：《投资学（第五版）》，154 页，北京，机械工业出版社，2005。

10.2.3 衍生工具

衍生工具（derivative）是一类新生的金融工具，其支付额以及是否支付完全依赖于潜在证券（underlying securities）的值。事实上，衍生工具正是从潜在证券中衍生而来的。衍生工具可用于规避风险、获取所需的特殊现金流，它在金融市场上有着相当重要的作用。如果保险人未能深刻地理解各个衍生工具的特点及其风险，就很容易造成不可挽回的巨大损失。因而在投资衍生工具之前，我们有必要了解一下常见的衍生工具。下面对期货、远期、期权和互换等衍生工具分别进行介绍。

（1）期货合约。

期货合约（future contracts）是一种标准化合约，一般都由交易所提供，它规定在将来某个商定的时间由买方向卖方交割某种特定的资产，这一合约同时也确定了资产交易的价格，合约标的资产直到交割日才予以交付。在交割日，不论资产的价值发生何种变化，买方和卖方都有义务履行合约。为了避免对手违约风险（counter-party risk），即一方违约造成另一方损失，双方都被要求在合约签订时支付一定数量的保证金。保证金的数量必须每天检查，以确保提供足够的保障。

期货合约的交易过程如下：以六个月的大米期货为例。如果合约规定为 2 元/公斤，每份合同的交易量为 100 公斤，则在六个月之后，不论大米的价格如何，买方必须以 2 元/公斤的价格购买 100 公斤大米。与之相应的是，卖方必须以 2 元/公斤的价格卖出 100 公斤大米。容易看出，如果大米价格上涨，超过 2 元/公斤，则买方得利，卖方遭受损失；而如果大米价格下跌，低于 2 元/公斤，则卖方获利，买方亏本。图 10.2.1 显示了在大米的不同市价下，期货合约买方和卖方的收益情况。

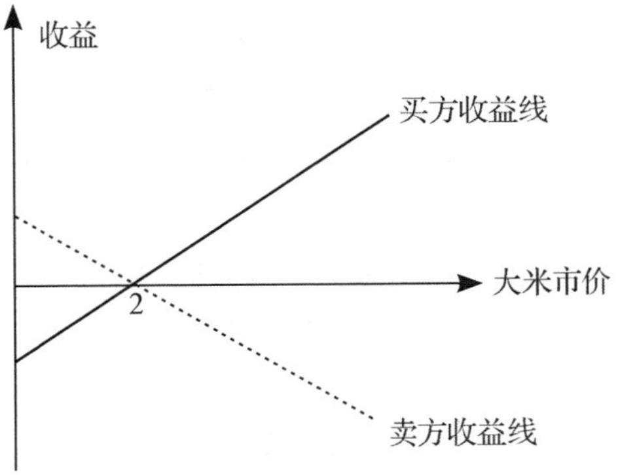

图 10.2.1

由此可见，期货合同带有很大的风险，但它常常与其他一些投资工具结合起来套期保值，利用对冲原理获得较为稳定的收益。

为了说明这一点，举一个股票指数期货的例子。假设某保险人目前拥有价值为 200 万元的股票，由于市场经济环境、公司经营等其他一些因素的影响，六个月后这些股票的价值将难以确定，为了在六个月后获得较为稳定的收益，保险人采用套期保值的方法，卖出 n 份六个月后到期的某股票指数期货合同，其中的 n 由每份股票指数期货合同的交易额以及原有股票总价值决定。如对 MMI（major market index）指数期货合约来说，每份合约的交易额是 MMI 指数值乘以 250，所以，

$$n=\frac{2\,000\,000}{250\times S_0}$$

式中的 S_0 是当前的 MMI 指数值。

如此安排后，若六个月后股票市场走势下滑，MMI 指数出现下跌，那么保险人所持有的蓝筹股贬值，然而股票市场上的损失可由期货市场上的收益进行对冲。因为在 MMI 指数下跌的情况下，保险人已于六个月前卖出了股票指数期货，现在期货的购买者必须以初始的高 MMI 指数值进行交割，保险人因此可受益 $n\times250\times(S_0-S_1)$，式中 S_1 是六个月后的股票指数。表 10.2.3 提供了一个范例（假设股票市场走势下滑）。

表 10.2.3

	股票市场	期货市场
现在	200 万	卖出 20 份 MMI 指数期货合同 $S_0=400$
六个月后	184.5 万 损失 15.5 万	以 380 交割 20 份 MMI 指数期货合同获利 $20\times250\times(400-380)=10$ 万
净值	−5.5 万	

从上表可清楚地看出，期货市场上的收益冲淡了保险人的组合损失。反之，如果蓝筹股市场走势上扬，MMI 指数上弹，则股票市场上的组合收益将会弥补期货市场上的损失。为何采取了上述的套期保值之后，还会有净损失 5.5 万？这主要是由于保险人股票组合中的股票及其所占的比重与 MMI 指数中的股票组合不尽相同，因而达不到完全套期保值的效果。

（2）远期合同。

远期合同（forward contracts）的交易机制与期货合同十分类似，远期合同一般由经纪人或交易商来安排。事实上，远期合同在金融市场上先于期货合同产生，但远期合同存在一些缺陷，它不像期货合同那样是标准化的合约，它属于合同双方的一种私人约定，是根据双方的特殊需求而签订的，因而不易于转移给第三方，其流动性较差，这个致命的弱点导致了期货合约的发展。当然，从另一方面来看，期货合约的流动性虽然较好，但它不一定能够满足投资者的特定需要，

从这一点来说，远期合同在金融市场上的作用还是相当重要的。特别是在货币市场中，由于标准化的期货合约通常无法提供最优的套期保值，因而远期合约安排的主观性就显得尤为重要。为了便于读者理解，表 10.2.4 列出了远期合同与期货合同之间的一些区别。

表 10.2.4

	远期合同	期货合同
市场类型	交易商或经纪人	交易所
流动性	低	高
合同形式	定制	标准
交易成本	询价差(bid-ask spread)	佣金

资料来源：Financial Economics | With Applications to Investments，Insurance and Pensions，p. 47.

（3）期权。

远期和期货的合约双方对合约的执行都负有义务，即在交割日，不论资产的当前价格是多少，双方都必须交割。与此不同的是，期权（option）是指一方在某个确定的时期内以某一确定的价格购买或出售某种给定资产的权利，这一方称为期权的购买者。因此，期权代表购买者的一种权利。在那个确定的时期内，购买者可以根据当前的市场情况决定是否执行期权。正因为期权对于投资者来说只有权利而没有义务，因而购买者需要为这种权利支付期权费，即期权的买价。相对于期权购买者，出售这种权利的人，是期权的立权人。

期权可分为看涨（买入）期权（call option）和看跌（卖出）期权（put option）。看涨期权给予期权购买者在一个预先商定的价格下购买一定量资产的权利。之所以称其为看涨期权，是因为期权购买者期望未来的资产价格会上升，这样他就能以较低的价格来购买资产，随后在市场上高价卖出而获利。与之对应的是看跌期权，它允许期权购买者以一定的价格将资产卖给立权人。称其为看跌期权，是因为期权购买者期望未来的资产价格下降，这样他就可以将已贬值的资产高价卖给立权人来获利。

根据期权的执行方式可以分为欧式期权（European-style option）和美式期权（American-style option）。欧式期权允许在合同中规定的到期日决定是否执行期权，而美式期权则可以在到期日或到期日之前的任何一天执行期权。不难理解，在条件相同的情况下，美式期权的期权费要高于欧式期权。

以三个月期某股票的欧式看涨期权为例：假定合约规定的执行价格是 60 元/股，数量是2 000股。那么该期权的购买者就有权在三个月后以 60 元/股买入2 000股股票。如果三个月后，该股票价格上涨为 70 元/股，则期权购买者选择执行该期权，同时高价在市场上卖出，获取盈利。如果三个月后，股票的市值低于 60 元/股，则期权购买者不执行该期权，若不计期权费，就没有盈亏。图 10.2.2 显示了在不同的股价水平下，该期权合约的购买者和立权人的收益情况。

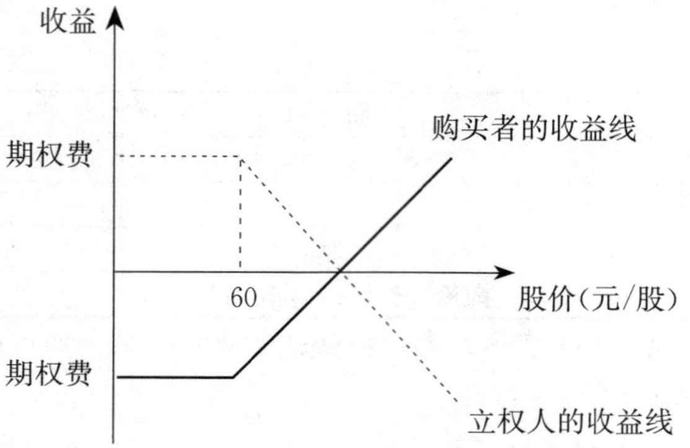

图 10.2.2

(4) 互换。

互换 (swaps) 有很多类，我们在此仅讨论其中的利率互换 (interest rate swaps)。利率互换合同要求合约双方在一固定的合约期内互相支付利息。其中的一方支付固定利率利息，而另一方支付浮动利率利息 (其流程见图 10.2.3)。合同通常由经纪人或交易商来安排，而不是双方直接互相交易，交易商从中赚取利差。这种交易可以使双方充分发挥各自的相对优势，将自己不擅长的转移给对方，双方均能受益。

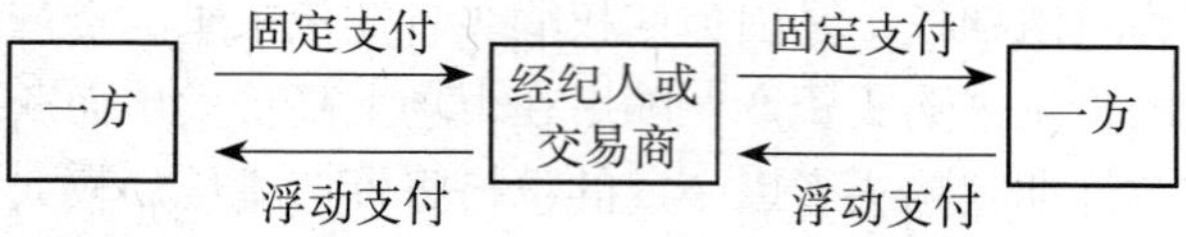

图 10.2.3

我们通常称从左到右为互换，而从右到左为逆互换 (reverse swaps)。

考虑一个具体的 10 年期利率互换的例子：

浮动利率支付者：支付 6 个月的 LIBOR，同时接受固定利率 8.60%；

固定利率支付者：支付固定利率 8.80%，同时接受 6 个月的 LIBOR。

该合同要求每半年支付一次且本金为1 000万元。浮动利率支付者同意每半年支付1 000万×(LIBOR/2)的浮动利息。如果在支付日 LIBOR 为 8%，则支付利息40 万元，同时获得 43 万元的固定利息收入。反之，固定利率支付者每 6 个月支付 44 万元，接受1 000万×(LIBOR/2)。交易商则从固定利率中赚取利差。在本例中，交易商每半年赚取的利差是10 000元。

利率互换可用于帮助保险人控制风险。考虑一个拥有固定收益资产的寿险公司，它投放了一种年金产品，该产品每期的利息支付是根据 LIBOR 进行调整。只要这个浮动利率保持平稳且低于保险人的资产回报率，保险公司就能盈利。出于稳妥考虑，保险公司可以通过互换将其浮动利息债务转换成固定利息债务，这样就避免了由于浮动利率的大幅上升而导致保险公司的亏本。

假设保险人每年可获得的资产收益为 7%，该五年期年金产品同意每年支付保单持有人 LIBOR+1%。为了规避风险，保险人进入利率互换，同意支付每年 5.5%的固定利率，接受浮动的 LIBOR。那么保险人的收益为 7%-(LIBOR+1%)-5.5%+LIBOR=0.5%，即不论浮动利率发生何种变化，保险人始终保持着 0.5%的收益率。通过互换，保险人将浮动利率负债转换为固定利率负债，进而消除了风险。

逆互换能将固定利率债务转为浮动利率债务。银行常使用逆互换这一衍生工具。一般来说，银行的资产中含有浮动利率的抵押贷款，而它的负债常常是固定利率的，因而银行可通过逆互换将银行的固定利率负债转化为流动利率负债，从而创造更好的资产负债匹配。

10.2.4 巨灾风险证券化产品

自 20 世纪 90 年代以来，全球非寿险业承保能力日益短缺，巨灾的频繁发生更加剧了这一现象。面对这种情况，保险人一方面开始重新认识巨灾；另一方面，他们除了在传统的保险市场上不断调整承保策略，还竭力寻求其他的途径以尽快增加自身的承保能力，这就引发了保险领域内的金融创新，巨灾风险证券化就是其中之一。简单地说，巨灾风险证券化就是将承保的巨灾风险用证券化的方式转移到资本市场上。巨灾风险证券化打破了传统上保险人利用再保险的方式将自己承保的巨灾风险部分或全部地转移给再保险人的做法，而是将其转移到广阔的资本市场或在资本市场上寻求一种新的融资渠道以扩大自己的承保能力。这一过程主要是通过买卖金融工具得以实现。下面介绍部分巨灾风险证券化产品，并简要分析其涉及的风险。

(1) 巨灾债券。

巨灾债券 (catastrophe bond) 是目前交易量最大、最为活跃的一种保险证券。它与一般债券不同，巨灾债券本息的偿还条件直接与发行该债券的保险公司因特定的巨灾事件造成的损失状况挂钩。在债券的有效期限内，如果损失事件没有发生，投资者就能收回本金和利息，作为对其借出资金和承担风险的补偿；如果事先定义的巨灾确实发生了，根据投资者所投资的类型或级别，投资者将失去部分或全部利息和本金。

巨灾债券给保险人提供了对其所承保的巨灾风险进行套期保值的能力，从而避免了由于巨灾事故的发生而使自己陷入偿付危机。

下面用两阶段的二项式模型来说明一种巨灾债券的结构（设其面值为 100 元，息票率为 12%）。这种债券的支付分两个阶段：在第一阶段末，若未发生巨灾，则支付 12 元息票；若发生了巨灾，则不支付。在第二阶段末，若未发生巨灾，则支付面值 100 元加息票 12 元；若发生了巨灾，仅支付面值 100 元（见图 10.2.4）。此外，假设巨灾发生的概率为 3%，无风险利率 $r_f=8\%$。基于上述一系列假设，可以求得此种巨灾债券的价格为：

$$\frac{12}{1.08}\times 0.97+\frac{112}{1.08^2}\times 0.97^2+\frac{100}{1.08^2}\times 0.97\times 0.03+\frac{112}{1.08^2}\times 0.03\times 0.97+\frac{100}{1.08^2}\times 0.03^2=106.49\text{(元)}$$

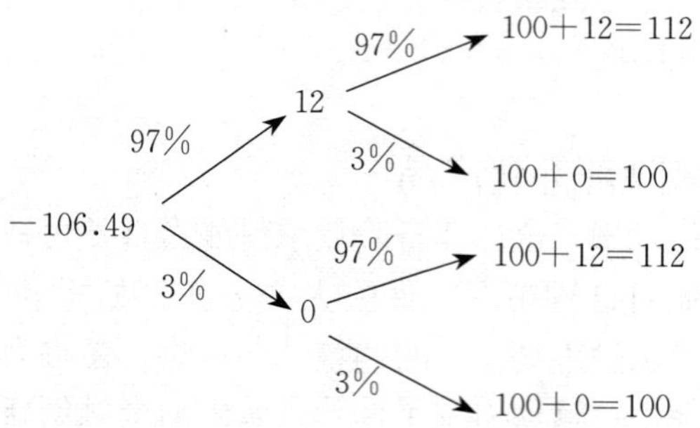

图 10.2.4

对于一般意义上的债券，也可以通过上述方法求得其价格，即：

$$\frac{12}{1.08}+\frac{112}{1.08^2}=107.13\text{(元)}$$

$$-107.13 \longrightarrow 12 \longrightarrow 112$$

如果一家保险公司在发行巨灾债券的同时又购买了一般意义上的债券，那么在整个交易过程中花费了保险人 0.64 元/100 元面值（0.64＝107.13－106.49）。在未来的两年里，若未发生巨灾，保险人的净现金流为零；若在未来任一年度发生了巨灾，保险人可得到 12 元息票（见图 10.2.5）。事实上，上述过程相当于保险人花 0.64 元/100 元面值购买了一个两年期的再保险合约，在巨灾发生时债券收益的 12 元可用于巨灾损失的赔付。

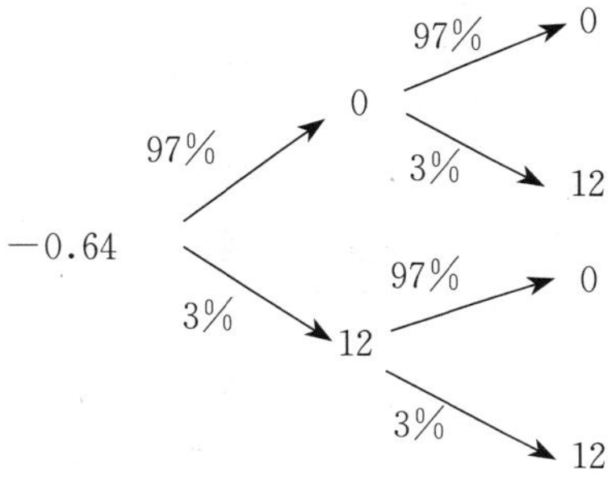

图 10.2.5

保险公司一般不直接向资本市场发行巨灾债券，而是通过一个特殊目的实体（special purpose vehicle，SPV）来发行的。证券化结构中的 SPV 消除了传统再保险模式中再保险公司一方未按合同规定如期支付的对手风险。另一方面，由于 SPV 是一个独立于原保险人的机构，因此即使原保险人破产，也不会影响到 SPV 对投资者的正常支付。但是，这种巨灾债券也面临着一定的道德风险（moral risk），即保险人可能会夸大损失情况以减少本金和利息的支付。

（2）巨灾期货。

1992 年 12 月 11 日，芝加哥期货交易所（Chicago board of trade，CBOT）开始交易巨灾期货合同。这种巨灾期货（catastrophe future）是以季度为周期进行交易的，合同月份有 3 月、6 月、9 月和 12 月。某一季度的合同是基于在指定季度内发生的且到下一季度末为止已向有关保险公司报告的损失。同时，合同中已指明了承保的地区以及对哪类巨灾提供保障。另外，在报告期后还有三个月作为数据处理的滞后。这种损失报告的延时和索赔给付的延时在保险中是很常见的，尤其对于巨灾损失情况来说，合同在报告期末四个月后的第五天期满。

这种产品推出后并不那么受欢迎，主要原因是决定合同结算价值的 ISO（insurance service office）指数对公司而言会产生信息不对称以及道德风险等问题，因此它很快被一种 PCS—期权产品所取代。

（3）巨灾期权（catastrophe option）。

1995 年 9 月 29 日，由芝加哥期货交易所推出的 PCS—期权是最典型的巨灾期权，它并不是基于某种有形的基础资产，而是基于财产赔偿服务公司（property claim service，PCS）编制的 PCS 巨灾损失指数。PCS—期权是一种欧式期权，它以看涨、看跌和价差的形式交易。

PCS—期权很好地解决了 ISO 指数的信息不对称以及道德风险问题，这使得 PCS—期权很快取代了巨灾期货，并且比巨灾期货的交易活跃得多。

10.3 投资策略

10.3.1 免疫策略

投资组合的免疫法是财产保险公司常用的投资策略之一，它是消除固定收益投资价格风险和息票再投资风险的策略。在叙述免疫（immunization）策略之前，首先引进一个度量利率敏感程度的指标——久期（duration）。它在免疫法中起着举足轻重的作用。

（1）久期。

久期是资产持有人获取付款时间长度的加权平均值。当收益率不变时，它有如下的计算公式：

$$D=\sum_{t=1}^{n}\frac{tC_t}{(1+r)^t}\Big/\sum_{t=1}^{n}\frac{C_t}{(1+r)^t}$$

式中，C_t 为时刻 t 的利息或本金支付，n 为到期日，r 为收益率。

该等式中的分母是固定收益投资在 0 时刻的市场价值，分子则对支付时间长度进行了加权。对久期而言，加权的权重与现金流的现值成正比。一般来说，久期值越大说明有更大比重的资金将在更长的一段时间之后才能获得或支付，因而也相应地面临更大的利率风险。

假设有两个具有相同面值1 000元、相同到期日 5 年和年息票支付的债券，其中债券 A 的息票率为 6%，债券 B 的息票率为 12%，年收益率为 9%。

债券 A 的久期计算如下：

$$D_A=\frac{\frac{60\times 1}{1.09}+\frac{60\times 2}{1.09^2}+\frac{60\times 3}{1.09^3}+\frac{60\times 4}{1.09^4}+\frac{1\,060\times 5}{1.09^5}}{\frac{60}{1.09}+\frac{60}{1.09^2}+\frac{60}{1.09^3}+\frac{60}{1.09^4}+\frac{1\,060}{1.09^5}}=\frac{3\,909.7}{883.32}=4.426$$

债券 B 的久期可进行类似计算：

$$D_B=\frac{\frac{120\times1}{1.09}+\frac{120\times2}{1.09^2}+\frac{120\times3}{1.09^3}+\frac{120\times4}{1.09^4}+\frac{1\,120\times5}{1.09^5}}{\frac{120}{1.09}+\frac{120}{1.09^2}+\frac{120}{1.09^3}+\frac{120}{1.09^4}+\frac{1\,120}{1.09^5}}=4.092$$

债券 B 比债券 A 的久期短，这是因为相对于 A，B 发生在早期的支付所占的比重较大，因而所面临的利率风险小。对财产保险人而言，负债的久期可类似地确定，它也是支付时间长度的加权平均。

（2）免疫策略。

免疫法融合了积极和消极的投资策略，是消除固定收益投资价格风险和息票再投资风险的方法，它常常用于控制一固定投资期上的再投资风险，并使之最小化。

在固定收益（例如债券）的投资中，利率的变化对债券的收益率有很大的影响。当利率上升时，债券的市场价值下跌，再投资率增加；而当利率下降时，债券的市场价值上升，再投资率下跌。因而当利率发生变化时，其实际的收益率变得难以确定。由于市场利率的难预测性，这一矛盾愈加突出。针对这一状况，保险人可采用免疫法。使用免疫法的目的在于，不论利率发生何种变化，保险人都能在某预设的投资期内获得预定的收益率。其基本原理在于构建一个组合，这个投资组合以相互抵消的方式来平衡利率风险（即价格风险）和再投资风险。当利率上升时，再投资的收益能精确地弥补债券市场价值的损失；而当利率下降时，债券的资本利得同样能补偿再投资收益的下降，从而确保整个投资期的总收益保持不变。投资者用来保护资产免受利率波动影响的这种策略称为免疫策略。

为了帮助读者理解免疫策略，我们以某固定收益证券为例，说明如何采用免疫策略。假设某债券面值为1 000元，每半年支付一次息票，息票率，即购买时的收益率为 9%。它的不同持有期和不同利率环境下的债券收益率如表 10.3.1 所示。

表 10.3.1

		再投资率	持有期（年）					
			1	3	5	6.79*	9	10
收入来源	息票收入	5%	90	270	450	611	810	900
	资本利得与损失		287	234	175	100	39	0
	再投资收益		1	17	54	105	191	241
收入合计			378	521	679	816	1 040	1 141
年收益率			(38.0%)	(15.0%)	(11.0%)	(9.0%)	(8.5%)	(8.0%)

续前表

		再投资率	持有期（年）					
			1	3	5	6.79*	9	10
收入来源	息票收入	7%	90	270	450	611	810	900
	资本利得与损失		132	109	83	56	19	0
	再投资收益		2	25	78	149	279	355
收入合计			224	404	611	816	1 108	1 225
年收益率			(22.0%)	(12.0%)	(10.0%)	(9.0%)	(8.6%)	(8.5%)
收入来源	息票收入	9%	90	270	450	611	810	900
	资本利得与损失		0	0	0	0	0	0
	再投资收益		2	32	103	205	387	495
收入合计			92	302	553	816	1 197	1 395
年收益率			(9.0%)	(9.0%)	(9.0%)	(9.0%)	(9.0%)	(9.0%)
收入来源	息票收入	11%	90	270	450	611	810	900
	资本利得与损失		−112	−95	−75	−56	−18	0
	再投资收益		2	40	129	261	502	647
收入合计			−20	215	504	816	1 294	1 547
年收益率			(−2.0%)	(6.7%)	(8.5%)	(9.0%)	(9.7%)	(9.8%)

注：*6.79 是该债券的久期。

资料来源：*The Handbook of Fixed Income Securities*，p. 460.

我们以 3 年持有期、市场利率环境为 5%为例，说明表中的数据是如何计算的。由于该债券每半年支付一次息票，每次的息票额为1 000×(9%÷2)＝45 元，因而 3 年中的息票收入为 3×2×45＝270 元。收到息票后，投资者可将息票进行再投资。从时间图（见图 10.3.1）

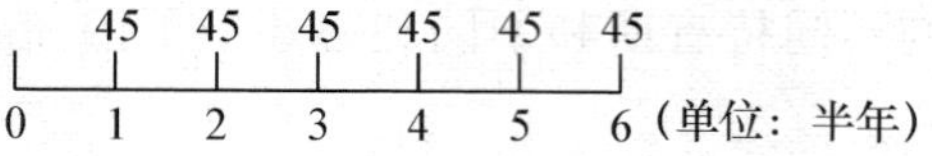

图 10.3.1

说明：半年的实际利率为 5%÷2＝2.5%。

可以看出，投资者在第 3 年末所能获得的投资收益来自于前 5 次息票收入，其收益为 $45\left[\sum_{i=1}^{5}(1+2.5\%)^{(6-i)}\right]-5\times 45=17$ 元。由于利率下降，在第 3 年末该 10 年期债券的市场价值升至 $\sum_{i=1}^{14}\frac{45}{(1+2.5)^{i}}+\frac{1\,000}{(1+2.5\%)^{14}}=1\,234$ 元，因此资本利得为 $1\,234-1\,000=234$ 元。将这三种收入来源加总可得总收益为 521 元，因为债券

的购买价为1 000元，因此在第3年末投资者的年收益率是$\left(\frac{1\,000+521}{1\,000}\right)^{1/3}-1=15\%$。

从上表数据可以发现，在利率下降的市场环境下，投资时间越短，收益率越高；而在利率上升的环境下，投资时间越长，收益率越高。从金融学的角度来看，这十分易于理解。值得注意的是，当保险人选择投资期为6.79，即该债券的久期时，我们可以发现，不论利率发生怎样的变动，其资本利得或损失与再投资收益之和始终不变（205元），这也保证了债券总收益的不变（816元），进而可以确保在6.79年后获得确定的收益率（9%），而无须预测利率变动的方向和幅度。该确定的收益率9%就是购买债券时的息票率。因此，如果保险人预测有索赔发生在6.79年，其索赔额为816元，那么根据免疫策略原理，保险人可购买上述债券。原因在于，无论处于何种利率环境下，6.79年后该债券都能产生816元的收益，它恰好满足了保险人的资金需求。一般情况下，保险人通过购买久期与资金需求期相同的债券即可达到免疫效果。

在实际中，更常见的情形是保险人拥有多期负债。此时，为了确保达到免疫效果，保险人需要实施资产组合，而且资产组合的久期必须等于负债的久期。由于资产组合的实施比较复杂，我们在此不予以讨论。

免疫策略在实务操作中也有其不可避免的缺陷。当收益率曲线变动很大时，免疫法将不再适用。我们在此举个简单的例子，如果短期利率下降程度大于长期利率，那么再投资收益的下降将会超过债券的资本利得，保险人将因此不能获得预定的现金流。另一问题涉及组合的连续调整。由于免疫法要求资产组合的久期必须等于负债的久期，而负债和资产组合的久期随着时间的推移及其他一些因素的影响会发生变化，因而为了确保资产组合和负债久期的匹配，理论上应该连续地调整投资组合以使久期匹配，然而过多的调整将会使该策略的成本上升，因此确定合理的调整期也是一个棘手的问题。另外，财产保险人负债的支付日及金额都具有不确定性，其预测估计的精度对免疫策略实施的效果也有很大的影响。

（3）或有免疫。

免疫策略确保保险人在固定的投资期内获得预定的收益率，这固然避免了由于过低的收益率造成的损失，但也限制了保险人获得高收益的机会。针对这一缺陷产生了或有免疫策略（contingent immunization），它更强调积极管理策略，但同时又提供最低的预设收益率保证，从而兼顾了保险投资的安全性与收益性。

或有免疫的实施过程如下：首先建立或确定初始和以后各期的可免疫收益率（available immunization target rate）以及保险人可接受的最低收益率（safety net level return)，然后保险人可采取积极投资管理方法来追求高收益率。如果市场环境发生变化造成所选定的投资组合收益下滑，进而导致可免疫的期望收益率（来自将来的投资策略）跌至保险人可接受的最低收益率。在这一时刻，保险人不能再采用积极的投资管理策略，必须转为使用免疫法，使保险投资收益率限定在可接受的最低收益率。在这个过程中，只要潜在收益率不低于给定的最低收益率，保险人就可以一直积极地管理资产。一旦由于投资下滑导致不能达到最低收益率而转为实施免疫策略，则保险人将不能再使用积极的投资管理方法。

下面用一个例子来具体说明或有免疫策略的基本原理。假设现行利率为7.5%。使用免疫策略，该现有利率可以被锁定。若保险人五年投资期的最初资产为100万元，则五年后资产的未来值为$100\times1.075^5=143.6$万元，故称7.5%为可免疫利率。同时假设保险人在五年的投资期中愿意从事更积极的投资，但只愿承担有限的风险损失，保险人可接受的最低收益率为6%，即要保证保险人五年后的资产不能低于$100\times1.06^5=133.8$万元。7.5%的可免疫利率与最低收益率6%的差值称为缓冲利差（cushion spread）。显然，缓冲利差越大就会给予保险人更广的空间来积极地管理资产，进而追求高收益。

为了保证最终获得133.8万元的资产值，因而在每一时点上，保险人所需的最低资产值有如下公式：

$$A_t=\text{时间 }t\text{ 所需资产值}=\frac{\text{最终所需资产值}}{(1+i_t)^{H-t}}=\frac{133.8}{(1+i_t)^{5-t}}$$

式中，H 为投资期的年数，$H=5$；i_t 为 t 时刻的市场利率，即 t 时刻的可免疫利率，则前 t 年采用积极的投资管理方法每年所需获得的最小回报率为：

$$R_t=\left(\frac{A_t}{\text{最初资产}}\right)^{\frac{1}{t}}-1=\left(\frac{A_t}{100}\right)^{\frac{1}{t}}-1$$

如果四年后可免疫的利率为8%，那么为了避免采用免疫策略，四年后实际资产值必须大于$A_4=\frac{133.8}{1.08^{(5-4)}}=123.89$，而前四年积极管理需获得的最小回报率$R_4=\left(\frac{123.89}{100}\right)^{\frac{1}{4}}-1=5.5\%$。

表10.3.2列出了在不同状态下或有免疫策略的实施情况，其中第五列、时刻4的实际资产值是保险人前4年积极管理后的资产价值。如果它比 A_4 小，则需要采用免疫策略；否则不采用免疫策略，继续积极管理。通过该表可以清楚地了解或有免疫策略的基本原理。

表 10.3.2

	最终所需资产值	i_4	A_4	时刻 4 的实际资产值	是否采用免疫策略
1	133.8	8%	123.89	121.7	√
2	133.8	7.5%	124.47	128.5	×
3	133.8	7%	125.05	118.6	√

最后值得注意的是，在或有免疫策略实施的过程中，需要建立一个有效的监控机制，确保任一时刻的收益率不滑落至保险人可接受的最低收益率之下。如果任一时刻的收益率都没有滑落至可接受的最低收益率之下，则保险人可以一直进行积极管理，其最终的资产值将超过 133.8 万元，甚至可能超过 143.6 万元。

10.3.2 资产—负债匹配策略

类似于免疫策略，资产—负债匹配（asset-liability matching）策略也能获得相当安全的投资组合来满足保险公司的负债。资产—负债匹配策略的实现是通过购买投资工具（一般为固定收益投资工具，如债券等），该投资工具能在保险人索赔支付时产生相同数目或更多数目的资金；换言之，就是在任一索赔支付时点上，资产的数额始终大于等于负债的数额。举个简单的例子，如果五年后保险人需要一笔资金来支付索赔，那么他通过投资于五年期的面值为相应数目的债券就能实现资产负债的匹配。

采用资产—负债匹配策略可以有效地消除利率风险。若保险人持有长期债券，却在债券到期日之前就需要支付索赔，则保险人必须提前出售债券。而此时由于利率的波动，在出售债券时会有盈利与损失。类似地，如果债券到期日先于索赔支付日，则到期的资金将会再投资于其他资产，这也会使保险人在此期间处于利率风险之中。如果实现了资产负债的匹配，保险人就可避免出售债券和再投资资金面临的利率风险，从而获得更安全的资产组合。

一些金融机构（如银行和寿险公司）比财产保险公司更倚重于资产—负债匹配策略。通过资产和负债的匹配，银行可以解决长期投资与短期负债之间的问题。假如资产和负债不匹配，银行将面临利率风险：短期利率上升会增加负债（存款储蓄、账户等），同时长期利率的上升会导致投资收入的下降。如果财产保险人采用资产—负债匹配，使负债的支付模式与投资组合产生的现金流相匹配，从而使利率的改变不会影响到所需资金的获得。

资产—负债匹配策略的实施过程可以直观地解释如下（为了叙述及理解的方便，假定可供投资的工具为固定收益证券）：首先选择一种债券，该债券需要具备两个条件：(1) 其到期日与保险人的最后一项负债时间重合；(2) 其面值加上最后一次息票支付之和等于最后一项负债金额。选定这个债券之后，保险人其余的负债也相应地减少，减少的数额即为被选定债券的息票。重复上述选择债券、调整负债的过程，依此类推直至所有的负债都与所选债券产生的现金流相匹配，这就完成了资产负债的匹配。

下面给出一个简单的例子来帮助读者理解这一策略实施的过程。

假设保险人有 3 笔负债，分别发生在 3 年的年末，其金额为 L_1、L_2、L_3。进一步假设可供保险人选择的债券的现金流也发生在年末。

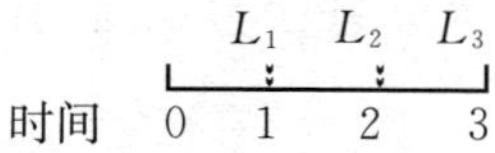

步骤 1：选择 3 年期债券 A（其息票为 A_c，面值为 A_p）来筹集 L_3，使得 $A_c+A_p=L_3$，则剩余的未筹集负债为：

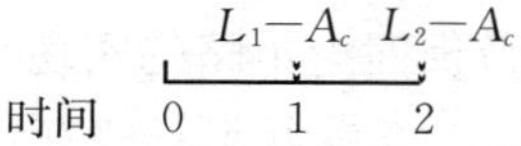

步骤 2：选择 2 年期债券 B（其息票为 B_c，面值为 B_p）来筹集 L_2-A_c，使得 $B_c+B_p=L_2-A_c$，则剩余的未筹集负债为：

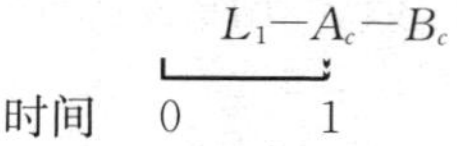

步骤 3：选择 1 年期债券 C（其利息为 C_c，面值为 C_p）来筹集 $L_1-A_c-B_c$，使得 $C_p+C_c=L_1-A_c-B_c$。

我们再用一个数字范例来重述资产—负债匹配过程。假设保险人 3 年的负债额分别为 $L_1=344$，$L_2=244$，$L_3=280$，而市场上可供选择的债券分别为 3 年期年息票率为 12%的债券 A，2 年期年息票率为 7%的债券 B 和 1 年期零息债券 C（到期日支付面值）。根据资产—负债匹配方法，可进行如下的资产交易。

步骤 1：选择 3 年期债券 A，由于负债是负值，因而需卖出该债券，其面值 A_p 与息票 A_c 之和应为 280。又由于 $A_c=A_p\times12\%$，所以债券 A 的面值为 $A_p=\frac{280}{1+12\%}=250$，息票 $A_c=A_p\times12\%=30$。则剩余的未筹集负债为：

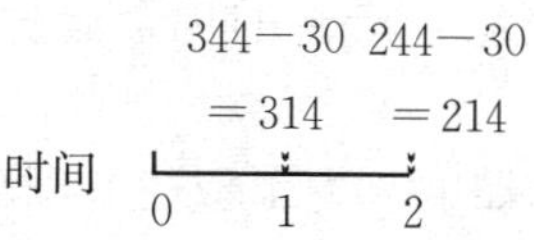

步骤 2：选择 2 年期债券 B，为了在 2 年后能清偿该笔债务，需购买债券，其面值 B_p 与息票 B_c 之和应为 214，因此该债券面值为 $B_p=\frac{214}{1+7\%}=200$，息票 $B_c=B_p\times7\%=14$。则剩余的未筹集负债为：

314－14

＝300

时间　0　　1

步骤 3：购买 1 年期零息债券 C 来筹集负债 300，该债券的面值 $C_p=300$。

因此，通过选择合适的证券即可实现资产—负债匹配。事实上，满足某种支付模式的投资组合有许多。在实务中，经常通过线性规划技术来构建成本最低的资产—负债匹配组合。

在实务操作中，对于财产保险人是否应采用资产—负债匹配策略还存在着一些争议。一部分保险人认为，在大多数情况下，从新签保单与续保保单中所获取的保费现金流足以支付所有的损失和费用。即使保费收入不足以支付所有的损失和费用，也可动用小部分流动资产来避免出售未到期资产造成的损失，这实质上消除了利率风险，因而无须再采用资产—负债匹配策略。另一部分保险人虽然强调采取该策略的优势，但在具体实施过程中不可避免地面临一些棘手的问题。首先是财产保险人支付模式的可预测性问题。对于银行来说，其负债是固定的，存款账户的到期日也是固定的。而对于财产保险人来说，其损失支付额以及支付日都是不确定的。因此，在采用资产—负债匹配策略时，必须估计支付额与支付日，而且估计的质量将直接影响资产—负债匹配策略实施的效果。另一个需要估计的量是将来的通货膨胀率，将来的通货膨胀率会影响保险人的负债。当损失支付由于通货膨胀率的变动而发生变动后，原先能在预定时间获得预定数目资金的投资组合不一定能满足实际现金的需求。通货膨胀率的上升很可能会增加保险人的损失成本，同时也会使利率上升。为了避免对将来的通货膨胀率进行估计，可从采用一个更适合财产保险人的限制策略，即投资于到期日早于资金需求日（损失与费用支付日）的资产，资产到期时的市场利率更能准确地反映影响保险人负债的通货膨胀率，此时将所获的资金进行再投资，可较大程度地减少通货膨胀率风险。另一问题涉及资产—负债匹配策略的成本，由于资产—负债匹配策略对所选择的投资组合有很高的要求和较多的限制，因而即使运用线性规划，其成本依然较高。有研究表明，在使用评级至少为 AA 的公司债券时，资产—负债匹配策略比免疫策略的成本高出 3％至 7％。

10.4 财务报表分析

为了量化财产保险人的利润，金融工作者设计了许多能反映现在和过去经营状况的度量方法。其中有些方法得到了广泛使用，而且有很好的实用背景。本节将介绍一些常用的度量方法，并分析这些方法的优缺点。

10.4.1 基本的财务报表

在介绍这些度量方法之前，我们首先了解一下基本财务报表中的几个主要报表：损益表（income statement）、资产负债表（balance sheet）和现金流量表（statement of cash flows）。

（1）损益表。

损益表是对公司在一段时间内（通常是一年）盈利能力的总结。它表示在公司运营期间获得的收入以及同时产生的费用，收入减去费用所得的差额就是公司的净利润。

表 10.4.1 给出了一个简单的损益表。该表的最上方是营业收入与营业费用，两者之差一般是利税前收益（earnings before interest and tax，EBIT），它是指公司在支付利息和税收之前的总收益，如果扣除了利息费用和所得税，就得到净利润，见损益表的最后一行。

表 10.4.1 **A 公司损益表** 单位：百万元

营业收入	
净销售额	20 487
营业费用	
销售成本	8 216
折旧和摊销	1 231
息税前收益	11 040
净利息费用	573
税前收益	10 467
所得税（33%）	3 454
净利润	7 013

（2）资产负债表。

损益表测度了一段时期内公司的盈利能力，而资产负债表提供了公司在某一时点的财务状况。资产负债表体现了一个重要的会计恒等式：

资产＝负债＋所有者权益

资产负债表的结构如表 10.4.2 所示：

表 10.4.2

资产	负债
流动资产	流动负债
长期资产	长期负债
	其他长期负债
	所有者权益
	普通股面值（股本）
	资本公积金
	盈余公积金

在实务中，具体资产负债表的会计科目比上面所示的表要复杂得多，但基本的结构和框架类似，这里不再详细叙述。

（3）现金流量表。

现金流量表详尽描述了公司在经营、投资与财务活动中所产生的各类现金流。与损益表和资产负债表不同，现金流量表只有在现金发生了实际变化之后才承认这个交易，而不是建立在应收应付的会计方法之上。进入现金流量表的首先是净利润，接下来的部分逐步地调整该收益值，其中包括应收账款、应付账款的增加或减少、存货的变动以及在经营、投资、筹资活动中产生的现金流对收益值的影响等。

10.4.2　利润测定方法

在了解了基本的财务报表之后，下面介绍两种常见的用于测定利润率的方法：股本收益率（return in equity，ROE）和内含报酬率（internal rate of return）。

（1）股本收益率。

财产保险人可采用股本收益率来测定利润。股本收益率等于净利润与公司权益值的比率，具体公式如下：

$$ROE=\frac{净利润}{权益}=\frac{EBIT-利息-所得税}{权益}=\frac{(EBIT-利息)\times(1-税率)}{权益}$$

例如，保险人的息税前收益 EBIT 是 5.7 亿元，净利息费用为 200 万元，进一步假定公司权益值为 60 亿元，所得税为 33%，那么股本收益率 ROE 为：

$$\text{ROE}=\frac{(570\,000\,000-2\,000\,000)(1-33\%)}{6\,000\,000\,000}=6.34\%$$

传统上，权益值不采用市场价值，而是采用年初账面值或采用年初和年末账面值的平均值。

在实际应用中，财产保险人用股本收益率测定利润时，首先需要确定净利润。净利润的确定存在着一些争议，涉及是否包含期间发生的未实现的资本利得或损失，以及即使包含这些未实现的资本利得或损失，那么如何加入到净利润中等一系列问题。

使用股本收益率的优势是，能将它所度量的保险业利润率与其他产业进行比较。然而在实际中，我们应慎用股本收益率的比较。这是因为在净利润或账面值的计算上，许多产业都存在着错误。例如，银行的贷款损失准备金经常低于劣质贷款的实际水平，而一些能源公司则经常用买价而不是市值来定价，这些错误都将导致比较结果的不正确性。因而对保险人而言，为了使股本收益率更有意义，必须识别出公司在计算净利润或账面值时的错误。

（2）内含报酬率。

投资的内含报酬率是将现金流的现值取为 0 后，用数学方法解出的贴现率。当贴现率等于内含报酬率时，现金流入的现值就等于现金流出的现值。举例来说，保险人以 946.5 元购买某两年固定收益证券，其面值为1 000元，息票率为5%，那么就可通过下式求得内含报酬率 r：

$$-946.5+\frac{50}{(1+r)}+\frac{1\,050}{(1+r)^2}=0\Rightarrow r=8\%$$

内含报酬率在运用中要求投资初期的现金流是流出的，如果在投资初期现金是流入的，那么内含报酬率将是负值，这会使内含报酬率没有实际意义。例如，假如保险人有如下的现金流模式，第一年收取保费 45 元，第二年支付费用 30 元，那么通过下式可求得内含报酬率 r：

$$\frac{45}{1+r}+\frac{(-30)}{(1+r)^2}=0\Rightarrow r=-33\%$$

本例的内含报酬率是负值。为了使内含报酬率为正值，一般要求初始的现金流是流出的，这一要求并不苛刻。事实上，大部分标准的投资都是如此。然而保险人经营保单的情况恰恰相反，保单最初签订时保险人收取保费，现金流入，而在将来的一段时间里，开始支付一些费用以及索赔额，但这一问题并不难解决。实际上，保单的现金流在保单签订前就有一些费用发生，这使得初期现金流是流出的，这些费用包括保单成本以及一些培训支出，在保单实际签定时通常也会有一笔费用支出。而保费一般在保单签订后的几个月才能收到，这是因为从代理人或被保险人处收取保费有一个延迟，其他的费用和索赔额将在保单收取后支付。这个有实际意义的现金流模型满足了现金流出在前的要求，因而求得的内含报酬率将为正值。

内含报酬率方法的另一个问题是，令现金流现值为 0 的贴现率可能有多个。从数学的角度讲，方程解的个数等于现金流符号改变的次数。因此，如果现金流的符号改变次数超过 1，那么就会产生两个以上的解。一般来说，从中选出合适的内含报酬率并不复杂。

例如，保险人在收取保费前已支付保单的五年费用 10 元（含培训费、计算机系统费等），五年后保险人收取了 45 元净保费（保费减去同时发生的费用，如佣金等），接下去的四年中总共支付索赔额 35 元，具体的现金流模式如表 10.4.3 所示：

表 10.4.3

年份	0	5	6	7	8	9
现金流	−10	45	−10	−10	−10	−5

由于现金流符号的两次改变导致这个现金流有两个内含报酬率值，0%和 13%，它们是下述方程的解：

$$0=-10+\frac{45}{(1+r)^5}-\frac{10}{(1+r)^6}-\frac{10}{(1+r)^7}-\frac{10}{(1+r)^8}-\frac{5}{(1+r)^9}$$

显然，有实际意义的内含报酬率为 13%，保险人承保这个业务会获得 13%的回报率。

10.5 考虑投资收入的费率定价模型

由于投资收入对保险业的重要作用，原先单独考虑承保业务的费率制定已不能满足现实的要求。在 20 世纪 60 年代，美国佛罗里达州、马里兰州和弗吉尼亚州等各州开始在费率制定中考虑投资收入。1969 年新泽西州最高法院规定，制定费率时不能忽略投资收入，同时鉴于保险人在投资收入中的收益率，建立了保险公司的一个新的回报率，该回报率扣除了保险人的投资收益率。与以前的回报率相比，这个回报率更公正一些。1975 年，马萨诸塞州的费率法规开始要求在费率制定中加入投资收入，其听证会首先将资本资产定价模型（capital asset pricing model，CAPM）引入保险费率制定中。下面，我们对 CAPM 方法进行介绍。

10.5.1 资本资产定价模型

在将资本资产定价模型引入保险费率制定之前，我们首先了解一下传统的资本资产定价模型。

资本资产定价模型是现代金融学的奠基石，它用于预测资产风险与其收益率之间的关系，并提供了对潜在投资项目估计其收益率的方法。同时，它也能对不在市场上交易的资产做出合理的估价。

资本资产定价模型的主要结论是，个体资产的风险溢价（risk premium），即个体资产的超额收益 $E(r_i)-r_f$ 是与整个市场的风险溢价，即整个市场的超额收益 $E(r_M)-r_f$ 成正比的，同时也与证券的 β 系数成正比。其中 r_i 是第 i 个个体资产的收益率，r_M 是整个市场的收益率，r_f 是无风险利率，而 β 系数是测度资产与市场同步变化程度的一个量。β 系数的定义如下：

$$\beta_i=\frac{\mathrm{Cov}(r_i,r_M)}{\sigma_M^2}$$

它可以看成是对资产风险的一种度量，其中 σ_M^2 是整个市场收益率的方差。著名的 CAPM 模型（资本资产定价模型）为：

$$E(r_i)-r_f=\beta_i[E(r_M)-r_f]$$

将上式做一下调整，可得个体资产的期望收益率：

$$E(r_i)=r_f+\beta_i[E(r_M)-r_f]$$

$E(r_i)$和 β_i 的关系是一个以 r_f 为截距的直线方程（见图 10.5.1）。

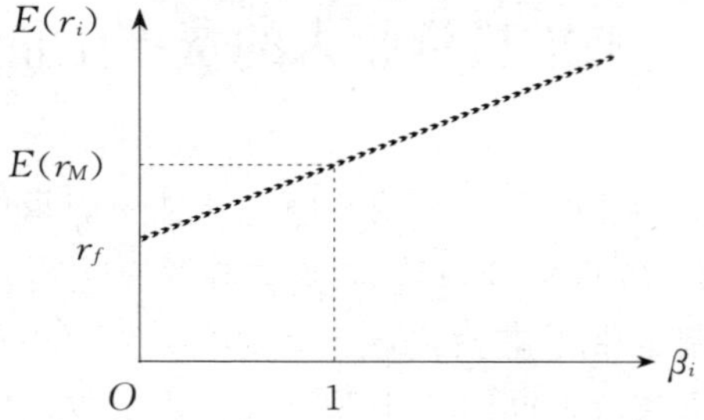

图 10.5.1

例如，某证券的期望收益率为 12%，无风险利率为 6%，市场风险溢价为 8%，那么根据 CAPM 模型，该证券的 β 系数为：

$$\beta=\frac{E(r)-r_f}{E(r_M)-r_f}=\frac{12\%-6\%}{8\%}=0.75$$

如果该证券与市场资产组合收益率的协方差变为原来的 3 倍，那么新的 β 系数为：

$$\beta'=\frac{\mathrm{Cov}'(r,r_M)}{\sigma_M^2}=\frac{3\mathrm{Cov}(r,r_M)}{\sigma_M^2}=3\beta=3\times0.75=2.25$$

则该证券的期望收益率就变为：

$$E'(r)=r_f+\beta'[E(r_M)-r_f]=6\%+2.25\times8\%=24\%$$

CAPM 模型认为资产只有落在这条直线上，才是定价公正的。如果偏离了这条直线，资产要么被低估要么被高估。而且 CAPM 模型还认为，只有系统风险才能获得相应的报酬，非系统风险可以通过完全的分散化来消除，因而在该模型中仅考虑了市场的系统风险，而不考虑非系统风险，即个体风险。还有一个值得注意的事实是：当 $\beta_i=1$ 时，即个体资产与市场同步变动，那么显然资产应获得与市场相同的收益率。当 $\beta_i>1$ 时，相对于市场的波动程度，资产的波动程度更大，因而风险更大，收益也更高。$\beta_i<1$ 的情况可类似得到。

10.5.2 费率定价模型

由于保险中的大数定律保证了某一保险业务的风险不受个体保单变动的影响，因而在定价保险产品时也只需考虑系统风险，这一点与资本资产定价模型的理论基础（只有系统风险才能获得相应的收益率）相吻合。根据 Fairley 的文章（该文被收录在 1987 年出版的由 Cummins 和 Harrington 编著的 *Fair Rate of Return in Property-liability Insurance* 中），可将资本资产定价模型引入保险费率的制定中。

引入 CAPM 后，可得到如下公式：

$$E(r_u)=-k(1-x)r_f+\beta[E(r_M)-r_f]$$

式中，r_u 是保险人利润率，k 是平均索赔支付滞后期，x 是费用率，β 是保险人的系统承保风险。

例如，保险人一般在收到保费 9 个月后支付索赔，其费用率是 30%，系统承保风险为 25%，短期政府债券的收益率（可认为是无风险利率）为 7%，股票市场上的期望回报率是 15%，由上可知：

$k=9/12=0.75$

$x=0.30$

$\beta=0.25$

$r_f=0.07$

$E(r_M)=0.15$

那么保险人的期望利润率为：

$$E(r_u)=-0.75\times(1-0.30)\times0.07+0.25\times(0.15-0.07)=-0.0168$$

但在保险定价中运用CAPM模型的问题是，由于保险人的单个业务没有公开的交易，个体保险业务β的市场值非常难以确定。

10.6 短期个别风险模型

短期个别风险模型是最简单的风险模型，它不考虑时间因素，而且其保单总数n并不是随机的。为了讨论方便，本节假定X_i是相互独立的随机变量而且模型(10.6.1)是封闭的。我们首先考虑$n=1$的情形，然后考虑$n>1$的情形，并在这些情形下研究S的概率结构，同时结合期望值保费定价原理，讲解其在保险中的应用。

10.6.1 个别理赔随机变量模型

这是对应于$n=1$这一情形的短期个别风险模型，也是最简单的风险模型。设X是一个周期内的理赔随机变量，B是这个周期内的理赔总额，I是表示理赔事件是否发生的指示变量，即：

$$I=\begin{cases}1 & \text{理赔事件发生}\\ 0 & \text{理赔事件未发生}\end{cases} \tag{10.6.1}$$

则有：

$$S\equiv X=IB \tag{10.6.2}$$

这就是著名的个别理赔随机变量模型。此处，I服从一个二点分布：

$$P\{I=1\}=q,P\{I=0\}=1-q,q\in(0,1) \tag{10.6.3}$$

由全期望与全方差公式：

全期望公式：$E(W)=E[E(W|V)]$

全方差公式：$\mathrm{Var}(W)=\mathrm{Var}[E(W|V)]+E[\mathrm{Var}(W|V)]$

可以导出式（10.6.2）所定义的 X 的均值及方差公式：

$$E(X)=\mu q \tag{10.6.4}$$

$$\mathrm{Var}(X)=\mu^2 q(1-q)+\sigma^2 q \tag{10.6.5}$$

式中 μ 与 σ^2 分别是 B 关于 $I=1$ 的条件均值与条件方差，即：

$$\mu=E(B|I=1)$$

$$\sigma^2=\mathrm{Var}(B|I=1) \tag{10.6.6}$$

模型（10.6.2）是一个较为一般的风险模型。该模型可应用于短期的人寿保险、健康保险、汽车保险以及其他财产与责任保险的产品设计。

【例 10.6.1】 考虑人寿保险产品，设在一年期人寿保险中，若被保险人在保单签出的一年内死亡，则承保人将支付受益人一笔金额 b，否则将不发生赔付。设每个被保险人在一年内死亡的概率皆为 q，即对每个被保险人来说，承保人遭到索赔的概率为 q，则每个被保险人的实际索赔金额 $X=bI$，式中：

$$I=\begin{cases}1 & \text{被保险人死亡}\\ 0 & \text{被保险人未死亡}\end{cases}$$

且 $P\{I=1\}=q, P\{I=0\}=1-q$。因此，我们有：

$$E(X)=bE(I)=bq$$

$$\mathrm{Var}(X)=b^2\mathrm{Var}(I)=b^2 q(1-q)$$

【例 10.6.2】 考虑下述人寿保单：若被保险人在一年内因意外事故死亡，则赔偿 5 万元；而因非意外事故死亡，则赔偿 2.5 万元。设该人群内因意外事故及非意外事故的死亡(概)率分别为 0.000 5 及 0.002，即：

$$P\{I=1,B=5\}=0.000\,5$$

$$P\{I=1,B=2.5\}=0.002$$

式中：

$$I=\begin{cases}1 & \text{被保险人死亡}\\ 0 & \text{被保险人未死亡}\end{cases}$$

每个被保险人的实际索赔金额为 $X=BI$。试计算 $E(X)$及 $\mathrm{Var}(X)$。

解 首先计算 I 的边缘概率分布。由全概率公式，我们有：

$$q = P\{I = 1\} = P\{I = 1, B = 5\} + P\{I = 1, B = 2.5\}$$
$$= 0.000\,5 + 0.002 = 0.002\,5$$
$$P\{I = 0\} = 1 - P\{I = 1\} = 0.997\,5$$

因此，可得 B 关于 $I=1$ 的条件概率分布为：

$$P\{B = 2.5 \mid I = 1\} = \frac{P\{I = 1, B = 2.5\}}{P\{I = 1\}} = 0.8$$

$$P\{B = 5 \mid I = 1\} = \frac{P\{I = 1, B = 5\}}{P\{I = 1\}} = 0.2$$

其条件均值 μ 与条件方差 σ^2 为：

$$\mu = E(B|I=1) = 2.5\times 0.8 + 5\times 0.2 = 3$$
$$\sigma^2 = \mathrm{Var}(B|I=1) = (2.5-3)^2\times 0.8 + (5-3)^2\times 0.2 = 1$$

因此，由式(10.6.4)及式(10.6.5)，可得：

$$E(X) = \mu q = 3\times 0.002\,5 = 0.007\,5(\text{万元})$$
$$\mathrm{Var}(X) = \mu^2 q(1-q) + \sigma^2 q = 0.024\,9(\text{万元}^2)$$

【例 10.6.3】 考虑某种汽车保险。假定最高索赔额为2 000元。为简单起见，暂且假定对某个特定的个人，发生一次索赔的概率为 0.15，发生 2 次及 2 次以上的概率为 0，即 $P\{I=0\}=0.85$，$P\{I=1\}=0.15$。将 B 记为一旦事故发生时对被保险人的赔偿，并假定 $P\{B=2\,000 \mid I=1\}=0.1$，在$0\leqslant B\leqslant 2\,000$ 之间关于 $I=1$ 的条件分布是连续的，且条件概率密度 $f_{B|I}(b|1)$ 与 $1-b/2\,000$ 成正比。试计算每个被保险人的实际索赔金额 $X=BI$ 的均值$E(X)$与方差 $\mathrm{Var}(X)$。

解 我们已知 $q=0.15$，B 关于 $I=1$ 的条件概率密度为：

$$f_{B|I}(b|1) = \begin{cases} 0.000\,9(1-\dfrac{b}{2\,000}) & 0<b<2\,000 \\ 0 & b\leqslant 0 \text{ 或 } b\geqslant 2\,000 \end{cases}$$

由此可得条件均值 μ 与条件方差 σ^2 为：

$$\mu = E(B \mid I = 1) = \int_0^{2\,000} b\times 0.000\,9(1-\frac{b}{2\,000})\mathrm{d}b + 2\,000\times 0.1$$
$$= 800$$

$$\sigma^2 = \mathrm{Var}(B \mid I = 1) = \int_0^{2\,000} (b-800)^2\times 0.000\,9(1-\frac{b}{2\,000})\mathrm{d}b$$
$$+ (2\,000-800)^2\times 0.1 = 360\,000$$

因此，由式(10.6.4)及式(10.6.5)，我们有：

$$E(X)=\mu q=800\times 0.15=120(\text{元})$$

$$\begin{aligned}\mathrm{Var}(X)&=\mu^2 q(1-q)+\sigma^2 q=800^2\times 0.15\times 0.85+360\,000\times 0.15\\&=135\,600(\text{元})\end{aligned}$$

从上例可见，确定理赔额 X 的概率结构的关键是确定 B 的概率结构。在上述例子中，B 较为简单。在某些场合中，B 可能十分复杂。例如，考虑航空保险中一条航线在一个营运年度里机毁导致的死亡人数 S。我们可从一次航行中可能导致的死亡人数 X 这个随机变量开始，然后按一年的航行次数将这些随机变量相加，即得 S。对于单次航行，事件 $I=1$ 为航行中发生意外的事件，事故中死亡人数 B 的模型为：

$$B=LQ$$

式中 L 是载客因子，即飞机失事时的机上人数，Q 是机上人员的死亡比例。死亡人数 B 按这种方式建模的原因在于，有关 L 与 Q 的各自统计数据比有关 B 的数据更易获得。因此，我们可以得出 $X=ILQ$，尽管旅客在飞机失事中的死亡比例与飞机的载客比例或许有关，但我们可以做初步近似，期间可假定 L 与 Q 独立。

10.6.2 理赔总额 S 的概率分布及其应用

在 $n>1$ 的风险模型中，理赔总额 S 是许多被保险人个体理赔额之和。前面已经假定这些个体的理赔是相互独立的。独立随机变量之和 $S=X_1+X_2+\cdots+X_n$ 的概率分布的确定，可以应用以下两种方法：

(1) 卷积法。设 F_i 是 $X_i(i=1,2,\cdots,n)$ 的分布函数，$F^{(k)}$ 是 $X_1+X_2+\cdots+X_k$ 的分布函数，F_s 是 S 的分布函数，则有下述递推公式：

$$\begin{aligned}&F^{(1)}=F_1\\&F^{(j)}=F_j*F^{(j-1)}\qquad j=2,3,\cdots,n\\&F_s=F^{(n)}\end{aligned}\tag{10.6.7}$$

式中 F_X*F_Y 是分布 F_X 与 F_Y 的卷积运算，它是 $W=X+Y$ 的分布函数，在 X 和 Y 独立的条件下，

$$F_w(w)=\begin{cases}\displaystyle\int_0^w F_X(w-y)f_Y(y)\mathrm{d}y & \text{连续分布}\\ \displaystyle\sum_{0\leqslant y\leqslant w}F_X(w-y)P\{Y=y\} & \text{离散分布}\end{cases}\tag{10.6.8}$$

（2）矩母函数法。设 M_s 与 $M_i(t)$ 分别为 S 与 X_i 的矩母函数，即 $M_s(t)=E(e^{ts})$ 及 $M_i(t)=E(e^{tX_i})$，则有：

$$M_s(t)=\prod_{i=1}^{n}M_i(t) \tag{10.6.9}$$

若将 t 换为 $-t$，则 $M_s(-t)$ 是 Laplace 变换，由矩母函数的连续性及唯一性便可求得 S 的概率分布。

【例 10.6.4】 随机变量 X_1, X_2 与 X_3 相互独立，且具有如表 10.6.1 所示的概率分布：

表 10.6.1

	x					
	0	1	2	3	4	5
$P\{X_1=x\}$	0.4	0.3	0.2	0.1	0.0	0.0
$P\{X_2=x\}$	0.5	0.2	0.1	0.1	0.1	0.0
$P\{X_3=x\}$	0.6	0.0	0.1	0.1	0.1	0.1

试用矩母函数导出 $S=X_1+X_2+X_3$ 的概率分布。

解 X_1，X_2 与 X_3 的矩母函数分别为：

$$M_1(t)=E(e^{tX_1})=0.4+0.3e^{t}+0.2e^{2t}+0.1e^{3t}$$
$$M_2(t)=E(e^{tX_2})=0.5+0.2e^{t}+0.1e^{2t}+0.1e^{3t}+0.1e^{4t}$$
$$M_3(t)=E(e^{tX_3})=0.6+0.1e^{2t}+0.1e^{3t}+0.1e^{4t}+0.1e^{5t}$$

于是由 X_1，X_2 与 X_3 的独立性，得出 S 的矩母函数：

$$\begin{aligned}M_s(t)&=E(e^{ts})=M_1(t)M_2(t)M_3(t)\\&=0.120+0.138e^{t}+0.140e^{2t}+0.139e^{3t}+0.129e^{4t}+0.115e^{5t}\\&\quad+0.088e^{6t}+0.059e^{7t}+0.036e^{8t}+0.021e^{9t}+0.010e^{10t}\\&\quad+0.004e^{11t}+0.001e^{12t}\end{aligned}$$

由此可得 S 的概率分布（见表 10.6.2）：

表 10.6.2

	s						
	0	1	2	3	4	5	6
$P\{S=s\}$	0.120	0.138	0.140	0.139	0.129	0.115	0.088
$F_s=P\{S\leqslant s\}$	0.120	0.258	0.398	0.537	0.666	0.781	0.869

续前表

	s						
	7	8	9	10	11	12	
$P\{S=s\}$	0.059	0.036	0.021	0.010	0.004	0.001	
$F_s=P\{S\leqslant s\}$	0.928	0.964	0.985	0.995	0.999	1.000	

当保单总数 n 充分大时，我们并不需要计算 S 的精确分布。此时，可应用中心极限定理对 S 进行正态逼近：

$$\frac{S-E(S)}{\sqrt{\operatorname{Var}(S)}}\text{ 具有渐近正态分布 } N(0,\ 1) \tag{10.6.10}$$

此式可用来估计一些保险参数。此处，

$$E(S)=\sum_{i=1}^{n}E(X_i),\operatorname{Var}(S)=\sum_{i=1}^{n}\operatorname{Var}(X_i) \tag{10.6.11}$$

式中的 $E(X_i)$ 与 $\operatorname{Var}(X_i)$ 可直接应用式(10.6.4)及式(10.6.5)进行计算。为说明正态逼近(10.6.10)的保险应用，请看以下几个例子。

【例 10.6.5】 某保险公司发行一年期、保险金额分别为 1 万元与 2 万元的两种人身意外伤害险，索赔概率 q_k 及投保人 n_k 如表 10.6.3 所示：

表 10.6.3 单位:万元

类别 k	索赔概率 q_k	索赔额 b_k	投保数 n_k
1	0.02	1	500
2	0.02	2	500
3	0.10	1	300
4	0.10	2	500

保险公司希望从这1 800名被保险人收取的保费总额超过索赔金额的概率为 95%(即只有 5%的可能使得索赔金额超过所收取的保费总额)。设该公司按期望值原理进行保费定价，即保单 j 的保费 $\pi(X_j)=(1+\theta)E(X_j)$，试用正态逼近估计安全附加系数 θ。

解 计算 $S=X_1+X_2+\cdots+X_{1\,800}$ 的均值与方差：

$$\begin{aligned}E(S)&=\sum_{j=1}^{1\,800}E(X_j)=\sum_{k=1}^{4}n_kb_kq_k\\&=500\times1\times0.02+500\times2\times0.02+300\times1\times0.10+500\times2\times0.10\\&=160\end{aligned}$$

$$\begin{aligned}\mathrm{Var}(S) &= \sum_{j=1}^{1\,800}\mathrm{Var}(X_j) = \sum_{k=1}^{4} n_k b_k^2 q_k(1-q_k) \\ &= 500\times 1^2\times 0.02\times 0.98+500\times 2^2\times 0.02\times 0.98+300\times 1^2 \\ &\quad \times 0.10\times 0.90+500\times 2^2\times 0.10\times 0.90 \\ &= 256\end{aligned}$$

由此得出保费总额：

$$\pi(S)=(1+\theta)E(S)=160(1+\theta)$$

依题意，我们有：

$$P\{S\leqslant(1+\theta)E(S)\}=0.95$$

因此：

$$P\left\{\frac{S-E(S)}{\sqrt{\mathrm{Var}(S)}}\leqslant\frac{\theta E(S)}{\sqrt{\mathrm{Var}(S)}}\right\}=P\left\{\frac{S-E(S)}{\sqrt{\mathrm{Var}(S)}}\leqslant 10\theta\right\}=0.95$$

由式（10.6.10），利用标准正态分布的 95% 分位数可得 $10\theta=1.645$，故 $\theta=0.164\,5$。

【例 10.6.6】 某保险公司经营汽车保险业务，签发的保单由两种险别组成，其中每种险别的索赔额 $B_k(k=1,2)$ 均服从截尾指数分布，其分布函数分别为：

$$F(x)=\begin{cases}0 & x<0\\ 1-e^{-\lambda_k x} & 0\leqslant x<L_k\\ 1 & x\geqslant L_k\end{cases}$$

这说明索赔额 B_k 的分布是混合型分布，当 $0<x<L_k$ 时，概率密度为 $f(x)=\lambda_k e^{-\lambda_k x}$，而在点 L_k 上的集中概率为 $P(B_k=L_k)=e^{-\lambda_k L_k}$。

设每种类别的投保数 n_k，索赔概率 q_k 及 B_k 的分布参数 λ_k、L_k 如表 10.6.4 所示：

表 10.6.4

类别 k	投保数 n_k	索赔概率 q_k	B_k 的分布参数	
			λ_k	L_k（万元）
1	500	0.10	1	2.5
2	2 000	0.05	2	5.0

假定该公司按期望值原理进行保费定价，即保单 j 的保费 $\pi(X_j)=(1+\theta)E(X_j)$，

并希望收取的保费总额等于索赔总额分布的 95%分位数。试应用正态逼近去估计安全附加系数 θ。

解 计算 B_k 关于 $I_k=1$ 的条件期望 μ_k 与条件方差 σ_k^2：

$$\mu_k = E(B_k \mid I_k = 1) = \int_0^{L_k} x\lambda_k e^{-\lambda_k x} \mathrm{d}x + L_k e^{-\lambda_k L_k}$$

$$= \frac{1}{\lambda_k}(1 - e^{-\lambda_k L_k})$$

$$\sigma_k^2 = \mathrm{Var}(B_k \mid I_k = 1) = E(B_k{}^2 \mid I_k = 1) - \mu_k^2$$

$$= \int_0^{L_k} x^2 \lambda_k e^{-\lambda_k k} \mathrm{d}x + L_k{}^2 e^{-\lambda_k L_k} - \frac{1}{\lambda_k^2}(1 - e^{-\lambda_k L_k})^2$$

$$= \frac{1}{\lambda_k{}^2}(1 - 2\lambda_k L_k e^{-\lambda_k L_k} - e^{-2\lambda_k L_k})$$

据此，由式(10.6.4)和式(10.6.5)，并代入表中的数据，可计算出 $n=n_1+n_2=$ 2 500份保单索赔额之和，$S=X_1+X_2+\cdots+X_{2\,500}$ 的均值 $E(S)$ 与方差 $\mathrm{Var}(S)$ 如下：

$$E(S) = \sum_{j=1}^{n} E(X_j) = \sum_{k=1}^{2} n_k \mu_k q_k = 95.89$$

$$\mathrm{Var}(S) = \sum_{j=1}^{n} \mathrm{Var}(X_j) = \sum_{k=1}^{2} n_k [\mu_k^2 q_k (1 - q_k) + \sigma_k{}^2 q_k] = 115.78$$

因此，由

$$0.95 = P\{S \leqslant (1+\theta)E(S)\} = P\left\{\frac{S-E(S)}{\sqrt{\mathrm{Var}(S)}} \leqslant \frac{\theta E(S)}{\sqrt{\mathrm{Var}(S)}}\right\}$$

及式（10.6.10)，利用标准正态分布的 95%分位数可得：

$$\frac{\theta E(S)}{\sqrt{\mathrm{Var}(S)}} = 1.645$$

因此，解出：

$$\theta = 1.645\,\frac{\sqrt{\mathrm{Var}(S)}}{E(S)} = 1.645\,\frac{\sqrt{115.78}}{95.89} = 0.184\,6$$

即 $\theta=0.184\,6$。

【例 10.6.7】 某保险公司开办了 5 种人寿险，每种险别（一旦被保险人死亡）的赔偿额 b_k 及投保人数 n_k 如表 10.6.5 所示：

表 10.6.5

类别 k	索赔额（万元）b_k	投保人数 n_k
1	1	8 000
2	2	3 500
3	3	2 500
4	5	1 500
5	10	500

假设被保险人死亡是相互独立的，其概率皆为 0.02。保险公司为安全起见，对每位被保险人寻求再保险：确定一个自留额，设为 2 万元；若某人的索赔在 2 万元及以下，则由原保险公司偿付；若赔偿金超过 2 万元，则超过部分由再保险公司偿付；再保险费率为投保金额的 2.5%。原保险公司希望它的全部费用（即实际索赔总额 S+再保险费）不超过 825 万元，求实际费用突破这一限额的概率。

解：已知 $q_k=0.02(k=1,2,3,4,5)$。首先计算再保险费 R。

$$R=2.5\%\times\sum_{k=1}^{5}n_k\max(b_k-2,0)=2.5\%\times 11\,000=275$$

然后再计算原保险公司实际索赔总额 $S=\sum_{i=1}^{n}X_i$ 的均值 $E(S)$ 及方差 $\mathrm{Var}(S)$。

$$\begin{aligned}E(S)&=\sum_{k=1}^{5}n_k\min(b_k,2)q_k\\&=0.02[8\,000\times 1+2(3\,500+2\,500+1\,500+500)]=480\end{aligned}$$

$$\begin{aligned}\mathrm{Var}(S)&=\sum_{k=1}^{5}n_k\min(b_k,2)^2q_k(1-q_k)\\&=0.02\times 0.98\times[8\,000\times 1^2+2^2\times(3\,500+2\,500+1\,500\\&\quad+500)]\\&=784\end{aligned}$$

因此实际费用超过 825 万元的概率为：

$$\begin{aligned}P\{S+275>825\}&=P\left\{\frac{S-E(S)}{\sqrt{\mathrm{Var}(S)}}>\frac{550-E(S)}{\sqrt{\mathrm{Var}(S)}}\right\}\\&=P\left\{\frac{S-E(S)}{\sqrt{\mathrm{Var}(S)}}>2.5\right\}\\&=1-\Phi(2.5)=0.006\,2\end{aligned}$$

即为 0.62%。因此，“实际费用超过 825 万元”是一个小概率事件，可认为可能性很小。

10.7 短期聚合风险模型

10.6 节所讨论的个别风险模型是基于理赔总额为所有保单理赔额的总和、保单数并不是随机的、且对个别保单和个别保单理赔分别考虑而建立的风险模型。本节所考虑风险模型的保单数是随机的，它是个别风险模型的推广。

记 N 是给定时期中保单的理赔次数，X_1 是第一次理赔的理赔量，X_2 是第二次理赔的理赔量，依此类推，则：

$$S = X_1 + X_2 + \cdots + X_N = \sum_{j=1}^{N} X_j \tag{10.7.1}$$

表示这一时期的理赔总量。与个体风险模型不同之处在于，理赔次数 $n=N$ 是随机变量，这正是“聚合”(collective) 意义之所在。以后我们将看到，S 的分布是 N 的分布与 X_j 的分布的复合。因此，从概率分布的角度来看，理赔间的“聚合”等同于分布间的“复合”。

为了方便模型讨论，我们对模型 (10.7.1) 做如下基本假设：

(1) 随机变量序列 X_j ($j=1, 2, \cdots$) 同分布，共同分布为 $F(x)$；

(2) 随机变量 N，X_1，X_2，…相互独立。

在本节中，我们将研究如何通过分布的卷积运算确定 S 的分布及其正态逼近。

10.7.1 理赔总额 S 的概率分布

首先，确定理赔总额 S 的数字特征的计算公式。我们沿用通常的概率论符号，记：

X 的数学期望：$\mu_X = E(X)$

X 的方差：$\sigma_X^2 = \mathrm{Var}(X)$

X 的矩母函数：$M_X(t) = E(e^{tX})$

再设 $M_N(t)$ 与 $M_S(t)$ 分别为 N 与 S 的矩母函数。应用全期望公式及全方差公式，我们有：

$$E(S) = E[E(S|N)] = E(N\mu_X) = \mu_X\mu_N \tag{10.7.2}$$

$$\begin{aligned}\mathrm{Var}(S)&=E[\mathrm{Var}(S|N)]+\mathrm{Var}[E(S|N)]=E(N\sigma_X^2)+\mathrm{Var}(N\mu_X)\\&=\mu_N\sigma_X^2+\mu_X^2\sigma_N^2\end{aligned}\tag{10.7.3}$$

$$\begin{aligned}M_S(t)&=E(e^{tS})=E[E(e^{tS}|N)]=E[(M_X(t))^N]\\&=E(e^{N\ln M_X(t)})=M_N[\ln M_X(t)]\end{aligned}\tag{10.7.4}$$

由此便建立了关于 S 的数字特征的公式：

$$\begin{cases}E(S)=\mu_X\mu_N\\ \mathrm{Var}(S)=\mu_N\sigma_X^2+\mu_X^2\sigma_N^2\\ M_S(t)=M_N[\ln M_X(t)]\end{cases}\tag{10.7.5}$$

该公式表明：(1) 理赔总额 S 的期望值为理赔次数 N 的期望值与每次理赔量 X_1 的期望值之乘积；(2)理赔总额 S 的方差由两部分构成，一部分来自于个体理赔量的变异，另一部分来自于理赔次数的变异；(3)理赔总额 S 的矩母函数是理赔次数 N 的矩母函数在每次理赔量 X_1 的矩母函数的对数 $\ln M_x(t)$处的函数值。

【例 10.7.1】 设 N 服从几何分布，即 $P_r\{N=n\}=pq^n\ (n=0,1,2,\cdots)$，式中$0<q<1$，$p=1-q$，试用 $M_X(t)$表示 $M_S(t)$。

解：我们有：

$$M_N(t)=E(e^{tN})=\sum_{n=0}^{\infty}e^{tn}pq^n=p\sum_{n=0}^{\infty}(qe^t)^n=\frac{p}{1-qe^t}$$

因此，由式(10.7.4)可得：

$$M_S(t)=\frac{p}{1-q\exp[\ln M_X(t)]}=\frac{p}{1-qM_X(t)}\tag{10.7.6}$$

至于 S 的分布函数 $F_S(t)$的确定，除了可以应用矩母函数的连续性及唯一性之外，还可用分布的卷积运算来计算。记 $F^{*n}(x)$表示 $X_1+X_2+\cdots+X_n$ 的分布函数，在同分布的情形下，X_1 的分布函数 n 重卷积。假定：

$$F^{*n}(x)=\begin{cases}1 & x\geqslant 0\\ 0 & x<0\end{cases}$$

由全概率公式，计算 $F_S(x)$得：

$$\begin{aligned}F_S(t)&=P\{S\leqslant x\}=\sum_{n=0}^{\infty}P\{S\leqslant x\mid N=n\}P\{N=n\}\\&=\sum_{n=0}^{\infty}F^{*n}(x)P\{N=n\}\end{aligned}\tag{10.7.7}$$

进而在离散的情形下，若记 $f^{*n}(x)$为 $X_1+X_2+\cdots+X_n$ 的概率函数，则 S 的概

率函数为：

$$f_S(x) = \sum_{n=0}^{\infty} f^{*n}(x)P\{N=n\} \tag{10.7.8}$$

式中

$$f^{*0}(x)=\begin{cases}1 & x=0\\ 0 & x\neq 0\end{cases}$$

一般地，矩母函数方法对计算 $F^{*n}(x)$，以及在离散情形下计算 $F^{*n}(x)$都是比较简便的。但计算 $f_S(x)$却不然，因为由式(10.7.4)不易逆推得出分布函数。但在某些特殊的情况下，逆推得出 $f_S(x)$却比较容易。

【例 10.7.2】 某项保险在确定时期内发生 0，1，2 和 3 次理赔的概率依次为 0.1，0.3，0.4 和 0.2；个体理赔量为 1，2 和 3 的概率分别为 0.5，0.4 和 0.1。计算理赔总额 S 的概率密度与分布函数。

解：由于此项保险在确定时期内至多发生 3 次理赔，所以我们只需确定个体理赔 X 的 1、2、3 重卷积对应的矩母函数：

$$M_X(t)=0.5e^{t}+0.4e^{2t}+0.1e^{3t}$$

$$M_X^2(t)=0.25e^{2t}+0.40e^{3t}+0.26e^{4t}+0.08e^{5t}+0.01e^{6t}$$

$$M_X^3(t)=0.125e^{3t}+0.300e^{4t}+0.315e^{5t}+0.184e^{6t}+0.063e^{7t}+0.012e^{8t}+0.001e^{9t}$$

根据上述矩母函数及式(10.7.8)，可构造出 S 的概率密度 $f_S(x)$与分布函数 $F_S(x)$，计算过程列于表 10.7.1。

表 10.7.1

x	(1)	(2)	(3)	(4)	(5)	(6)
	$f^{*0}(x)$	$f^{*1}(x)$	$f^{*2}(x)$	$f^{*3}(x)$	$f_S(x)$	$F_S(x)$
0	1.0	—	—	—	0.100 0	0.100 0
1	—	0.5	—	—	0.150 0	0.250 0
2	—	0.4	0.25	—	0.220 0	0.470 0
3	—	0.1	0.40	0.125	0.215 0	0.685 0
4	—	—	0.26	0.300	0.164 0	0.849 0
5	—	—	0.08	0.315	0.095 0	0.944 0
6	—	—	0.01	0.184	0.040 8	0.984 8
7	—	—	—	0.063	0.012 6	0.997 4
8	—	—	—	0.012	0.002 4	0.999 8
9	—	—	—	0.001	0.000 1	1.000 0

表中第（6）栏是由第（5）栏向下累计求和而得，比如 0.250 0＝0.100 0＋0.150 0，0.470 0＝0.100 0＋0.150 0＋0.220 0 等等。而第（5）栏是第（1）、(2)、(3) 和（4）栏的加权和：

$$\begin{aligned}(5)=&P\{N=0\}\times(1)+P\{N=1\}\times(2)+\\&P\{N=2\}\times(3)+P\{N=3\}\times(4)\\=&0.1\times(1)+0.3\times(2)+0.4\times(3)+0.2\times(4)\end{aligned}$$

即：

$$f_S(x)=0.1\times f^{*0}(x)+0.3\times f^{*1}(x)+0.4\times f^{*2}(x)+0.2\times f^{*3}(x)$$

值得注意的是，如果 X_1 的分布是离散的情形，则 S 的分布也是离散的；但如果 X_1 为连续的情形，则不能断定 S 的分布也是连续的。一般来说，在后一种情形下，S 的分布是混合的。例如，在上面的例 10.7.1 中，若取 X_1 为指数分布 $F_X(x)=1-e^{-x}, x>0$，则 $M_X(t)=1/(1-t)$，因此由式（10.7.6）可得：

$$M_S(t)=\frac{p}{1-q/(1-t)}=\frac{p(p+q-t)}{p-t}=p+q\,\frac{p}{p-t} \tag{10.7.9}$$

我们注意到，$p/(p-t)$是指数分布 $E(p)$(分布函数为 $1-e^{-px}, x>0$)的矩母函数，不难看出 S 是一个混合分布——以概率 p 取在点 0 的单点分布，以概率 q 取区间$(0,\infty)$上的指数分布。

10.7.2 理赔次数的分布

从式(10.7.6)及式(10.7.7)可见，S 的概率结构取决于如何选取理赔次数 N 与个体理赔量 X 的概率分布。对于如何选取理赔次数 N 的分布，比较常用的理赔次数 N 的分布有以下三种：

（1）参数为 $\lambda>0$ 的泊松分布 $P(\lambda)$：

$$P\{N=n\}=\frac{\lambda^n e^{-\lambda}}{n!} \qquad n=0, 1, 2, \cdots$$

（2）参数为 $r,p,q(r>0,0<p<1,q=1-p)$的负二项分布 $NB(r,p)$：

$$P\{N=n\}=\binom{r+n-1}{n}p^r q^n \qquad n=0, 1, 2, \cdots$$

（3）参数为 Λ 的非齐次泊松分布——当给定 $\Lambda=\lambda$ 时，N 的条件分布是参数为 λ 的泊松分布 $P(\lambda)$，其中 Λ 具有分布密度 $u(\lambda)$，$\lambda>0$。当被保险人群由各种

不同的集合组成，各个集合成员的理赔次数均服从参数各异的泊松分布时，选取这种分布是较为适宜的。

对前面两种分布来说，$E(N)$、$\mathrm{Var}(N)$及$M_n(t)$是很容易计算的。至于最后一种分布，我们可由连续型全概率公式得到N的概率函数：

$$P\{N=n\}=\int_0^{\infty}P\{N=n\mid \Lambda=\lambda\}u(\lambda)\mathrm{d}\lambda$$

$$=\int_0^{\infty}\frac{\lambda^n}{n!}e^{-\lambda}u(\lambda)\mathrm{d}\lambda \qquad (10.7.10)$$

令$\mu_\Lambda=E(\Lambda)$，$\sigma_\Lambda^2=\mathrm{Var}(\Lambda)$，应用全期望公式及全方差公式，我们有：

$$\mu_N=E(N)=E[E(N|\Lambda)]=E(\Lambda)=\mu_\Lambda \qquad (10.7.11)$$

$$\sigma_N^2=\mathrm{Var}(N)=E[\mathrm{Var}(N|\Lambda)]+\mathrm{Var}[E(N|\Lambda)]$$

$$=E(\Lambda)+\mathrm{Var}(\Lambda)=\mu_\Lambda+\sigma_\Lambda^2 \qquad (10.7.12)$$

$$M_N(t)=E(e^{tN})=E[E(e^{tN}|\Lambda)]=E(e^{\Lambda(e^t-1)})$$

$$=M_\Lambda(e^t-1) \qquad (10.7.13)$$

显然，$\sigma_N^2>\mu_N$。

【例 10.7.3】 假设Λ服从参数为(α,β)的Gamma分布$G(\alpha,\beta)$，即具有分布密度：

$$u(\lambda)=\frac{\beta^\alpha}{\Gamma(\alpha)}\lambda^{\alpha-1}e^{-\beta\lambda} \quad \lambda>0$$

其中$\Gamma(\alpha)=\int_0^{\infty}y^{\alpha-1}e^{-y}\mathrm{d}y$，试计算$E(N)$，$\mathrm{Var}(N)$及$M_N(t)$。

解：先计算Λ与N的矩母函数：

$$M_\Lambda(t)=\int_0^{\infty}e^{t\lambda}\frac{\beta^\alpha}{\Gamma(\alpha)}\lambda^{\alpha-1}e^{-\beta\lambda}\mathrm{d}\lambda=\left(\frac{\beta}{\beta-1}\right)^\alpha$$

$$M_N(t)=M_\Lambda(e^t-1)=\left(\frac{\beta}{\beta-e^t+1}\right)^\alpha=\left(\frac{\beta/(\beta+1)}{1-e^t/(\beta+1)}\right)^\alpha$$

我们注意到，负二项分布$NB(r,p)$的矩母函数为$[p/(1-qe^t)]^r$，由矩母函数的唯一性可知，N服从参数为$r=\alpha$，$p=\beta/(\beta+1)$，$q=1/(\beta+1)$的负二项分布。利用矩母函数的性质，我们有：

$$E(N)=\frac{\mathrm{d}M_N(t)}{\mathrm{d}t}\bigg|_{t=0}=\frac{\alpha}{\beta}$$

$$E(N^2)=\frac{d^2M_N(t)}{dt^2}\bigg|_{t=0}=\frac{\alpha^2+\alpha\beta+\alpha}{\beta^2}$$

$$\text{Var}(N)=E(N^2)-[E(N)]^2=\frac{\alpha(\beta+1)}{\beta^2}$$

上述结果也可以由负二项分布直接计算得到。在短期聚合风险模型中，我们称理赔总量 S 所服从的分布为复合分布，如 N 服从泊松分布，则称 S 服从复合泊松分布；如 N 服从负二项分布，则称 S 服从复合负二项分布等。至此，我们可以将常用的 $S=\sum_{j=1}^{N}X_j$ 复合分布的概率特征归纳在表 10.7.2 中。

表 10.7.2　$S=\sum_{j=1}^{N}X_i$ 的概率特征

N 的分布名称	分布函数 $F_S(x)$ 与矩母函数 $M_S(t)$	数学期望 μ_S 与方差 σ_S^2
一般情形	$F_S(x)=\sum_{n=0}^{\infty}F^{*n}(x)P\{N=n\}$ $M_S(t)=M_N[\ln M_X(t)]$	$\mu_S=\mu_N\mu_X$ $\sigma_S^2=\mu_N\sigma_X^2+\sigma_N^2\mu_X^2$
泊松 $P(\lambda)$ $(\lambda>0)$	$F_S(x)=\sum_{n=0}^{\infty}F^{*n}(x)\frac{e^{-\lambda}\lambda n}{n!}$ $M_S(t)=e^{\lambda[M_X(t)-1]}$	$\mu_S=\lambda\mu_X$ $\sigma_S^2=\lambda(\sigma_X^2+\mu_X^2)$
负二项 $NB(r,p)$ $(qM_X(t)<1)$	$F_S(x)=\sum_{n=0}^{\infty}\binom{r+n-1}{n}$ $\times p^rq^nF^{*n}(x)$ $M_S(t)=\left[\frac{p}{1-qM_X(t)}\right]^r$	$\mu_S=\frac{rq\mu_X}{p}$ $\sigma_S^2=\frac{rq}{p^2}(\mu_X^2+p\sigma_X^2)$
非齐次泊松 $P(\Lambda)$	$F_S(x)=\sum_{n=0}^{\infty}F^{*n}(X)$ $\times\int_0^{\infty}\frac{e^{-\lambda}\lambda^n}{n!}u(\lambda)d\lambda$ $M_S(t)=M_\Lambda[M_X(t)-1]$	$\mu_S=\mu_\Lambda\mu_X$ $\sigma_S^2=\mu_\Lambda\sigma_X^2+(\mu_\Lambda+\sigma_N^2)\mu_X^2$

我们再回头看看个体理赔量 X 的分布的选取。由式(10.7.7)可见，为了计算 $F_S(x)$，需要对 X 的分布作卷积运算，因而在可能的情况下，应选择理论计算和数值计算均比较方便的分布族，例如具有再生性的概率分布。

10.7.3　复合泊松分布的性质

要计算理赔总额 S 的分布函数，一般都会涉及卷积运算。最简单的卷积计算应属复合泊松分布。对于这种分布，甚至可以不用卷积而是直接采用递推方法计算其分布函数。在风险理论中，复合泊松分布十分常用。我们将讨论复合泊松分布的一些有关性质，这些性质将归纳在两个定理之中，其证明可以由矩母函数的性质直接导出。在介绍这两个定理之前，先考虑一个简单的例子。

【例 10.7.4】 设 x_1，x_2，…，x_m 是 m 个不同的实数，N_1，N_2，…，N_m 是相互独立的随机变量。假设 $N_i(i=1,2,\cdots,m)$是参数为 λ_i 的泊松分布，试确定

$$x_1N_1+x_2N_2+\cdots+x_mN_m \tag{10.7.14}$$

所服从的分布。

解 记 $S_i=x_iN_i, S=\sum_{i=1}^{m}S_i, \lambda=\sum_{i=1}^{m}\lambda_i$，由 $N_1,N_2,\cdots,N_m$ 的独立性及矩母函数的性质，我们有：

$$\begin{aligned}M_S(t)&=E(e^{tS})=E\Big[\exp\big(t\sum_{i=1}^{m}x_iN_i\big)\Big]\\&=\prod_{i=1}^{m}E\{\exp[(tx_i)N_i]\}=\prod_{i=1}^{m}\exp[\lambda_i(e^{tx_i}-1)]\\&=\exp\Big[\sum_{i=1}^{m}\lambda_i(e^{tx_i}-1)\Big]=\exp\Big[\lambda\big(\sum_{i=1}^{m}\frac{\lambda_i}{\lambda}e^{tx_i}-1\big)\Big]\end{aligned}$$

我们注意到，$\sum_{i=1}^{m}\frac{\lambda_i}{\lambda}e^{tx_i}$ 正好是离散分布：

$$p(x)=\begin{cases}\dfrac{\lambda_i}{\lambda} & x=x_i,j=1,2,\cdots,m\\ 0 & x\neq x_i\end{cases} \tag{10.7.15}$$

的矩母函数。由表 10.7.1，我们可以推知 S 是参数为 λ、概率密度为 $p(x)$ 的复合泊松分布。

值得注意的是，以后我们将会看到，任何离散型理赔量分布的复合泊松分布都可以写成与式(10.7.14)相类似的和的形式。此外，若把上例中的 S_i 推广至一般的复合泊松变量，运用矩母函数方法，我们可以建立以下定理。

定理 10.7.1 如果 S_1，S_2，…，S_m 是相互独立的随机变量，S_i 是参数为 λ_i 与分布函数为 $F_i(x)(i=1,2,3,\cdots,m)$的复合泊松分布，则 $S=S_1+S_2+\cdots+S_m$ 是参数 $\lambda=\sum_{i=1}^{m}\lambda_i$ 与分布函数为 $F(x)=\sum_{j=1}^{m}\frac{\lambda_j}{\lambda}F_j(x)$ 的复合泊松分布。

这个定理在建立保险模型方面有两个重要的应用：

(1) 若有 m 个险种，每个险种的理赔总量均是复合泊松变量并相互独立，则总体理赔量也服从复合泊松分布；

(2) 考虑 m 年期的单个险种，假设各年内的理赔总量均是复合泊松变量，但各年理赔总量的分布可能不同，则定理 10.7.1 表明，m 年期的总理赔量也服从复合泊松分布。

值得注意的是，例 10.7.4 结论的逆命题是成立的。在介绍这一结论前，先考虑多项分布（multinomial distribution）的矩母函数。

设在 n 次独立试验中，每次试验各有 m 种不同的结果，结果 i 出现的概率为 $\pi_i=(\pi_i>0,\ \sum_{i=1}^{m}\pi_i=1)$。设随机变量 N_i 是在 n 次试验中出现结果 i 的次数，则(N_1，$N_2,\cdots,N_m$) 的联合分布为：

$$P\{N_1=n_1,N_2=n_2,\cdots,N_m=n_m\}=\frac{n!}{n_1!n_2!\cdots n_m!}\pi_1^{n_1}\pi_2^{n_2}\cdots\pi_m^{n_m}$$

$$n_1\geqslant 0,n_2\geqslant 0,\cdots,n_m\geqslant 0;\sum_{i=1}^{m}n_i=n \tag{10.7.16}$$

我们称上述分布为具有参数 n，π_1，π_2，…，π_m 的多项分布，记作 $MB(n;\pi_1,\pi_2,\cdots,\pi_m)$。这是二项分布的推广，即把有两种结果的试验推广至有 m 种结果的试验。对这个多项分布，我们有矩母函数：

$$\begin{aligned}E[\exp(\sum_{i=1}^{m}t_iN_i)]&=\sum_{\substack{n_1\geqslant 0,\cdots,n_m\geqslant 0\\ n_1+\cdots+n_m=n}}\exp(\sum_{i=1}^{m}t_in_i)\frac{n!}{n_1!n_2!\cdots n_m!}\pi_1^{n_1}\pi_2^{n_2}\cdots\pi_m^{n_m}\\&=\sum_{\substack{n_1\geqslant 0,\cdots,n_m\geqslant 0\\ n_1+\cdots+n_m=n}}\frac{n!}{n_1!n_2!\cdots n_m!}(\pi_1e^{t_1})^{n_1}(\pi_2e^{t_2})^{n_2}\cdots(\pi_me^{t_m})^{n_m}\\&=(\sum_{i=1}^{m}\pi_ie^{t_i})^n\end{aligned}$$

现在回到例 10.7.4 结论的逆命题。设 $S=X_1+X_2+\cdots+X_N$，x_1，x_2，…，x_m 为个体理赔量的离散值，$\pi_i=p(x_i)(i=1,2,\cdots,m)$为相应取值概率，$N_i$ 为所有理赔中理赔量为 x_i 的发生次数，记 $N_i=\#\{j:X_j=x_i,\ j=1,\ 2,\ \cdots,\ N\}$，$i=1$，2，…，$m$。显然，

$$S=X_1+X_2+\cdots+X_N=x_1N_1+x_2N_2+\cdots+x_mN_m \tag{10.7.17}$$

设 S 为具有参数 $\lambda>0$ 的复合泊松分布。显然，在 $N=n$ 的条件下，($N_1,N_2,\cdots,N_m$)服从多项分布 $MB(n;\pi_1,\pi_2,\cdots,\pi_m)$。应用全期望公式和($N_1,N_2,\cdots,N_m$)的联合矩母函数，我们有：

$$E\Big[\exp(\sum_{i=1}^{m}t_iN_i)\Big]=\sum_{n=0}^{\infty}E\Big[\exp(\sum_{i=1}^{m}t_iN_i)\Big|N=n\Big]P\{N=n\}$$

$$
\begin{aligned}
&= \sum_{n=0}^{\infty}\left(\sum_{i=1}^{m}\pi_i e^{t_i}\right)^n \frac{e^{-\lambda}\lambda^n}{n!} = e^{-\lambda}\sum_{n=0}^{\infty}\left[\left(\lambda\sum_{i=1}^{m}\pi_i e^{t_i}\right)^n \Big/ n!\right] \\
&= \exp\left(-\lambda+\lambda\sum_{i=1}^{m}\pi_i e^{t_i}\right) = \prod_{i=1}^{m}\exp(\lambda\pi_i e^{t_i}-1)
\end{aligned}
\tag{10.7.18}
$$

这是 m 个泊松变量的矩母函数的连乘积，其中第 i 个泊松变量的参数为$\lambda_i=\lambda\pi_i$。

因此，由矩母函数的性质可知，$(N_1,N_2,\cdots,N_m)$相互独立，且 $N_i(i=1,2,\cdots,m)$服从泊松分布。

综合上述结果，便得到关于例 10.7.4 结论的逆命题的定理如下：

定理 10.7.2 沿用上述 x_i、π_i 与 N_i 等记号，若式(10.7.17)中 S 为具有参数 λ 和离散型理赔量分布的复合泊松分布，则：

(1) N_1，N_2，…，N_m 相互独立；

(2) $N_i(i=1,2,\cdots,m)$服从泊松分布 $P(\lambda_i)$，其中 $\lambda_i=\lambda\pi_i=\lambda p(x_i)$。

定理 10.7.2 提供了一种计算离散型理赔量复合泊松分布的方法。此外，利用该定理还可以直接导出 S 的均值与方差的计算公式：

$$
\begin{aligned}
E(S) &= \sum_{i=1}^{m} x_i\lambda_i \\
\mathrm{Var}(S) &= \sum_{i=1}^{m} x_i^2\lambda_i
\end{aligned}
\tag{10.7.19}
$$

【例 10.7.5】 假设 S 为 $\lambda=0.8$,个别理赔量为 $i=1,2,3$,相应概率 π_i 分别为 0.25，0.375，0.375 的复合泊松分布。对 $x=0,1,\cdots,6$,计算 $f(x)=P\{S=x\}$。

解 本题除了可以应用卷积法进行计算外(如例 10.7.2 所示)，还可以应用定理 10.7.2 的结论计算。我们有 $\lambda=0.8$，$x_1=1$，$x_2=2$，$x_3=3$，$\pi_1=0.25$，$\pi_2=0.375$，$\pi_3=0.375$，$\lambda_1=0.2$，$\lambda_2=0.3$，$\lambda_3=0.3$，及 $S=x_1N_1+x_2N_2+x_3N_3=N_1+2N_2+3N_3$。由定理 10.7.2 可知，$N_1$，$N_2$，$N_3$ 相互独立且分别服从泊松分布 $P(0.2)$,$P(0.3)$,$P(0.3)$。于是利用矩母函数的性质，可得 S 的矩母函数：

$$
\begin{aligned}
M_S(t) &= E[\exp(tS)] = \exp[0.2(e^t-1)+0.3(e^{2t}-1)+0.3(e^{3t}-1)] \\
&= e^{-0.8}\Big[1+e^t(0.2+0.3e^t+0.3e^{2t})+\frac{e^{2t}}{2!}(0.2+0.3e^t+0.3e^{2t})^2 \\
&\quad +\frac{e^{3t}}{3!}(0.2+0.3e^t+0.3e^{2t})^3+\frac{e^{4t}}{4!}(0.2+0.3e^t+0.3e^{2t})^4 \\
&\quad +\frac{e^{5t}}{5!}(0.2+0.3e^t+0.3e^{2t})^5+\frac{e^{6t}}{6!}(0.2+0.3e^t+0.3e^{2t})^6+\cdots\Big]
\end{aligned}
$$

$$
\begin{aligned}
&= 0.449\,329 + 0.089\,866e^{t} + 0.143\,785e^{2t} + 0.162\,358e^{3t} \\
&\quad + 0.049\,905e^{4t} + 0.047\,360e^{5t} + 0.030\,923e^{6t} + \cdots
\end{aligned}
$$

因此，由矩母函数的定义，便可得到概率（见表 10.7.3）：

表 10.7.3

	x			
	0	1	2	3
$P\{S=x\}$	0.449 329	0.089 866	0.143 785	0.162 358
$P\{S=x\}$	4	5	6	
	0.049 905	0.047 360	0.030 923	

我们在此并没有将 $f(x)=P\{S=x\}$全部计算出来，只是计算了 $x=0$，1，2，3，4，5，6 的情况。这是因为 $P\{S\leqslant 6\}=f(0)+f(1)+\cdots+f(6)=0.973\,25$ 已经相当大，没有必要继续计算 $x=6$ 之后的 $f(x)$值。

就离散型理赔的复合泊松分布计算而言，除了前面所讨论的两种方法之外，还可以利用以下递归公式：

$$
f(x) = \sum_{i=1}^{\infty} \frac{i}{x}\lambda_i f(x-i) \qquad \lambda_i = \pi_i, x = 1,2,\cdots \tag{10.7.20}
$$

及初值 $f(0)=QP\{N=0\}=e^{-\lambda}$来计算。这种方法称为递归方法(recursive method)。

【例 10.7.6】 （续例 10.7.5）用递归方法计算 $f(x)=P\{S=x\}, x=0, 1,\cdots,6$。

解：代入 λ_i，由式(10.7.20)得递归公式：

$$
f(x)=\frac{1}{x}[0.2f(x-1)+0.6f(x-2)+0.9f(x-3)]
$$

式中 $x=0$，1，2，…，6。再由初值 $f(0)=e^{-\lambda}=e^{-0.8}=0.449\,329$,进而递推计算$f(x)$，可得到与上例相同的结果。

10.8 长期聚合风险模型

本节的目的是针对一个较长时期建立保险人盈余量变化模型。此处的盈余是指某个初始启动基金加上收取保费超过理赔的那一部分，而非财务意义上的盈余。为了数学处理方便，我们不考虑利息和其他除了保费和理赔之外的影响盈余的因素，例如附加费和保单持有人的分红等等。对 $t\geqslant 0$，记 $U(t)$为保险人在时刻 t 的盈余。假设保费以常数 $c>0$ 连续收取，$S(t)$为直到时刻 t 的总理赔量。如果 $U(0)=u$ 为时刻 0 的初始盈余，则有：

$$U(t)=u+ct-S(t) \qquad t\geqslant 0 \tag{10.8.1}$$

因此，通常的盈余过程$\{U(t),t\geqslant 0\}$如图 10.8.1 所示。使用“过程”这一名词表明我们关心的是随时间 $t(t\geqslant 0)$变化的随机变量族及其分布之间的关系。这与 10.6 节和 10.7 节不同，我们在那里关心的仅仅是固定的短时期内一个随机变量的分布。

如果 $S(t)=\sum\limits_{k=1}^{N(t)}X_k$，式中理赔次数过程 $N(t)$为齐次泊松过程时，模型(10.8.1)称为古典风险模型。

对盈余过程$\{U(t),t\geqslant 0\}$来说，保险人最关心在某一时期内首次出现负盈余(即破产发生)的时间及其破产发生的概率，即确定：

(1) 破产发生时刻。

$$T=\min(t,t\geqslant 0,\text{且 } U(t)<0) \tag{10.8.2}$$

当 $T=\infty$时，可认为对于任何 $t\geqslant 0$，均有 $U(t)\geqslant 0$，即破产不发生。

(2) 时间 t 以内破产发生概率。

$$\Psi(u,t)=P(T<t) \tag{10.8.3}$$

特别地，当 $t\to\infty$时，概率 $\Psi(u)=P(T<\infty)$。

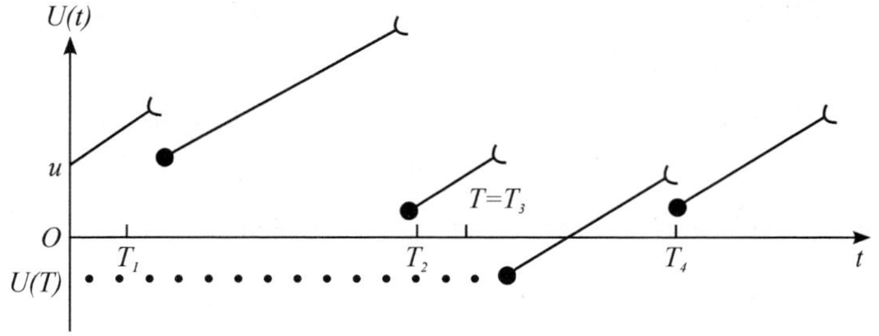

图 10.8.1

我们称上述问题为破产问题。为了数学处理方便，我们只讨论无限时间上的破产发生概率 $\Psi(u)$。当然，$\Psi(u)$是 $\Psi(u,t)$的一个上界。值得注意的是，破产的发生并不等价于保险人无力偿付债务或真正意义上的破产。实际上，破产发生并不像字面上那样可怕，因为我们忽略了其他许多影响盈余的因素，比如投资。如果所有因素都在考虑之列，那么盈余就有可能是正的或者有可能恢复为正，破产就不会发生。当然，破产概率毕竟是衡量一个保险机构金融风险的极其重要的尺度。

本节的内容为保险公司决策者提供了一个早期风险的警示手段。当然，为了数学处理方便，我们忽略了分红、利息和经验利率等重要因素。因此在实际工作中，它还需要与其他分析相补充。

10.8.1 理赔过程

下面我们将利用理赔次数过程和总理赔量过程这两个随机过程来建立风险模型。一般来说，第一个过程将采用泊松过程，第二个过程将采用复合泊松过程。

对某个确定的保险险种，把 $N(t)$ 记作直到时刻 t 为止的理赔次数，$S(t)$ 为直到时刻 t 为止的总理赔量。假设初始时刻为 $t=0$，故 $N(0)=0$。显然，只要 $N(t)=0$，就有 $S(t)=0$。沿用上述记号，记 X_i 为第 i 次理赔的理赔量，则

$$S(t)=X_1+X_2+\cdots+X_{N(t)} \tag{10.8.4}$$

过程 $\{N(t),t\geqslant 0\}$ 称为理赔次数过程（claim number process），$\{S(t),t\geqslant 0\}$ 称为总理赔量过程（aggregate claim process）。如前所述，随机变量作为 t 的函数称为过程，因为我们现在讨论的是对于任何 $t\geqslant 0$ 时的分布，这与 10.6 节和 10.7 节不同，我们在那里关心的只是一个固定时期内的理赔次数和总理赔量。

记 $t\geqslant 0$，$h>0$。由定义可知，$N(t+h)-N(t)$ 和 $S(t+h)-S(t)$ 分别为时间区间 $[t, t+h]$ 内的理赔次数和总理赔量。记 T_i 为第 i 次理赔发生的时刻，则 T_1，T_2，…均为随机变量，且 $T_1<T_2<T_3<\cdots$ 的不等式是严格成立的，这表明同时发生两次或两次以上理赔的概率为零。定义相继两次理赔之间的等待时间为：

$$W_1=T_1,\ W_i=T_i-T_{i-1},\ i=2,\ 3,\ \cdots \tag{10.8.5}$$

理赔次数过程和总理赔量过程的标准图像如图 10.8.2 和图 10.8.3 所示。$N(t)$ 和 $S(t)$ 均为阶梯函数，不连续点为理赔发生时刻 T_i，$N(t)$ 的跳跃为 1，而 $S(t)$ 的跳跃为相应理赔量 X_i。

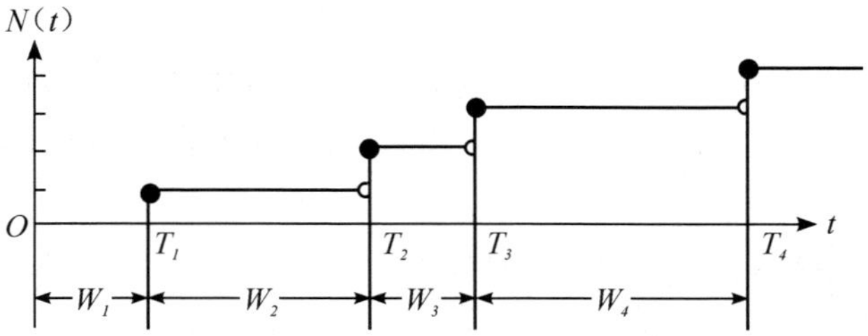

图 10.8.2

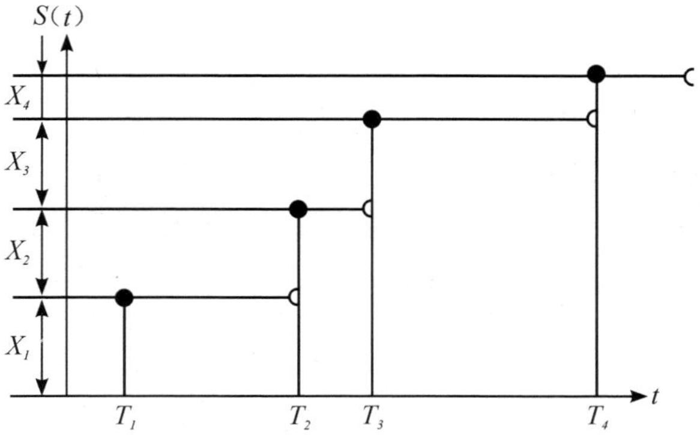

图 10.8.3

定义理赔次数过程的方法有三种：

(1) 总体方法（global method）。在 $t\geqslant 0$ 和 $h>0$ 时，确定 $N(t+h)-N(t)$ 的分布，这个分布可能依赖 $N(s)(s\leqslant t)$的值。

(2) 微分方法(infinitesimal method)。确定 $N(t+\mathrm{d}t)=N(t)+1$ 的概率，也就是在无穷小时间区间$(t,t+\mathrm{d}t)$之间发生一次理赔的概率。这个概率正比于 $\mathrm{d}t$，可能依赖于 $N(s)(s\leqslant t)$的值。这种定义方法必须对过程提出下述限制：

$$\lim_{\Delta t\to 0}\frac{P[N(t+\Delta t)>N(t)+1]}{\Delta t}=0$$

因此，微分方法不如上述总体方法和下述离散方法的定义广泛。

(3) 离散（或等待时间）方法(discrete or waiting time method)。确定 W_1，W_2，…的联合分布，或等价地确定 T_1，T_2，…的联合分布。

【例 10.8.1】 在时刻 $t=0$ 考虑 n 个年龄为 x 的人。将 $N(t)$记为时刻 t 以内的死亡人数，T_i 为第 i 个人死亡发生时刻$(i=0,1,2,\cdots,n)$。假设这 n 个人死亡的时刻相互独立，试用上述三种方法确定过程 $\{N(t),t\geqslant 0\}$。

解： *方法* a

给定 $N(t)=i,N(t+h)-N(t)$ 的条件概率为参数 $n-i$ 和 $hq_{x+t}(i=0,1,2,\cdots,n-1)$ 的二项分布，式中 hq_{x+t} 为年龄 $x+t$ 的人在 h 这段时间内死亡的概率。因此，

$$P[N(t+h)-N(t)=k|N(t)=i]$$
$$=\binom{n-i}{k}(hq_{x+t})^k(1-hq_{x+t})^{n-i-k} \qquad k=0,1,\cdots,n-i$$

如果 $N(t)=n$，则 $N(t+h)=n$。

方法 b

$$P[N(t+\mathrm{d}t)-N(t)=1|N(t)=i]=(n-i)\mu_{x+t}\mathrm{d}t \qquad i=0,1,\cdots,n$$

式中 μ_{x+t} 为年龄 $x+t$ 的人的死亡力度。这个等式既可以在方法 a 中令 $k=1$ 并用 $\mu_{x+t}\mathrm{d}t$ 取代 hq_{x+t} 得到，也可以直接获得。直接获得时只需注意到剩余 $n-i$ 个年龄均为 $x+t$ 的人的联合生命状态(joint life status)，即至少有一个人死亡的死亡力度为 $(n-i)\mu_{x+t}$。

方法 c

$$P(W_{i+1}>t|T_i=s)=(tp_{x+s})^{n-i} \qquad W_{n+1}=\infty,i=1,2,\cdots,n$$

这是因为：

$$P(T_{i+1}>s+t|T_i=s)=P[N(s+t)-N(s)=0|N(s)=i]$$

由方法 a 可知，它等于 $(1-tq_{x+s})^{n-i}$。由于 tp_{x+s} 为年龄 $x+s$ 的人在 t 这段时间内继续生存的概率，所以 $tp_{x+s}=1-tq_{x+s}$。

由方法 a 给出的泊松过程的定义是：发生在任何长度为 h 的时间区间内的理赔次数服从参数为 λh 的泊松分布，而与该区间的位置和以前的资料无关。因此，给定时刻 t 以前的资料，即给定 $N(s)(s\leqslant t)$，则 $N(t+h)-N(t)=k$ 的条件概率为：

$$P[N(t+h)-N(t)=k|N(s),\text{所有 } s\leqslant t]=\frac{e^{-\lambda h}(\lambda h)^k}{k!}$$
$$k=0,\ 1,\ 2,\ \cdots \tag{10.8.6}$$

式中 $t\geqslant 0$，$h>0$ 为任意实数。由此可见，泊松过程具有独立增量性(independent increments)，即如果 $(t_1,t_1+h_1),(t_2,t_2+h_2),\cdots,(t_n,t_n+h_n)$ 是互不相交的时间区间，则随机变量 $N(t_1+h_1)-N(t_1),N(t_2+h_2)-N(t_2),\cdots,N(t_n+h_n)-N(t_n)$ 相互独立。这种增量是平稳的(stationary)，即 $N(t_i+h_i)-N(t_i)$ 服从参数为 λh_i 的

泊松分布，而与 t_i 无关。

对任意 $t\geqslant 0$ 和 $h>0$，在式(10.8.6)中取 $k=1$，并用无穷小量 $\mathrm{d}t$ 取代 h，则

$$P[N(t+\mathrm{d}t)-N(t)=1\,|\,N(s)，\text{所有 } s\leqslant t]=e^{-\lambda\mathrm{d}t}\lambda\mathrm{d}t$$

展开 $e^{-\lambda\mathrm{d}t}=1-\lambda\mathrm{d}t+(\lambda\mathrm{d}t)^2/2-\cdots$，并略去上式右边的 $(\mathrm{d}t)^2$ 及以上的高阶无穷小量，从而有：

$$P[N(t+\mathrm{d}t)-N(t)=1\,|\,N(s)，\text{所有 } s\leqslant t]=\lambda\mathrm{d}t \tag{10.8.7}$$

这就得到了方法 b 的泊松过程定义。它表明在长度为 $\mathrm{d}t$ 的无穷小时间区间内发生一次理赔的概率为 $\lambda\mathrm{d}t$，而与该无穷小区间的位置及以前的资料无关。

在方法 c 下，我们需要相邻理赔之间等待时间的分布，由式(10.8.6)有：

$$\begin{aligned}&P[W_{i+1}>h\,|\,T_i=t,N(s),\text{所有 } s\leqslant t]\\&=P[N(s+t)-N(t)=0\mid T_i=t,N(s),\text{所有 } s\leqslant t]\\&=e^{-\lambda h}\end{aligned} \tag{10.8.8}$$

则 W_{i+1} 服从参数为 λ 的指数分布且与 $N(s)(s\leqslant T_i)$ 独立。换句话说，W_{i+1} 与 W_1，W_2，…，W_i 独立。因此，方法 c 泊松过程的定义可阐述为：如果 W_1，W_2，…是相互独立且服从共同指数分布(参数为 λ)的随机变量，则过程 $\{N(t),t\geqslant 0\}$ 称为参数为 λ 的泊松过程。

我们现在转向复合泊松过程的定义。对于式(10.8.4)定义的 $S(t)$，如果 X_1，X_2，X_3，…是相互独立且服从同一分布函数 $P(x)$ 的随机变量，它们还与过程 $\{N(t),t\geqslant 0\}$ 独立，而且假设 $\{N(t),t\geqslant 0\}$ 为泊松过程，则称 $\{S(t),t\geqslant 0\}$ 为复合泊松过程。如果总理赔量过程是由参数 λ 和 $P(x)$ 确定的复合泊松过程，则它与理赔次数过程有如下类似的性质：

(1) 如果 $t\geqslant 0$、$h>0$，则 $S(t+h)-S(t)$ 是由参数 λh 和 $P(x)$ 确定的复合泊松分布，也就是说，

$$P[S(t+h)-S(t)\leqslant x]=\sum_{k=0}^{\infty}\frac{e^{-\lambda h}(\lambda h)^k}{k!}P^{*k}(x)$$

式中 $P^{*k}(x)$ 是分布函数 $P(x)$ 的 k 重卷积。

(2) 在长度为 $\mathrm{d}t$ 的无穷小时间区间中，可能没有理赔，也可能只有一次理赔量服从分布函数 $P(x)$ 的理赔，有一次理赔的概率为 $\lambda\mathrm{d}t$，没有理赔的概率为 $1-\lambda\mathrm{d}t$。

(3) 对任意时刻 h，下一次理赔发生在 $h+t$ 和 $h+t+\mathrm{d}t$ 之间，而且理赔量

小于等于 x 的概率为 $e^{-\lambda t}\lambda \mathrm{d}tP(x)$。

此外，过程$\{S(t),t\geqslant 0\}$也有平稳性和独立增量性，互不相交区间上的总理赔量是相互独立的随机变量，其分布仅仅依赖于相应区间的长度而与其位置无关。

如果 $S(t)$表示复合泊松过程，且 t 值固定，则 $S(t)$为一个复合泊松分布。这个分布在 10.7 节中进行了详细研究。表 10.7.1 中 N 服从泊松分布$P(\lambda)$时的公式，给出了这个分布的均值和方差。将这些公式中的 λ 用 λt 代替，我们有：

$$E[S(t)]=\lambda t\mu_x \qquad (10.8.9)$$

$$\mathrm{Var}[S(t)]=\lambda t(\sigma_x^2+\mu_x^2) \qquad (10.8.10)$$

10.8.2 调节系数

通过盈余过程与理赔过程 $S(t)$的关系(见 10.8.1 节)，我们可以直接研究盈余过程$\{U(t),t\geqslant 0\}$。前面我们已完成了盈余过程的模型构造，下面我们将引进调节系数的概念。这个概念将帮助我们在一般情况下找到破产概率 $\Psi(u)$的上下界。在个别理赔服从指数分布的特殊情况下，破产概率 $\Psi(u)$还有一个精巧简洁的表达形式。

首先，我们假设保费收取率 c 大于单位时间期望理赔量 λp_1，其中 $p_1=\mu_x$，即定义正安全附加系数 θ，使 $c=(1+\theta)\lambda p_1$ 成立。后面我们将看到，当 $\theta=0$ 或 $\theta<0$时，必有 $\Psi(u)=1$，即破产一定发生。

其次，将$(-\infty,\gamma)$记为 $P(x)$的矩母函数存在的最大区间，假定 γ 是正数。例如，在参数为 β 的指数分布情况下，$\gamma=\beta$；在理赔量有限的情况下，$\gamma=+\infty$。

再次，我们还要假定当 $r\to\gamma$ 时，$M_x(r)$趋于无穷。在 γ 有限时，这个假定并非恒成立。例如，在区间 $x>1$ 上取值且密度函数正比于 $x^{-2}e^{-x}$的分布就是一个反例。显然，这个假设对指数分布是成立的。

为了方便起见，我们还假设 $P(x)$是连续型的，其密度函数为$p(x)$。如果 $P(x)$是离散型的，其概率函数为 $p(x)$的话，那么下面的积分只需改为求和即可。

根据复合泊松过程考虑方程 $E[e^{r(X_1-cW_1)}]=1$。由于 X_1 与 W_1 相互独立，等待时间 W_1 服从参数为 λ 的指数分布，所以这个方程和下述方程等价：

$$\lambda+cr=\lambda\int_0^{\infty}e^{rX}p(x)\mathrm{d}x=\lambda M_X(r),\quad r<\gamma \qquad (10.8.11)$$

或者利用 $c=(1+\theta)\lambda p_1$，等价地写为：

$$1+(1+\theta)p_1 r=M_X(r), \quad r<\gamma \tag{10.8.12}$$

该方程左端是 r 的线性函数，右端是 r 的正递增函数，而且当 $r\to\gamma$ 时，有 $M_X(r)\to\infty$。由于右端函数对 r 的二阶导数为正，故曲线是下凸的。又由假设 $c>\lambda p_1$(等价于 $\theta>0$)可知，左端线性函数的斜率 $(1+\theta)p_1$ 大于右端函数在 $r=0$ 点的切线斜率 $M'_X(0)=p_1$。由图 10.8.4 可知，方程(10.8.12)有两个解。除去平凡解 $r=0$，唯一的正解 $r=R$ 即为调节系数（adjustment coefficient)。引进方程（10.8.11）和调节系数 R 的目的在于说明定理 10.8.1。在该定理的证明中，调节系数的作用是显而易见的。

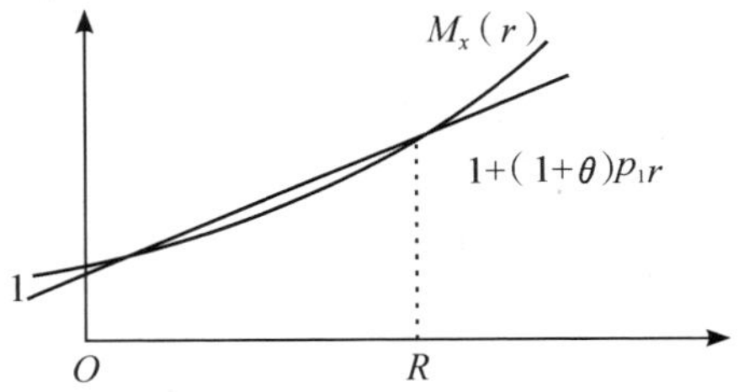

图 10.8.4 调节系数的定义

【例 10.8.2】 如果个别理赔量分布是参数为 β 的指数分布，确定调节系数。

解 利用调节系数求解，方程(10.8.12)变为：

$$1+\frac{(1+\theta)r}{\beta}=\frac{\beta}{\beta-r}$$

或者为关于 r 的二次方程：

$$(1+\theta)r^2-\theta\beta r=0$$

舍去平凡解 $r=0$，得调节系数 $R=\theta\beta/(1+\theta)$。

在大多数情况下，求解方程(10.8.12)并不容易，必须用适当的数值方法，比如二分法。由图 10.8.4 可见，如果存在正数 r_1，使得在 $r>r_1$ 时，

$$M_X(r)-1-(1+\theta)p_1 r \tag{10.8.13}$$

的值为正，则调节系数 $R<r_1$；同理，如果式(10.8.13)在 $0<r<r_2$ 时为负，则 $R>r_2$。不难证明 $R<2\theta p_1/p_2$，故我们可使用二分法获得近似解。二分法近似求解的初始值可分别取为 $r=0$ 和 $r=2\theta p_1/p_2$。

【例 10.8.3】 如果所有个别理赔量均为 1，确定调节系数。

解 由式(10.8.12)，调节系数 R 为方程 $1+(1+\theta)r=e^r$ 的唯一正根。我们

可以利用数值方法对不同的θ值求出相应的R。结果见表10.8.1。

表 10.8.1

θ	R
0.2	0.354
0.4	0.639
0.6	0.876
0.8	1.079
1.0	1.256
1.2	1.413

一般来说，调节系数R是安全附加系数θ的递增函数，这可由图10.8.4看出。当θ增加时，通过(0,1)点直线的斜率增加，故直线和曲线的交点将移向右上方。

下面的重要定理给出了在复合泊松过程条件下调节系数与破产概率之间的关系。

定理 10.8.1 对$u\geqslant 0$，有：

$$\Psi(u)=\frac{e^{-Ru}}{E(e^{-RU(T)}\mid T<\infty)} \tag{10.8.14}$$

其分母需要计算在破产发生（即$T<\infty$）条件下，负盈余$U(T)$函数的条件分布。

证明： 对$t>0$和$r<0$，我们考察

$$\begin{aligned}E(e^{-rU(t)})=&E(e^{-rU(t)}\mid T\leqslant t)P(T\leqslant t)\\&+E(e^{-rU(t)}\mid T>t)P(T>t)\end{aligned} \tag{10.8.15}$$

因$U(t)=u+ct-S(t)$，故上式左端为：

$$\exp[-ru-rct+\lambda t(M_X(r)-1)] \tag{10.8.16}$$

而在右端第一项中，将$U(t)$写成：

$$U(T)+[U(t)-U(T)]=U(T)+c(t-T)-[S(t)-S(T)]$$

给定T，括号里的项与$U(T)$独立，这是泊松参数为$\lambda(t-T)$的复合泊松分布，故式(10.8.15)右端第一项可改写为：

$$\begin{aligned}E\{&\exp[-rU(T)]\exp[-rc(t-T)\\&+\lambda(t-T)(M_X(r)-1)]\mid T\leqslant t\}P(T\leqslant t)\end{aligned} \tag{10.8.17}$$

如果我们选择 r 满足式(10.8.11)，即满足 $-rc+\lambda[M_X(r)-1]=0$，则式(10.8.16)和式(10.8.17)都可得到简化。满足上式的正解 $r=R$ 为调节系数。取 $r=R$，则由式(10.8.16)和式(10.8.17)知，式(10.8.15)可以化简为：

$$e^{-Ru}=E(e^{-RU(T)}\mid T\leqslant t)P(T\leqslant t)+E(e^{-RU(T)}\mid T>t)P(T>t) \tag{10.8.18}$$

然后令 $t\to\infty$，则上式右端第一项变为 $E(e^{-RU(T)}\mid T<\infty)\Psi(u)$。如果我们能证明当 $t\to\infty$ 时右端第二项为零，则定理 10.8.1 就得以证明。下面进行证明，记 $\alpha=c-\lambda p_1>0$，$\beta^2=\lambda p_2$，$p_2=E(X^2)$，则由式(10.8.9)和式(10.8.10)有：

$$E[U(t)]=E[u+ct-S(t)]=u+\alpha t$$
$$\mathrm{Var}[U(t)]=\mathrm{Var}[S(t)]=\beta^2 t$$

考察 $u+ct-\beta t^{2/3}$，只要 t 充分大，它就为正。现在将式(10.8.18)右端第二项根据 $U(t)$ 与 $u+\alpha t-\beta t^{2/3}$ 的大小关系拆成二项，即：

$$\begin{aligned}&E[e^{-RU(t)}\mid T>t,0\leqslant U(t)\leqslant u+\alpha t-\beta t^{2/3}]\times P[T>t,\\&0\leqslant U(t)\leqslant u+\alpha t-\beta t^{2/3}]+E[e^{-RU(t)}\mid T>t,\\&U(t)>u+\alpha t-\beta t^{2/3}]\times P[T>t,U(t)>u+\alpha t-\beta t^{2/3}]\\&\leqslant P[0\leqslant U(t)\leqslant u+\alpha t-\beta t^{2/3}]+\exp[-R(u+\alpha t-\beta t^{2/3})]\end{aligned}$$

由切比雪夫不等式

$$\begin{aligned}&P[0\leqslant U(t)\leqslant u+\alpha t-\beta t^{2/3}]\\&\leqslant P[|U(t)-E(U(t))|\geqslant\beta t^{2/3}]\leqslant\frac{\mathrm{Var}[U(t)]}{\beta^2 t^{4/3}}t^{-1/3}\end{aligned}$$

故 $\exp[-R(u+\alpha t-\beta t^{2/3})]$ 当 $t\to\infty$ 时将为零。

从图 10.8.4 可见，当 $\theta\to0$ 时，直线将靠近 $M_X(r)$ 在 $r=0$ 的切线，也就是 $R\to0$，根据式(10.8.14)，显然 $\Psi(u)=1$，即破产一定发生。进而，在 $t>0$、$\theta<0$ 时的 $U(t)$ 永远小于当 $\theta\to0$ 时相应的 $U(t)$。因为当 $\theta\to0$ 时破产一定发生，所以 $\theta<0$ 时破产也一定发生。正是由于这些原因，我们以后总是假设 $\theta>0$。

一般来说，要简洁地计算式(10.8.14)的分母十分困难，除非是在 $u=0$ 的情形下，或个别理赔量为指数分布的情形(见例 10.8.4)。然而，我们可导出一些有用的不等式。因为当破产发生时刻 $T<\infty$ 时，破产时的盈余 $U(T)$ 永远为负，故式(10.8.14)的分母应大于 1，于是有：

$$\Psi(u)<e^{-Ru} \tag{10.8.19}$$

如果理赔量有界，即存在某有限 m，使得理赔量小于或等于 m。由于 $T<\infty$ 是破产首次发生的时刻，所以在 T 之前的盈余必然非负，故给定 $T<\infty$ 后，必有 $U(T)>-m$。因此，$e^{-RU(T)}<e^{-Rm}$，从而 $E[e^{-RU(T)} \mid T<\infty]<e^{-Rm}$，则：

$$\Psi(u)>e^{-Ru}e^{-Rm}=e^{-R(u+m)} \tag{10.8.20}$$

人们有时经常采用下面的近似式：

$$\Psi(u)\cong e^{-Ru} \tag{10.8.21}$$

从式(10.8.14)来看，此式近似放大了破产概率 $\Psi(u)$。

在一些特殊情形下，我们可以得到破产概率 $\Psi(u)$的一个简洁表达式。

【例 10.8.4】 如果个别理赔量分布为参数 $\beta>0$ 的指数分布，计算破产概率。

解 假如破产发生，设发生在时刻 T，记 $\hat{u}$ 为恰在 T 之前的盈余量，则事件$-U(T)>y$ 等价于事件：导致破产的理赔量 X 在大于 $\hat{u}$ 的条件下大于 $\hat{u}+y$。故这个事件的概率为：

$$\frac{\beta\int_{\hat{u}+y}^{\infty} e^{-\beta x}\,\mathrm{d}x}{\beta\int_{\hat{u}}^{\infty} e^{-\beta x}\,\mathrm{d}x}=e^{-\beta y}$$

因此，在给定 $T<\infty$的条件下，$-U(T)$的密度函数为：

$$\frac{\mathrm{d}}{\mathrm{d}y}(1-e^{-\beta y})=\beta e^{-\beta y}$$

则

$$E[e^{-RU(T)} \mid T<\infty]=\beta\int_0^{\infty} e^{Ry}e^{-\beta y}\,\mathrm{d}y=\frac{\beta}{\beta-R}$$

由例 10.8.2 可知，在本题的假设条件下，调节系数 $R=\theta\beta/(1+\theta)$，结合式(10.8.14)，我们有：

$$\Psi(u)=\frac{\beta-R}{\beta}e^{-Ru}=\frac{1}{1+\theta}\exp\left(\frac{-\theta\beta}{1+\theta}u\right)=\frac{1}{1+\theta}\exp\left(-\frac{\theta}{1+\theta}\frac{u}{p_1}\right)$$

关键词

债券　利率风险　再投资风险　股票　衍生工具　期货　远期　期权　互换　巨灾风险证券化产品　久期　免疫策略　或有免疫　资产负债匹配策略　股本收益率　内含报酬率　资本资产定价模型　长期风险模型　短期风险模型　聚合风

险模型　短期个体风险模型　复合泊松分布　复合负二项分布　卷积法　矩母函数法　正态逼近　平移Gamma逼近　盈余过程　复合泊松过程　破产概率　调节系数　理赔总额过程

练习题

1. 现有一种2年期面值为1 000元的债券，每年计息两次的名义息票率为8%，每年计息两次的名义收益率为6%，则其市场价格为（　　）元。

A. 1 037.171　　B. 1 028.765

C. 1 043.817　　D. 1 021.452

2. 假设X是扔五次硬币后"国徽"面朝上的次数，然后再同时扔X个骰子，设Y是显示数目的总和，则Y的均值为（　　）。

A. $\frac{1\,096}{48}$　　B. $\frac{1\,085}{48}$

C. $\frac{1\,096}{36}$　　D. $\frac{1\,085}{36}$

3. 现有一种六年期面值为500元的政府债券，其息票率为6%，每年支付，如果现行收益率为5%，那么此债券的市场价值为多少？如果两年后的市场利率上升为8%，那么该债券两年后的市场价值又是多少？

4. 考虑第3题中的政府债券，在其他条件不变的情况下，如果六年中的市场利率预测如下：

r_1：5%　r_2：6%　r_3：8%　r_4：7%　r_5：6%　r_6：10%

那么该债券的市场价值是多少？

5. 计算下述两种债券的久期：

（1）五年期面值为2 000元的公司债券，息票率为6%，年收益率为10%；

（2）三年期面值为1 000元的政府债券，息票率为5%，年收益率为6%。

6. 某保险人有如下的现金流支付模式，试计算内含报酬率。

年份	0	1	2
现金流	−481.67	20	520

7. 某保险人一般在收到保费八个月后支付索赔，其系统承保风险是30%，无风险利率为7.5%，费用率是35%，市场组合的期望回报率是20%，那么该保险人的期望利润率是多少？

8. 某保险人的息税前收入是6.2亿元，净利息费用为300万元，公司的权益值为50亿元，税率为30%，试求股本收益率。

9. 某建筑物价值为 a，在一定时期内发生火灾的概率为 0.02。如果发生火灾，建筑物发生的损失额服从 0 到 a 的均匀分布。计算在该时期内损失额的均值和方差。

10. 如果短期聚合风险模型中的理赔次数 N 服从二项分布 $B(n, p)$，而 P 服从 0 到 1 的均匀分布，利用全概率公式计算：(1) N 的均值，(2) N 的方差。

11. 如果 S 服从参数 $\lambda=0.60$，个别赔款额 1，2，3 概率分别为 0.20，0.30，0.50 的复合泊松分布，计算 S 不小于 3 的概率。

12. 若破产概率为 $\Psi(\mu)=0.3\mathrm{e}^{-2u}+0.2\mathrm{e}^{-4u}+0.1\mathrm{e}^{-7u}$，$u\geqslant 0$，试确定 θ 和 R。

13. 设盈余过程中的理赔过程 $S(t)$ 为复合泊松过程，其中泊松参数为 λ，个别理赔额 C 服从参数为 $\beta=1$ 的指数分布，$C=4$，又设 L 为最大聚合损失，μ 为初始资金并且满足 $P\{L>\mu\}=0.05$，试确定 μ。

练习题答案

第1章

1. 386.4 元

2. (1) 0.1　0.083 3　0.071 4

   (2) 0.1　0.1　0.1

3. 1 097.35 元　1 144.97 元

4. 794.1 元

5. (1) 11 956　(2) 12 285

6. $d < d^{(m)} < \delta < i^{(m)} < i$

7. 20 544.332 元

8. 0.074 6

9. 0.358 2

10. 1.822

11. B

12. A

第2章

1. 略
2. 80 037.04 元
3. 0.082 99
4. 12 968.71 元
5. 1 800 元
6. 略
7. 6.71%
8. $\sum_{i=9}^{28} \frac{11}{i}$
9. A
10. B

第3章

1. (1) 0.130 95　(2) 0.355 96　(3) 0.140 86　(4) 0.382 89
2. 0.020 58
3. 41 571
4. (1) 0.92　(2) 0.915　(3) 0.909
5. B
6. C

第4章

1. (1) 0.092　(2) 0.055
2. (1) 5.2546 元　(2) 5.9572 元　(3) 略
3. (1) 0.05　(2) 0.5
4. 略
5. 0.54
6. 0.81
7. 283 285.07 元
8. 略
9. 2 174.29 元
10. 71 959.02 元

11. 690.97 元

12. 3 406.34 元

13. 749.96 元

14. 397.02 元

15. D

16. C

17. B

第 5 章

1. 15.38

2. (1) 0.035 (2) 0.65

3. 793 元

4. 25 692.23 元

5. 36 227.89 元

6. 略

7. (1) 18 163.47 元 (2) 18 458.69 元
   (3) 18 607.5 元 (4) 18 707.28 元

8. 略

9. 167.71 元

10. 106

11. 83 629.47 元

12. 46.43 元

13. A

14. D

15. B

第 6 章

1. $\bar{P}(\bar{A}_x)=\mu$，$\mathrm{Var}(L)=\dfrac{{}^2\bar{A}_x-\bar{A}_x^2}{(\delta\bar{a}_x)^2}$

2. 28.30 元

3. 14.78

4. 0.039 7

5. 0.103

6. $20.07<P\leqslant 21.74$

7. 21 份

8. 3.20

9. 0.016

10. 0.041 3

11. (1) −100 (2) 134 444.44 (3) 0.272 7

12. $R(b)=471.7+\dfrac{10.194}{b}$

13. B 14. C 15. D

第7章

1. $E({}_tL)=\bar{a}_{x+t:\overline{n-t}|}$ ，$\text{Var}({}_tL)=\dfrac{{}^2\bar{A}_{x+t:\overline{n-t}|}-\bar{A}^2_{x+t:\overline{n-t}|}}{\delta^2}$

2. $\dfrac{1}{5}$

3. 0.515

4. (2)　(3)

5. 0.001 6

6. 0.156 94

7. 556.88 元

8. 0.60

9. 0.40

10. 0.239

11. 0.90

12. 0.06

13. 0.40

14. 3.889 元

15. 0.058

16. $\dfrac{q_x}{p_x}$

17. C

18. B

第8章

1～2 略

3. 根据表 8.1.3 中的各种情况算出的 E_1 分别为：

(1) $\left(\dfrac{0.65p_x+0.02}{\ddot{a}_x-0.65}\right)\ddot{a}_x$　(2) 0.046　(3) $\left(\dfrac{0.65p+0.02}{\ddot{a}-0.65}\right)\ddot{a}$

(4) $\left(\dfrac{0.4p+0.25p_x^{\alpha}+0.02}{\ddot{a}-0.4}\right)\ddot{a}$　(5) $0.25p_x^{\alpha}+0.036$

(6) $\left(\dfrac{0.65p+0.02}{\ddot{a}_x-0.65}\right)\ddot{a}$　(7) 0.046

根据表 8.1.4 中的各种情况算出的 E_1 分别为：

(1) $1.25P+0.01$　(2) 0.06

4. (1) $[{}_k\overline{W}\ (\bar{A}_x)]^2\ (1-\bar{A}_x)^2$

(2) $\dfrac{[{}^2\bar{A}^{\ 1}_{x+k:\overline{s}|}-(\bar{A}^{\ 1}_{x+k:\overline{s}|})^2]\ (1-\bar{A}_x)^2}{{}^2\bar{A}_{x+k}-(\bar{A}_{x+k})^2}$

5. 0.073 8

6. (1) $[{}_{10}CV-L-(1-L)\overline{A}^{1}_{40:\overline{10|}}]/{}_{10}E_{40}$

(2) $(1-L)\overline{A}^{1}_{45:\overline{5|}}+E_5E_{45}$

7. $b/2+(b/2-1)\dfrac{\overline{A}^{1}_{x+t:\overline{n-t|}}}{{}_{n-t}E_{x+t}}$　8. 略　9. 略

10. (1) 略　(2) $\left(\dfrac{1+\hat{i}_{h+1}}{1+i}\right)\cdot\left(\dfrac{P_{x+h}}{\hat{P}_{x+h}}\right)$　11. 略

12. B　13. B

第9章

1. 第0到第10年的现金价值分别为：9 300元　10 137元　11 168元　12 303元　13 551元　14 925元　14 722元　16 475元　17 307元　18 000元　18 720元

第4年准备金为13 819元

2. 重新计算表9.2.8后的值。

单位：元

保单年度	基　金	现金价值	现　值
0	10 000	9 500	9 500
1	110 800	10 260	9 679
2	11 664	11 197	9 965
3	12 597	12 219	10 259
4	13 101	12 839	10 170

重新计算表9.2.9后的值。

单位：元

保单年度	现金价值	现金价值忽略退保费用	现值
0	9 500	9 500	9 500
1	10 260	10 260	9 679
2	11 197	11 197	9 965
3	12 219	12 219	10 259
4	12 839	13 101	10 377

重新计算表9.2.10后的值。

单位：元

保单年度	基金	现值
0	10 000	10 000
1	10 800	10 189
2	11 664	10 381
3	12 597	10 577
4	13 101	10 377

3. 第 0 到第 5 保单年度的准备金分别为：962 元　1 964 元　3 142 元　4 423 元　5 816 元

4. (1) 5 712.12 元　(2) 11.34 元　60.86 元

5. A

6. D

第 10 章

1. A
2. B
3. 525.38 元　466.88 元
4. 479.22 元
5. (1) 4.413　(2) 2.857
6. 4.70%
7. 0.005
8. 8.64%
9. $E(x)=E[(x \mid y)]=0.010$　　$\mathrm{Var}(x)=\frac{197}{30\,000}a^2$
10. (1) $E(N)=\frac{n}{2}$　(2) $\mathrm{Var}(N)=\frac{n}{6}+\frac{n^2}{12}$
11. PCS≥37=0.282 6
12. $\theta=\frac{2}{3}$　$R=2$
13. $\mu=\frac{4}{\lambda-4}\ln\frac{0.2}{\lambda}$

附表 1

中国人寿保险业经验生命表（2000—2003）非养老金业务男表（CL1）

年龄	死亡率	生存人数	死亡人数	生存人年数		平均余命
x	q_x	l_x	d_x	L_x	T_x	$\mathring{e}_x$
0	0.000 722	1 000 000	722	999 639	76 712 704	76.7
1	0.000 603	999 278	603	998 977	75 713 065	75.8
2	0.000 499	998 675	498	998 426	74 714 088	74.8
3	0.000 416	998 177	415	997 969	73 715 662	73.9
4	0.000 358	997 762	357	997 583	72 717 692	72.9
5	0.000 323	997 405	322	997 244	71 720 109	71.9
6	0.000 309	997 082	308	996 928	70 722 865	70.9
7	0.000 308	996 774	307	996 621	69 725 937	70.0
8	0.000 311	996 467	310	996 312	68 729 316	69.0
9	0.000 312	996 157	311	996 002	67 733 004	68.0
10	0.000 312	995 847	311	995 691	66 737 001	67.0
11	0.000 312	995 536	311	995 381	65 741 310	66.0
12	0.000 313	995 225	312	995 070	64 745 929	65.1
13	0.000 320	994 914	318	994 755	63 750 860	64.1
14	0.000 336	994 595	334	994 428	62 756 105	63.1
15	0.000 364	994 261	362	994 080	61 761 677	62.1
16	0.000 404	993 899	402	993 699	60 767 596	61.1
17	0.000 455	993 498	452	99 3272	59 773 898	60.2
18	0.000 513	993 046	509	992 791	58 780 626	59.2
19	0.000 572	992 536	568	992 253	57 787 835	58.2

续前表

年龄 x	死亡率 q_x	生存人数 l_x	死亡人数 d_x	生存人年数		平均余命 $\mathring{e}_x$
				L_x	T_x	
20	0.000 621	994 969	616	991 661	56 795 582	57.3
21	0.000 661	991 353	655	991 025	55 803 922	56.3
22	0.000 692	991 697	686	990 355	54 812 897	55.3
23	0.000 716	990 012	709	989 657	53 822 542	54.4
24	0.000 738	989 303	730	998 938	52 832 855	53.4
25	0.000 759	988 573	750	988 198	51 843 947	52.4
26	0.000 779	987 823	770	987 438	50 855 749	51.5
27	0.000 795	987 053	785	986 661	49 868 311	50.5
28	0.000 815	986 268	804	985 866	48 881 651	49.6
29	0.000 842	985 464	830	985 050	47 895 784	48.6
30	0.000 881	984 635	867	984 201	46 910 735	47.6
31	0.000 932	983 767	917	983 309	45 926 534	46.7
32	0.000 994	982 850	977	982 362	44 943 225	45.7
33	0.001 055	981 873	1 036	981 356	43 960 863	44.8
34	0.001 121	980 838	1 100	980 288	42 979 507	43.8
35	0.001 194	979 738	1 170	979 153	41 999 220	42.9
36	0.001 275	978 568	1 248	977 944	41 020 066	41.9
37	0.001 367	977 321	1 336	976 653	40 042 122	41.0
38	0.001 472	975 985	1 437	975 266	39 065 469	40.0
39	0.001 589	974 548	1 549	973 774	38 090 203	39.1
40	0.001 715	972 999	1 669	972 165	37 116 430	38.1
41	0.001 842	971 331	1 792	970 435	36 144 265	37.2
42	0.001 978	969 539	1 918	968 580	35 173 830	36.3
43	0.002 113	967 621	2 045	966 599	34 205 250	35.3
44	0.002 255	965 576	2 177	964 488	33 238 652	34.4
45	0.002 413	963 399	2 325	962 237	32 274 164	33.5
46	0.002 595	961 074	2 494	959 827	31 311 928	32.6
47	0.002 805	958 580	2 689	957 236	30 352 100	31.7
48	0.003 042	955 891	2 908	954 437	29 394 865	30.8
49	0.003 299	952 984	3 144	951 412	28 440 427	39.8

续前表

年龄 x	死亡率 q_x	生存人数 l_x	死亡人数 d_x	生存人年数 L_x	生存人年数 T_x	平均余命 $\mathring{e}_x$
50	0.003 570	949 840	3 391	948 144	27 489 016	28.9
51	0.003 847	946 449	3 641	944 628	26 540 871	28.0
52	0.004 132	942 808	3 896	940 860	25 596 243	27.1
53	0.004 434	938 912	4 163	936 830	24 655 383	26.3
54	0.004 778	934 749	4 466	932 516	23 718 553	25.4
55	0.005 203	930 283	4 840	927 863	22 786 037	24.5
56	0.005 744	925 442	5 316	922 785	21 858 174	23.6
57	0.006 427	920 127	5 914	917 170	20 935 390	22.8
58	0.007 260	914 213	6 637	910 894	20 018 220	21.9
59	0.008 229	907 576	7 468	903 842	19 107 326	21.1
60	0.009 313	900 107	9 383	895 916	18 203 484	20.2
61	0.010 490	891 725	9 354	887 048	17 307 568	19.4
62	0.011 747	882 371	10 365	877 188	16 420 520	18.6
63	0.013 091	872 005	11 415	866 298	15 543 332	17.8
64	0.014 542	860 590	12 515	854 333	14 677 035	17.1
65	0.016 134	848 075	13 683	841 234	13 822 702	16.3
66	0.017 905	834 392	14 940	826 922	12 981 468	15.6
67	0.019 886	819 453	16 296	811 305	12 154 546	14.8
68	0.022 103	803 157	17 752	794 281	11 343 241	14.1
69	0.024 571	785 405	19 298	775 756	10 548 960	13.4
70	0.027 309	766 107	20 922	755 646	9 773 205	12.8
71	0.030 340	745 185	22 609	733 881	9 017 559	12.1
72	0.033 684	722 576	24 339	710 406	8 283 678	11.5
73	0.037 371	698 237	26 094	685 190	7 573 272	10.8
74	0.041 430	672 143	27 847	658 220	6 888 082	10.2
75	0.045 902	644 296	29 574	629 509	6 229 863	9.7
76	0.050 829	614 722	31 246	599 099	5 600 354	9.1
77	0.056 262	583 476	32 828	567 062	5 001 255	8.6
78	0.062 257	550 648	34 282	533 508	4 434 193	8.1
79	0.068 871	516 367	35 563	498 585	3 900 685	7.6

续前表

年龄 x	死亡率 q_x	生存人数 l_x	死亡人数 d_x	生存人年数 L_x	 T_x	平均余命 $\mathring{e}_x$
80	0.076 187	480 804	36 631	462 488	3 402 100	7.1
81	0.084 224	444 173	37 410	425 468	2 939 611	6.6
82	0.093 071	406 763	37 858	387 834	2 514 143	6.2
83	0.102 800	368 905	37 923	349 943	2 126 309	5.8
84	0.113 489	330 982	37 563	312 200	1 776 366	5.4
85	0.125 221	293 419	36 742	275 048	1 464 166	5.0
86	0.138 080	256 677	35 442	238 956	1 189 118	4.6
87	0.152 157	221 235	33 662	204 404	950 162	4.3
88	0.167 543	187 572	31 426	171 859	745 759	4.0
89	0.184 333	156 146	28 783	141 754	573 899	3.7
90	0.202 621	127 363	25 806	114 460	432 145	3.4
91	0.222 500	101 557	22 596	90 258	317 685	3.1
92	0.244 059	78 960	19 271	69 325	227 427	2.9
93	0.267 383	59 689	15 960	51 709	158 102	2.6
94	0.292 544	43 729	12 793	37 333	106 392	2.4
95	0.319 604	30 937	9 887	25 993	69 059	2.2
96	0.348 606	21 049	7 338	17 380	43 067	2.0
97	0.379 572	13 711	5 204	11 109	25 686	1.9
98	0.412 495	8 507	3 509	6 752	14 577	1.7
99	0.447 334	4 998	2 236	3 880	7 825	1.6
100	0.484 010	2 762	1 337	2 094	3 945	1.4
101	0.522 397	1 425	745	1 053	1 851	1.3
102	0.562 317	681	383	489	798	1.2
103	0.603 539	298	180	208	309	1.0
104	0.645 770	118	76	80	101	0.9
105	1.000 000	42	42	21	21	0.5

附表 2

中国人寿保险业经验生命表（2000—2003）非养老金业务女表（CL2）

年龄	死亡率	生存人数	死亡人数	生存人年数		平均余命
x	q_x	l_x	d_x	L_x	T_x	$\mathring{e}_x$
0	0.000 661	100 000	661	999 670	80 891 929	80.9
1	0.000 536	999 339	536	999 071	79 892 260	79.9
2	0.000 424	998 803	423	998 592	78 893 189	79.0
3	0.000 333	998 380	332	998 214	77 894 597	78.0
4	0.000 267	998 047	266	997 914	76 896 383	77.0
5	0.000 224	997 781	224	997 669	75 898 469	76.1
6	0.000 201	997 557	201	997 457	74 900 800	75.1
7	0.000 189	997 357	189	997 263	73 903 343	74.1
8	0.000 181	997 168	180	997 078	72 906 080	73.1
9	0.000 175	996 988	174	996 901	71 909 002	72.1
10	0.000 169	996 813	168	996 729	70 912 101	71.1
11	0.000 165	996 645	164	996 563	69 915 372	70.2
12	0.000 165	996 481	164	996 398	68 918 809	69.2
13	0.000 169	996 316	168	996 232	67 922 411	68.2
14	0.000 179	996 148	178	996 059	66 926 179	67.2
15	0.000 192	995 969	191	995 874	65 930 120	66.2
16	0.000 208	995 778	207	995 675	64 934 247	65.2
17	0.000 226	995 571	225	995 459	63 938 572	64.2
18	0.000 245	995 346	244	995 224	62 943 113	63.2
19	0.000 264	995 102	263	994 971	61 947 889	62.3

续前表

年龄 x	死亡率 q_x	生存人数 l_x	死亡人数 d_x	生存人年数 L_x	T_x	平均余命 $\mathring{e}_x$
20	0.000 283	994 840	282	994 699	60 952 918	61.3
21	0.000 300	994 558	298	994 400	59 958 220	60.3
22	0.000 315	994 260	313	994 103	58 963 811	59.3
23	0.000 328	993 946	326	993 783	57 969 708	58.3
24	0.000 338	993 620	336	993 452	56 975 924	57.3
25	0.000 347	993 285	345	993 112	55 982 472	56.4
26	0.000 355	992 940	352	992 764	54 989 360	55.4
27	0.000 362	992 587	359	992 408	53 996 596	54.4
28	0.000 372	992 228	369	992 044	53 004 188	53.4
29	0.000 386	991 859	383	991 668	52 012 145	52.4
30	0.000 406	991 476	403	991 275	51 020 477	51.5
31	0.000 432	991 074	428	990 860	50 029 202	50.5
32	0.000 465	990 645	461	990 415	49 038 343	49.5
33	0.000 496	990 185	491	989 939	48 047 928	48.5
34	0.000 528	989 694	523	989 432	47 057 988	47.5
35	0.000 563	989 171	557	988 896	46 068 556	46.6
36	0.000 601	988 614	594	988 317	45 079 663	45.6
37	0.000 646	988 020	638	987 701	44 001 346	44.6
38	0.000 699	987 382	690	987 037	43 103 645	43.7
39	0.000 761	986 692	751	986 316	42 116 609	42.7
40	0.000 828	985 941	816	985 533	41 130 293	41.7
41	0.000 897	985 124	884	984 683	40 144 760	40.8
42	0.000 966	984 241	951	983 765	39 160 078	39.8
43	0.001 033	983 290	1 016	982 782	38 176 312	38.8
44	0.001 103	982 274	1 083	981 732	37 193 530	37.9
45	0.001 181	981 191	1 159	980 611	36 211 798	36.9
46	0.001 274	980 032	1 249	979 408	35 231 186	35.9
47	0.001 389	978 783	1 360	987 104	34 251 779	35.0
48	0.001 527	977 424	1 493	976 678	33 273 675	34.0
49	0.001 690	975 931	1 640	975 107	32 296 997	33.1

续前表

年龄 x	死亡率 q_x	生存人数 l_x	死亡人数 d_x	生存人年数 L_x	生存人年数 T_x	平均余命 $\mathring{e}_x$
50	0.001 873	974 282	1 825	973 370	31 321 891	32.1
51	0.002 074	972 457	2 017	971 449	30 348 521	31.2
52	0.002 295	970 440	2 227	969 327	29 377 072	30.3
53	0.001 546	968 213	2 465	966 981	28 407 746	29.3
54	0.002 836	965 748	2 739	964 379	27 440 765	28.4
55	0.003 178	963 009	3 060	961 479	26 476 386	27.5
56	0.003 577	959 949	3 434	958 232	25 514 907	26.6
57	0.004 036	956 515	3 860	954 585	24 556 676	25.7
58	0.004 556	952 655	4 340	950 484	23 602 091	24.8
59	0.005 133	948 314	4 868	945 880	22 651 606	23.9
60	0.005 768	943 447	5 442	940 726	21 705 726	23.0
61	0.006 465	939 005	6 064	934 973	20 965 000	22.1
62	0.007 235	931 941	6 743	928 569	19 830 028	21.3
63	0.008 094	925 198	7 489	921 454	18 901 458	20.4
64	0.009 059	917 709	8 314	913 553	17 980 005	19.6
65	0.010 148	909 396	9 229	904 782	17 066 452	18.8
66	0.011 376	900 167	10 240	895 047	16 161 670	18.0
67	0.012 760	889 927	11 355	884 249	15 266 623	17.2
68	0.0143 16	878 572	12 578	872 283	14 382 374	16.4
69	0.016 066	856 994	13 913	859 037	13 510 091	15.6
70	0.018 033	852 081	15 366	884 398	12 651 054	14.8
71	0.020 241	836 715	16 936	828 247	11 806 656	14.1
72	0.022 715	819 779	18 621	810 469	10 978 408	13.4
73	0.025 479	801 158	20 413	790 952	10 167 940	12.7
74	0.028 561	780 745	22 299	769 596	9 376 988	12.0
75	0.031 989	758 446	24 262	746 316	8 607 392	11.3
76	0.035 796	734 185	26 281	721 044	7 861 077	10.7
77	0.040 026	707 904	28 335	693 736	7 140 033	10.1
78	0.044 726	679 569	30 394	664 372	6 446 296	9.5
79	0.049 954	649 175	32 429	632 960	5 781 924	8.9

续前表

年龄	死亡率	生存人数	死亡人数	生存人年数		平均余命
x	q_x	l_x	d_x	L_x	T_x	$\mathring{e}_x$
80	0.055 774	616 746	34 398	599 547	5 148 964	8.3
81	0.062 253	582 347	36 253	564 221	4 549 417	7.8
82	0.069 494	546 095	37 950	527 119	3 985 196	7.3
83	0.077 511	508 144	39 387	488 451	3 458 077	6.8
84	0.086 415	468 758	40 508	448 504	2 969 626	6.3
85	0.096 294	428 250	41 238	407 631	2 521 122	5.9
86	0.107 243	387 012	41 504	366 260	2 113 491	5.5
87	0.119 364	345 508	41 241	324 887	1 747 232	5.1
88	0.132 763	304 266	40 395	284 069	1 422 345	4.7
89	0.147 553	263 871	38 935	244 404	1 138 276	4.3
90	0.163 850	224 936	36 856	206 508	893 872	4.0
91	0.181 775	188 080	34 188	170 986	687 364	3.7
92	0.201 447	153 892	31 001	138 392	51 637	3.4
93	0.222 987	122 891	27 403	109 189	37 791	3.1
94	0.246 507	95 488	23 538	83 719	26 871	2.8
95	0.272 115	71 949	19 579	62 160	185 078	2.6
96	0.299 903	52 371	15 706	44 518	122 918	2.3
97	0.329 942	36 665	12 097	30 616	78 400	2.1
98	0.362 281	24 567	8 900	20 117	47 784	1.9
99	0.396 933	15 667	6 219	12 558	27 667	1.8
100	0.433 869	9 448	4 099	7 399	15 109	1.6
101	0.473 008	5 349	2 530	4 084	7 710	1.4
102	0.514 211	2 819	1 449	2 094	3 626	1.2
103	0.557 269	1 269	763	988	1 532	1.1
104	0.601 896	606	365	424	544	0.9
105	1.000 000	241	241	121	121	0.5

附表 3

中国人寿保险业经验生命表（2000—2003）
养老金业务男表（CL3）

年龄 x	死亡率 q_x	生存人数 l_x	死亡人数 d_x	生存人年数 L_x	 T_x	平均余命 $\mathring{e}_x$
0	0.000 627	1 000 000	627	999 687	79 741 450	79.7
1	0.000 525	999 373	525	999 111	78 741 763	78.8
2	0.000 434	998 848	434	998 632	77 742 653	77.8
3	0.000 362	998 415	361	998 234	76 744 021	76.9
4	0.000 311	998 053	310	997 898	75 745 787	75.9
5	0.000 281	997 743	280	997 603	74 747 889	74.9
6	0.000 269	997 463	268	997 328	73 750 286	73.9
7	0.000 268	997 194	267	997 061	72 752 957	73.0
8	0.000 270	996 927	269	996 792	71 755 897	72.0
9	0.000 271	996 658	270	996 523	70 759 104	71.0
10	0.000 272	996 388	271	996 252	69 762 581	70.0
11	0.000 271	996 117	270	995 982	68 766 329	69.0
12	0.000 272	995 847	271	995 711	67 770 347	68.1
13	0.000 278	995 576	277	995 438	66 774 636	67.1
14	0.000 292	995 299	291	995 154	65 779 198	66.1
15	0.000 316	995 009	314	994 851	64 784 044	65.1
16	0.000 351	994 694	349	994 520	63 789 193	64.1
17	0.000 396	994 345	394	994 148	62 794 673	63.2
18	0.000 446	993 951	443	993 730	61 800 525	62.2
19	0.000 497	993 508	494	993 261	60 806 796	61.2

续前表

年龄 x	死亡率 q_x	生存人数 l_x	死亡人数 d_x	生存人年数 L_x	 T_x	平均余命 $\mathring{e}_x$
20	0.000 540	993 014	536	992 746	59 813 535	60.2
21	0.000 575	992 478	571	992 193	58 820 789	59.3
22	0.000 601	991 907	596	991 609	57 828 596	58.3
23	0.000 623	991 311	618	991 002	56 836 987	57.3
24	0.000 643	990 694	637	990 375	55 845 984	56.4
25	0.000 660	990 057	653	989 730	54 855 609	55.4
26	0.000 676	989 403	669	989 069	53 865 879	54.4
27	0.000 693	988 734	685	988 392	52 876 811	53.5
28	0.000 712	988 049	703	987 697	51 888 419	52.5
29	0.000 734	987 346	725	986 983	50 900 722	51.6
30	0.000 759	986 621	749	986 246	49 913 739	50.6
31	0.000 788	985 872	777	985 484	48 927 492	49.6
32	0.000 820	985 095	808	984 691	47 942 009	48.7
33	0.000 855	984 287	842	983 867	46 957 317	47.7
34	0.000 893	983 446	878	983 007	45 973 451	46.7
35	0.000 936	982 568	920	982 108	44 990 444	45.8
36	0.000 985	981 648	967	981 164	44 008 336	44.8
37	0.001 043	980 681	1 023	980 170	43 027 172	43.9
38	0.001 111	979 658	1 088	979 114	42 047 002	42.9
39	0.001 189	978 570	1 164	977 988	41 067 888	42.0
40	0.001 275	977 406	1 246	976 783	40 089 900	41.0
41	0.001 366	976 160	1 333	975 493	39 113 117	40.1
42	0.001 461	974 827	1 424	974 114	38 137 624	39.1
43	0.001 560	973 402	1 519	972 643	37 163 509	38.2
44	0.001 665	971 884	1 618	971 075	36 190 866	37.2
45	0.001 783	970 266	1 730	969 401	35 219 791	36.3
46	0.001 918	968 536	1 858	967 607	34 250 391	35.4
47	0.002 055	966 678	1 987	965 685	33 282 784	34.4
48	0.002 238	964 692	2 159	963 612	32 317 099	33.5
49	0.002 446	962 533	2 354	961 355	31 353 487	32.6

续前表

年龄 x	死亡率 q_x	生存人数 l_x	死亡人数 d_x	生存人年数 L_x	 T_x	平均余命 $\mathring{e}_x$
50	0.002 666	960 178	2 560	958 898	30 392 132	31.7
51	0.002 880	957 618	2 758	956 239	29 433 233	30.7
52	0.003 085	954 860	2 946	953 388	28 476 994	29.8
53	0.003 300	951 915	3 141	950 344	27 523 607	28.9
54	0.003 545	948 773	3 363	947 092	26 573 263	28.0
55	0.003 838	945 410	3 628	943 596	25 626 171	27.1
56	0.004 207	941 781	3 962	939 800	24 682 575	26.2
57	0.004 676	937 819	4 385	935 627	23 742 775	25.3
58	0.005 275	933 434	4 924	930 972	22 807 148	24.4
59	0.006 039	928 510	5 607	925 707	21 876 176	23.6
60	0.006 989	922 903	6 450	919 678	20 950 469	22.7
61	0.007 867	916 453	7 210	912 848	20 030 791	21.9
62	0.008 725	909 243	7 933	905 277	19 117 943	21.0
63	0.009 677	901 310	8 722	896 949	18 212 667	20.2
64	0.010 731	892 588	9 578	887 799	17 315 718	19.4
65	0.011 900	883 010	10 508	877 756	16 427 919	18.6
66	0.013 229	872 502	11 542	866 731	15 550 163	17.8
67	0.014 705	860 959	12 660	854 629	14 683 433	17.1
68	0.016 344	848 299	13 865	841 367	13 828 803	16.3
69	0.018 164	834 434	15 157	826 856	12 987 437	15.6
70	0.020 184	819 278	16 536	811 010	12 160 580	14.8
71	0.022 425	802 741	18 001	793 741	11 349 571	14.1
72	0.024 911	784 740	19 549	774 966	10 555 830	13.5
73	0.027 668	765 191	21 171	754 606	9 780 864	12.8
74	0.030 647	744 020	22 802	732 619	9 026 259	12.1
75	0.033 939	721 218	24 477	708 979	8 293 640	11.5
76	0.037 577	696 741	26 181	683 650	7 584 660	10.9
77	0.041 594	670 559	27 891	656 614	6 901 010	10.3
78	0.046 028	642 668	29 581	627 878	6 244 397	9.7
79	0.050 920	613 087	31 218	597 478	5 616 519	9.2

续前表

年龄	死亡率	生存人数	死亡人数	生存人年数		平均余命
x	q_x	l_x	d_x	L_x	T_x	$\mathring{e}_x$
80	0.056 312	581 869	32 766	565 486	5 019 041	8.6
81	0.062 253	549 103	34 183	532 011	4 453 555	8.1
82	0.068 791	514 919	35 422	497 208	3 921 544	7.6
83	0.075 983	479 498	36 434	461 281	3 424 336	7.1
84	0.083 883	443 064	37 166	424 481	2 963 055	6.7
85	0.092 554	405 898	37 568	387 115	2 538 574	6.3
86	0.102 059	368 331	37 591	349 535	2 151 459	5.8
87	0.112 464	330 739	37 196	312 141	1 801 924	5.4
88	0.123 836	293 543	36 351	275 367	1 489 783	5.1
89	0.136 246	257 192	35 041	239 671	1 214 415	4.7
90	0.149 763	222 151	33 270	205 516	974 744	4.4
91	0.164 456	188 881	31 063	173 349	769 229	4.1
92	0.180 392	157 818	28 469	143 583	595 879	3.8
93	0.197 631	129 349	25 563	116 567	452 296	3.5
94	0.216 228	103 786	22 441	92 565	335 729	3.2
95	0.236 229	81 344	19 216	71 736	243 164	3.0
96	0.257 666	62 128	16 008	54 124	171 427	2.8
97	0.280 553	46 120	12 939	39 650	117 303	2.5
98	0.304 887	33 181	10 116	28 123	77 653	2.3
99	0.330 638	23 064	7 626	19 251	49 530	2.1
100	0.357 746	15 438	5 523	1 2677	30 279	2.0
101	0.386 119	9 915	3 829	8 001	17 602	1.8
102	0.415 626	6 087	2 530	4 822	9 601	1.6
103	0.446 094	3 557	1 587	2 764	4 779	1.3
104	0.477 308	1 970	940	1 500	2 015	1.0
105	1.000 000	1 030	1 030	515	515	0.5

附表 4

中国人寿保险业经验生命表（2000—2003）
养老金业务女表（CL4）

年龄	死亡率	生存人数	死亡人数	生存人年数		平均余命
x	q_x	l_x	d_x	L_x	T_x	$\mathring{e}_x$
0	0.000 575	1 000 000	575	999 713	83 672 159	83.7
1	0.000 466	999 425	466	999 192	82 672 446	82.7
2	0.000 369	998 959	369	998 775	81 673 254	81.8
3	0.000 290	998 591	290	998 446	80 674 479	80.8
4	0.000 232	998 301	232	998 185	79 676 033	79.8
5	0.000 195	998 069	195	997 972	78 677 848	78.8
6	0.000 175	997 875	175	997 788	77 679 876	77.8
7	0.000 164	997 700	164	997 618	76 682 088	76.9
8	0.000 158	997 537	158	997 458	75 684 470	75.9
9	0.000 152	997 379	152	997 303	74 687 012	74.9
10	0.000 147	997 227	147	997 154	73 689 709	73.9
11	0.000 143	997 081	143	997 009	72 692 555	72.9
12	0.001439	996 938	143	996 867	71 695 546	71.9
13	0.000 147	996 796	147	996 722	70 698 679	70.9
14	0.000 156	996 649	155	996 571	69 701 956	69.9
15	0.000 167	996 494	166	996 410	68 705 385	68.9
16	0.000 181	996 327	180	996 237	67 708 974	68.0
17	0.000 196	996 147	195	996 049	66 712 737	67.0
18	0.000 213	995 952	212	995 846	65 716 688	66.0
19	0.000 230	995 739	229	995 625	64 720 843	65.0

续前表

年龄 x	死亡率 q_x	生存人数 l_x	死亡人数 d_x	生存人年数 L_x	生存人年数 T_x	平均余命 $\mathring{e}_x$
20	0.000 246	995 510	245	995 388	63 725 218	64.0
21	0.000 261	995 266	260	995 136	62 729 830	63.0
22	0.000 274	995 006	273	994 869	61 734 694	62.0
23	0.000 285	994 733	283	994 591	60 739 824	61.1
24	0.000 293	994 450	291	994 304	59 745 233	60.1
25	0.000 301	994 158	299	994 009	58 750 929	59.1
26	0.000 308	993 859	306	993 706	57 756 920	58.1
27	0.000 316	993 553	314	993 396	56 763 214	57.1
28	0.000 325	993 239	323	993 078	55 769 818	56.1
29	0.000 337	992 916	335	992 749	54 776 741	55.2
30	0.000 351	992 582	348	992 407	53 783 992	54.2
31	0.000 366	992 233	363	992 052	52 791 584	53.2
32	0.000 384	991 870	381	991 680	51 799 533	52.2
33	0.000 402	991 489	399	991 290	50 807 853	51.2
34	0.000 421	991 091	417	990 882	49 816 563	50.3
35	0.000 441	990 673	437	990 455	48 825 681	49.3
36	0.000 464	990 236	459	990 007	47 835 227	48.3
37	0.000 493	989 777	488	989 533	46 845 220	47.3
38	0.000 528	989 289	522	989 028	45 855 687	46.4
39	0.000 569	988 767	563	988 485	44 866 659	45.4
40	0.000 615	988 204	608	987 900	43 878 174	44.4
41	0.000 664	987 596	656	987 268	42 890 274	43.4
42	0.000 714	986 941	705	986 588	41 903 005	42.5
43	0.000 763	986 236	752	985 860	40 916 417	41.5
44	0.000 815	985 483	803	985 082	39 930 557	40.5
45	0.000 873	984 680	860	984 250	38 945 476	39.6
46	0.000 942	983 821	927	983 357	37 961 225	38.6
47	0.001 014	982 894	997	982 395	36 977 868	37.6
48	0.001 123	981 897	1 103	981 346	35 995 472	36.7
49	0.001 251	980 794	1 227	980 181	35 014 127	35.7

续前表

年龄 x	死亡率 q_x	生存人数 l_x	死亡人数 d_x	生存人年数 L_x	T_x	平均余命 $\mathring{e}_x$
50	0.001 393	979 568	1 365	978 885	34 033 946	34.7
51	0.001 548	978 203	1 514	977 446	33 055 060	33.8
52	0.001 714	976 689	1 674	975 852	32 077 615	32.8
53	0.001 893	975 015	1 846	974 092	31 101 763	31.9
54	0.002 093	973 169	2 037	972 151	30 127 671	31.0
55	0.002 318	971 132	2 251	970 007	29 155 520	30.0
56	0.002 607	968 881	2 526	967 618	28 185 514	29.1
57	0.002 979	966 355	2 879	964 916	27 217 896	28.2
58	0.003 410	963 476	3 285	961 834	26 252 980	27.2
59	0.003 816	960 191	3 664	958 359	25 291 146	26.3
60	0.004 272	956 527	4 086	954 484	24 232 787	25.4
61	0.004 781	952 441	4 554	950 164	23 378 304	24.5
62	0.005 351	947 887	5 072	945 351	22 428 140	23.7
63	0.005 988	942 815	5 646	939 992	21 482 789	22.8
64	0.006 701	937 169	6 280	934 029	20 542 797	21.9
65	0.007 499	930 889	6 981	927 399	19 608 768	21.1
66	0.008 408	923 909	7 768	920 024	18 681 369	20.2
67	0.009 438	916 140	8 647	911 817	17 761 344	19.4
68	0.010 592	907 494	9 612	902 688	16 849 527	18.6
69	0.011 886	897 882	10 672	892 545	15 946 840	17.8
70	0.013 337	887 209	11 833	881 293	15 054 294	17.0
71	0.014 964	875 377	13 099	868 827	14 173 001	16.2
72	0.016 787	862 278	14 475	855 040	13 304 174	15.4
73	0.018 829	847 802	15 963	839 821	12 449 134	14.7
74	0.021 117	831 839	17 566	823 056	11 609 313	14.0
75	0.023 702	814 273	19 300	804 623	10 786 257	13.2
76	0.026 491	794 973	21 060	784 444	9 981 634	12.6
77	0.029 602	773 914	22 909	762 459	9 197 190	11.9
78	0.033 070	751 004	24 836	738 586	8 434 731	11.2
79	0.036 935	726 169	26 821	712 758	7 696 145	10.6

续前表

年龄	死亡率	生存人数	死亡人数	生存人年数		平均余命
x	q_x	l_x	d_x	L_x	T_x	$\mathring{e}_x$
80	0.041 241	699 348	28 842	684 927	6 983 387	10.0
81	0.046 033	670 506	30 865	655 073	6 298 460	9.4
82	0.051 365	639 640	32 855	623 213	5 643 387	8.8
83	0.057 291	606 785	34 763	589 404	5 020 174	8.3
84	0.063 872	572 022	36 536	553 754	4 430 770	7.7
85	0.071 174	535 486	38 113	516 429	3 877 017	7.2
86	0.079 267	497 373	39 425	477 660	3 360 587	6.8
87	0.088 225	457 948	40 402	437 747	2 882 927	6.3
88	0.098 129	417 545	40 973	397 059	2 445 180	5.9
89	0.109 061	376 572	41 069	356 037	2 048 121	5.4
90	0.121 107	335 503	40 632	315 187	1 692 084	5.0
91	0.134 355	294 871	39 617	275 062	1 376 897	4.7
92	0.148 896	255 254	38 006	236 250	1 101 835	4.3
93	0.164 816	217 247	35 806	199 344	865 584	4.0
94	0.182 201	181 442	33 059	164 912	666 240	3.7
95	0.201 129	148 383	29 844	133 461	501 328	3.4
96	0.221 667	118 539	26 276	105 401	367 867	3.1
97	0.243 870	92 263	22 500	81 102	262 467	2.8
98	0.267 773	69 762	18 681	60 422	181 454	2.6
99	0.293 385	51 082	14 987	43 589	121 032	2.4
100	0.320 685	36 095	11 575	30 308	77 443	2.1
101	0.349 615	24 520	8 573	20 234	47 136	1.9
102	0.380 069	15 947	6 061	12 917	26 902	1.7
103	0.411 894	9 886	4 072	7 850	13 985	1.4
104	0.444 879	5 814	2 587	4 521	6 135	1.1
105	1.000 000	3 228	3 228	1 614	1 614	0.5

参考文献

1. Dick London, *Survival Models*, 2nd edition, ACTEX, 1988

2. E. A. Mulligan, G. Stone, *Accounting and Financial Reporting in Life and Health Insurance Companies*, LOMA, 1997

3. Failed Promises, *Insurance Company Insolvency*, Government Printing Office, Washington, February U. S. 1990

4. Kenneth Black, Harold Skiper, *Life Insurance*, 12th edition, Prentice Hall, 1994

5. Mark A. Tullis, Philip K. Polkinghorn, *Valuation of Life Insurance Liability*, 3rd edition, ACTEX, 1996

6. N. L. Bowers, *Actuarial Mathematics*, (2nd edition) The Society of Actuaries, 1997

7. Stephen G. Kellison, *The Theory of Interest*, 2nd edition, IRWIN, 1991

8. 鲍尔斯等著．余跃年，郑韫瑜译．精算数学．上海：上海科学技术出版社，1996

9. 汉斯・U・盖博著．成士学，严颖译．人寿保险数学．北京：世界图书出版公司，1996

10. 肯尼思・布莱克等著．洪志忠等译．人寿保险．12版．北京：北京大学出版社，1999

11. 塔利斯等著．李静等译．人寿保险的负债评估．天津：南开大学出版社，2003

12. 李秀芳．寿险精算实务．天津：南开大学出版社，2000

13. 李秀芳，曾庆五．保险精算．北京：中国金融出版社，1999

14. 刘占国．利息理论．天津：南开大学出版社，2000

15. 卢仿先，曾庆五．寿险精算数学．天津：南开大学出版社，2001

16. 中国保险监督管理委员会．1999保险规章制度汇编．北京：中国政法大学出版社，2000

17. 中国保险监督管理委员会．2000保险规章制度汇编．北京：中国政法大学出版社，2001

18. 中国保险监督管理委员会．2001保险规章制度汇编．北京：中国政法大学出版社，2002

19. 周江雄等．生命表的构造理论．天津：南开大学出版社，2001

20. 魏迎宁等．人身保险．北京：中国金融出版社，1997

21. 凯利森著．尚汉冀译．利息理论．上海：上海科学技术出版社，1995

图书在版编目（CIP）数据

保险精算/李秀芳等主编. 2版.
北京：中国人民大学出版社，2008
经济管理类课程教材·保险系列
ISBN 978-7-300-08934-8

Ⅰ.保…
Ⅱ.李…
Ⅲ.保险-精算学-教材
Ⅳ.F840.4

中国版本图书馆 CIP 数据核字（2008）第 009622 号

经济管理类课程教材·保险系列
保险精算（第二版）
主编　李秀芳　傅安平　王静龙
Baoxian Jingsuan

出版发行	中国人民大学出版社		
社　　址	北京中关村大街 31 号	**邮政编码**	100080
电　　话	010－62511242(总编室)		010－62511770(质管部)
	010－82501766(邮购部)		010－62514148(门市部)
	010－62515195(发行公司)		010－62515275(盗版举报)
网　　址	http://www.crup.com.cn		
经　　销	新华书店		
印　　刷	北京昌联印刷有限公司	**版　　次**	2004 年 4 月第 1 版
开　　本	720 mm×1000 mm　1/16		2008 年 2 月第 2 版
印　　张	18.5	**印　　次**	2025 年 3 月第 18 次印刷
字　　数	334 000	**定　　价**	49.00 元